한문명언 500선(選)
수신제가·인성 교육
국민을 위하는 정치

수신제가 · 인성 교육
국민을 위하는 정치

초판 1쇄 인쇄 | 2024년 12월 31일
지은이 | 한원식
펴낸이 | 이재욱(필명:이승훈)
펴낸곳 | 해드림출판사
주 소 | 서울 영등포구 경인로82길 3-4(문래동1가 39)
　　　　센터플러스빌딩 1004호(07371)
전 화 | 02-2612-5552
팩 스 | 02-2688-5568
E-mail | jlee5059@hanmail.net

등록번호　제2013-000076
등록일자　2008년 9월 29일

ISBN　979-11-5634-616-6

한문명언 100선(選)

수신제가·인성 교육
국민을 위하는 정치

한원식 편저

해드림출판사

머리말

우리나라에서는 고려 시대에 사서(四書)가 도입되어 읽혀 왔으며 조선 시대 이후로는 더욱 널리 보급되어 국가의 정치로부터 개인의 생활까지 우리 민족의 생활과 밀접한 관계를 가지게 되었습니다.

그럼에도 불구하고 사서는 그 양이 방대하고 내용이 현재 우리의 상황과 맞지 않는 것들도 있어 현대인들이 이에 대한 공부를 한다는 것은 부담스럽고 어려운 것이 사실입니다. 다행히 최근 인터넷의 발달로 사이버 교육이 활성화 되어가고 있어 한문과 함께 이에 대한 공부를 할 수 있는 여건은 매우 좋다고 하겠습니다.

이러한 때에 편저자는 한문교육에 필요한 체계적이고 통합된 한자와 한문 교재의 필요성을 느껴 그동안 여러 권으로 분산되어 있던 교재를 정리하여 기초 한문과 고전 이해를 위한 교재를 발간한 바 있으며, 그중에서 사서와 명심보감의 중요한 500여 개 문장을 발췌하고 주제별로 재정리하여 이 책을 발간하게 되었습니다.

바쁜 일상을 살아가는 현대인들이 조금이나마 한문 고전의 내용을 편하게 찾아볼 수 있도록 주제별로 분류하여 이 책을 편집하였으나 이 책에 수록된 내용의 분류 체계가 사서나 명심보감의 내용을 정확히 정리하였다고 하기에는 미흡함이 있을 것으로 생각됩니다. 이러한 점에 있어서 독자 여러분들의 많은 양해를 구하는 바입니다.

이 책이 이미 발간된 교재와 함께 한문의 체계적인 학습과 이해를 통한 폭넓은 언어생활로 삶의 지혜를 얻을 수 있도록 함에 조금이나마 기여를 할 수 있기를 바라는 바입니다.

끝으로 이 책의 출판을 쾌히 수락하여 주신 해드림 출판사 이승훈 사장님과 수고해 주신 여러분께 깊은 감사를 드립니다.

2024. 12.
편저자   한원식

이 책에 인용된 고전

<논어>
논어(論語)는 공자(孔子)와 그의 제자 또는 공자와 내왕했던 다른 사람들과의 문답이나 언행을 수록한 책으로 유학의 경전인 사서 즉 대학, 논어, 맹자, 중용 가운데서도 가장 으뜸으로 꼽히는 동양 문화의 정수이기도 하다. 춘추시대에 살았던 공자(BC 551-479)의 이름은 丘(구), 字는 仲尼(중니)이다.

논어는 학이편(學而篇), 위정편(爲政篇), 팔일편(八佾篇),이인편(里仁篇), 공야장편(公冶長篇), 옹야편(雍也篇), 술이편(述而篇), 태백편(泰伯篇), 자한편(子罕篇), 향당편(鄕黨篇), 선진편(先進篇), 안연편(顔淵篇), 자로편(子路篇), 헌문편(憲問篇), 위령공편(衛靈公篇), 계씨편(季氏篇), 양화편(陽貨篇), 미자편(微子篇), 자장편(子張篇), 요왈편(堯曰篇) 등 20편으로 구성되어 있는데, 편명은 큰 뜻은 없고 편의 첫머리에서 나오는 글자를 붙인 것이다. 논어의 주석서(註釋書)는 여러가지가 있으나 그 중에서 주희(朱熹, 朱子)가 쓴 논어집주(論語集註)가 가장 대표적인 주석서이다.

<대학>
대학(大學)은 고대 대학 이념을 밝힌 것으로 처음 배우는 사람이 덕(德)에 들어가는 문이다. 대학은 공자께서 말씀하신 것을 제자인 증자(曾子)가 기술한 것으로 알려져 있으며, 예기(禮記) 가운데 한편으로 실려져있던 것을 주희가 그 차례를 바로 잡고 장(章)과 구(句)로 정리하여 대학장구를 만들었다. 대학은 경문(經文)과 전문(傳文) 10장으로 구성되어 있는데 경문은 공자께서 말씀하신 것을 증자(曾子)가 기술하였고 전문은 증자의 뜻을 문인들이 기록한 것이다. 경문에서는 수희가 제시한 대학 교육의 삼강령(三綱領)과 팔조목(八條目)을 설명하고 전문에서 이를 다시 해설하고 있다.

<맹자>

맹자(孟子)는 맹자와 그의 제자들에 의하여 쓰여진 것이다. 맹자는 공자께서가 돌아가신 100여 년 뒤에 살았으며(BC372-289) 이름은 맹가(孟軻)이다. 공자의 사상이 인(仁)이라면 맹자의 사상은 인의(仁義)이다.

맹자에 따르면 인간은 태어날 때부터 선(善)한 존재로, 덕(德)성을 높일 수 있는 4가지 기본적 품성을 가지고 있는데, 이것이 인(仁)·의(義)·예(禮)·지(智)의 근원을 이루는 측은(惻隱)·수오(羞惡)·사양(辭讓)·시비(是非)의 마음이라는 것이다.

맹자는 이러한 사상을 바탕으로 하여 정치사상의 핵심으로 왕도정치(王道政治)를 주장하였는데, 선(善)한 인간의 본성을 바탕으로 인·의·예·지의 마음을 넓혀 덕(德)을 완성하고, 이 덕행을 백성들에게 펼침으로써 왕도정치가 실현된다고 보았다.

맹자는 양혜왕장구(梁惠王章句)(상,하). 공손추장구(公孫丑章句)(상,하), 등문공장구(滕文公章句)(상,하), 이루장구(離婁章句)(상,하), 만장장구(萬章章句)(상,하), 고자장구(告子章句)(상,하), 진심장구(盡心章句) (상,하) 등 7편 14개 장구로 구성되어 있다.

맹자의 주석서로는 조기(趙岐)의 맹자장구(孟子章句) 14편이 가장 오래된 것이고, 주희의 집주가 가장 정확하고 알기 쉬운 주석서로 알려져 있다.

<중용>

중용(中庸)은 공자의 손자인 사사(子思)의 저작이라 전해지고 있다. 대학과 마찬가지로 원래는 예기(禮記)의 한편으로 실려 있었으나 주희가 중용 장구를 편찬하였다. 전반에서는 중용, 후반에서는 성(誠)에 대해서 설명하고 있다.

중용이란 모든 생각과 행동이 언제나 가장 올바른 도리에 맞아 조금의 모자라거나 지나침이 없음을 말하고 성(誠)이란 조금도 꾸밈이 없는 진실 됨과 멈춤이 없는 성실함을 말한다. 이것은 곧 우주를 섭리하는 하늘의 도(道)요 만물을 화육(化育)시키는 땅의 도(道)요 사람이 지향해서 가야할 사람의 도인 것이다.

중용은 도(道)와 중용, 군자(君子)와 중용, 도의 작용, 성(誠)과 중용, 성인(聖人)과 지성(至誠) 등 5편 33개의 장구(章句) 로 구성되어 있으며 자사가 공자의 뜻을 이어 기술하거나 공자의 말씀을 직접 인용하고 있다.

<명심보감>

명심보감(明心寶鑑)은 중국 명나라때 학자인 범립본(范立本) 선생이 중국의 고전 및 유명한 분들이 남긴 명언 등에서 발췌한 것이며 고려 충렬왕때의 학자인 추적(秋適)선생이 간추려 전한 것이다. 따라서 명심보감은 어느 특정한 제가의 글이 아니고 공자, 맹자, 장자, 순자 등 여러 사람들의 글이 혼합되어 있으며 인간이 갖추어야할 기본 상식과 예의 범절을 수록한 책이다.

현재 우리나라에서 많이 읽혀지고 있는 명심보감에는 계선편(繼善篇), 천명편(天命篇), 순명편(順命篇) 효행편(孝行篇),정기편(正己篇), 안분편(安分篇), 존심편(存心篇), 계성편(戒性篇), 근학편(勤學篇), 훈자편(訓子篇), 성심편상(省心篇上), 성심편하(省心篇下), 입교편(立敎篇), 치정편(治政篇), 치가편(治家篇), 안의편(安義篇), 준례편(邊禮篇), 언어편(言語篇), 교우편(交友篇), 부행편(婦行篇), 증보편(增補篇), 팔반가(八反歌), 염의편(廉義篇), 권학편(勸學篇) 등 24편에 285개 정도의 문장이 수록되어 있다.

차례

머리말 4

이 책에 인용된 고전 5

제1장 어질고 의로운 마음 11

제2장 본성과 바른 길 47

제3장 자기 수신과 올바른 삶〈1〉 91

제4장 자기 수신과 올바른 삶〈2〉 139

제5장 효도와 화목한 가정 191

제6장 언어의 품격과 실천 217

제7장 학문과 교육 233

제8장 신뢰하는 교우관계 271

제9장　생활의 지혜⟨1⟩　　　　　　　285

제10장　생활의 지혜⟨2⟩　　　　　　　333

제11장　국민을 위하는 정치⟨1⟩　　　　385

제12장　국민을 위하는 정치⟨2⟩　　　　419

부록

1. 사자성어　　　　　　　　　　　　471

2. 한문문법 개요　　　　　　　　　　521

참고문헌　　　　　　　　　　　　　　558

제1장

어질고 의로운 마음

> 군자의 본성인 仁義禮智(인의예지)는 마음에 뿌리내리고 있어서 그것이 빛으로 발하면 윤택하게 얼굴에 나타나고, 온몸에 퍼져져 말은 없으나 그것을 스스로 알게 되는 것이다.
>
> <맹자, 진심장구 상 21장 >

≪요지≫

1. 어짊(仁)을 택하라
2. 인자(仁者)와 지자(知者)
3. 인자만이 호악(好惡)을 가릴 수 있다
4. 인에 뜻을 두라
5. 군자는 인에서 산다

6. 인을 원하면 인을 이룬다
7. 군자와 소인의 과실
8. 군자는 오직 의를 쫓는다
9. 군자는 항상 덕과 법을 생각한다
10. 지자는 물 같고 인자는 산같다

11. 먼저 남을 내세우라
12. 인은 자기로부터 비롯된다
13. 인이란 먼저 남을 생각하는 것이다.
14. 인은 공손하고 공경하고 신중하고 충성해야 한다
15. 인에 가까운 사람

16. 군자와 소인의 인
17. 군자는 몸을 바쳐 인을 이룬다
18. 물 불보다 소중한 인
19. 인을 행함에는 사양함이 없다
20. 인을 이루는 다섯 가지 요소

21. 용맹과 정의
22. 인자와 재물의 관계
23. 인의예지(仁義禮智)는 누구나 가지고 있는 정서
24. 자포자기(自暴自棄)하는 사람
25. 진의를 벗어난 예를 행하지 말아라

26. 두 가지 모두 가(可)할 때에는 의에 따르라
27. 정당한 의를 위해서는 생명도 사양하지 말아라
28. 인은 사람의 마음이며 의는 사람의 정당한 길이다
29. 불인을 이기려면 충분한 인을 지녀야 한다
30. 여물지 않은 곡식은 잡초만도 못하다

31. 인의는 양지양능(良知良能)한 본성에서 나온다
32. 군자의 가장 큰 즐거움은 인의예지이다
33. 인과 의로 대인격을 완성하려면 끝까지 노력하여야 한다
34. 선비는 인의에 따르고 제 것이 아니면 취하지 않는다
35. 인과 의를 실천하는 이상적인 방법

36. 인이란 사람 人(인)이다
37. 지(智)·인(仁)·용(勇)의 바탕

≪본문≫

01 어짐(仁)을 택하라

子曰
里仁이 爲美하니
擇不處仁이면 焉得知리오

○<논어, 이인편 1장>
孔子(공자, BC552-479) 춘추시대 노나라의 대학자로 이름은 구(丘), 字는 중니(仲尼), 자(子)는 부자(夫子)의 줄임 말로 스승을 가리킴, 공자를 높여 부르는 말: 里仁, 인에 처신하다: 里, 살다, 처신하다: 處, 처하다

○공자께서 말씀하셨다.
"인에 사는 것이 아름답고 좋은 것이니,
인에 처하는 것을 택하지 않고 산다면 어찌 지혜롭다 하겠는가?"

02 인자(仁者)와 지자(知者)

子曰
不仁者는 不可以久處約이며 不可以長處樂이니
仁者는 安仁하고 知者는 利仁이니라

○<논어, 이인편 2장>
處 곳 처: 約 맺을 약, 곤궁, 검약: 樂 즐거울 락: 安仁, 인을 편안히 여기고 안주함

> ○공자께서 말씀하셨다.
> "어질지 못한 사람은 오랫동안 궁핍한 환경에 처할 수 없으니 역경에 눌려 곧 타락한다.
>
> 또한 오랫동안 즐거움도 누리지 못하고 교만하고 무례하게 된다.
>
> 반면에 어진 사람은 인(仁)을 편안히 여겨서 그것을 행한다. 지혜로운 사람은 인에 의지하는 것을 이롭게 여기고 그것을 실천한다."

03 인자만이 호악(好惡)을 가릴 수 있다

子曰
惟仁者아 能好人하며 能惡(오)人이니라

○<논어, 이인편 3장>
惟 오직 유: 惡 미워할 오

> ○공자께서 말씀하셨다.
> "오직 어진 사람이라야 올바른 판단에 의하여
> 착한 사람을 사랑할 수 있으며, 나쁜 사람을 미워할 수 있다."

04 인에 뜻을 두라

子曰
苟志於仁矣면 無惡也니라

○<논어, 이인편 4장>
苟 진실로 구, 만일 구: 無惡也, 악함이 없다

> ○공자께서 말씀하셨다.
> "진실로 어짊에 뜻을 둔 사람이라면
> 악한 행동을 하지 않는다."

05 군자는 인에서 산다

子曰
富與貴 是人之所欲也나 不以其道로 得之어든 不處也하며
貧與賤이 是人之所惡也나 不以其道로 得之라도 不去也니라
君子去仁 惡(오)乎成名이리오
君子 無終食之間을 違仁이니 造次에 必於是하니
顚沛에 必於是니라

○<논어, 이인편 5장>
道 길 도, 정상적인 방법: 造次, 다급할 때: 顚 넘어질 전: 沛 자빠질 패

○공자께서 말씀하셨다.
"부귀는 누구나 얻고자 하는 것이나
올바르게 얻지 않았으면 누리지 말 것이며,

가난하고 천함은 누구나 싫어하는 것이나
세상이 잘못되어 내가 거기에 처하게 되었다 해도
버리지 말고 감수해야 한다.

군자가 인을 버리면 군자라 할 수 없다.
군자는 밥 먹는 짧은 시간이라도 인을 어기지 말고,

다급할 때라도 인에 의지하며,
넘어져 곤경에 처해도 반드시 인에 의지해야 한다."

06 인을 원하면 인을 이룬다

子曰
我未見好仁者와 惡(오)不仁者로라
好仁者는 無以尙之요
惡不仁者는 其爲仁矣에 不使不仁者로 加乎其身이니라
有能一日에 用其力於仁矣乎아 我未見力不足者로라
蓋有之矣어늘 我未之見也로다

○<논어, 이인편 6장>
無以尙之, 尙은 上, 그를 능가할 수 없다: 加乎其身, 자기 몸에 영향을 끼치다: 蓋, 아마도

○공자께서 말씀하셨다.
"나는 지금까지 참으로 인을 좋아하는 사람이나
불인을 미워하는 사람을 보지 못했다.

인을 좋아하는 사람이라면 인이란 절대 선을 실천한
사람이므로 이보다 더 좋을 수가 없으며,

불인을 미워하는 사람이라면 불인이 자기에게
나쁜 영향을 미치지 못하게 했을 것이다.

만약 하루라도 자기의 힘을 인을 위해 쓸 수 있다면
그만큼 인이 실천됐을 것이다.

따라서 나는 힘이 모자라 인을 실천하지 못했다는 사람은 보지 못했다.
아마 있을 법도 하나 나는 아직 보지 못했다."

07 군자와 소인의 과실

子曰
人之過也 各於其黨이니
觀過면 斯知仁矣니라

○<논어, 이인편 7장>
各於其黨, 각각 그 무리를 따르다. 於, 따르다: 斯, 이렇게 되면

○공자께서 말씀하셨다.
"사람의 잘못은 각각 그 사람에 따라 다른 것이니,
잘못한 내용을 보면 그 사람의 인의 정도를 알 수 있다."

08 군자는 오직 의를 쫓는다

子曰
君子之於天下也에 無適也하며
無莫也하여 義之與比니라

○<논어, 이인편 10장>
於天下, 천하의 온갖 사물에 임하여: 莫 반대하다

○공자께서 말씀하셨다.
"군자는 천하의 온갖 사물을 대할 때
어느 한 가지만 옳다고 하지도 않고,

또 모든 것을 안 된다고 부정하지도 않으며,
어디까지나 올바른 의리를 따를 뿐이다."

09 군자는 항상 덕과 법을 생각한다

子曰
君子는 懷德하고 小人은 懷土하며

君子는 懷刑하고 小人은 懷惠니라

○<논어, 이인편 11장>
懷 생각할 회: 君子, 백성을 다스리는 사람

> ○공자께서 말씀하셨다.
> "군자는 항상 덕을 쌓을 것을 생각하나,
> 소인은 처하기 좋은 곳을 얻어 편안하게 살기를 생각하며,
>
> 군자는 법에 어긋나지 않을 것을 생각하나,
> 소인은 항상 남에게서 혜택 받기를 생각한다."

10 지자는 물 같고 인자는 산같다

子曰
知者는 樂(요)水하고 仁者는 樂山이니
知者는 動하고 仁者는 靜하며
知者는 樂(락)하고 仁者는 壽니라

○<논어, 옹야편 21장>
樂 좋아할 요, 즐거울 락

> ○공자께서 말씀하셨다.
> "재능이나 지혜가 많은 지성적인 사람은
> 유동적이고 변천적인 물을 좋아하고,

인덕이 많고 남을 도우려는 어진 사람은
만물을 조용히 감싸는 산을 좋아한다.

지성적인 사람은 활동적이고
어진 사람은 고요하고 신중하다.

지혜로운 사람은 현실적으로 인생을 즐겁게 살고,
어진 사람은 고요하므로 정신적으로 인생을 길게 산다."

11 먼저 남을 내세우라

子曰
夫仁者는 己欲立而立人하며 己欲達而達人이니라
能近取譬면 可謂仁之方也已니라

○<논어, 옹야편 28장>
達 통달할 달: 取 가질 취: 譬 비유할 비: 取譬, 비유한다, 비겨본다

○공자께서 말씀하셨다.
"어진 사람은 자기가 나서고 싶은 자리가 있을 때
다른 사람을 그 자리에 내세우고,

자신이 이루고 싶은 것이 있을 때,
남도 이루게 하는 것이다.

이처럼 가까운 자기를 가지고 남의 입장을 비겨 아는 것이
인의 경지에 이르는 방법이라고 할 수 있다."

12 인은 자기로부터 비롯된다

顔淵이 問仁한대
子曰
克己復禮爲仁이니 一日克己復禮면
天下歸仁焉하리니
爲仁由己니 而由人乎哉아
顔淵曰 請問其目하노이다
子曰
非禮勿視하며 非禮勿聽하며 非禮勿言하며 非禮勿動이니라

○<논어, 안연편 1장>
顔淵(안연), 성은 안(顔), 이름은 회(回), 字는 자연(子淵), 중국 춘추시대 노나라 사람으로 공자의 제자, 학덕이 높고 재질이 뛰어나 공자의 촉망받는 제자였으나 공자보다 먼저 죽음: 復 돌아올 복: 歸 돌아갈 귀

○안연이 인에 대하여 묻자,
공자께서 말씀하셨다.
"자기의 사욕을 이겨 예로 돌아가면 인을 하는 것이니,
하루라도 사욕을 이겨 예에 돌아가면 천하가 인으로 돌아간다.

인을 하는 것은 자신에게 달려있으니
남에게 달려있겠는가?"

안연이 "그 세목을 듣고 싶습니다."라고 말하자,
공자께서 말씀하셨다.

> "예가 아니면 보지 말고, 예가 아니면 듣지 말고,
> 예가 아니면 말하지 말며, 예가 아니면 행하지 말아야 한다."

13 인이란 먼저 남을 생각하는 것이다

仲弓이 問仁 한 대
子曰
出門如見大賓하며 使民如承大祭하고
己所不欲을 勿施於人이니
在邦無怨하며 在家無怨이니라

○<논어, 안연편 2장>
仲弓(중궁), 공자의 제자로 이름은 염옹(冉雍), 字는 중궁: 大賓, 국빈: 在邦, 조정에 나가 정사를 볼 때: 在家, 집에 있을 때

> ○중궁이 인에 대해서 묻자,
> 공자께서 말씀하셨다.
> "사회에 나아가 사람을 사귈 때에는
> 큰 손님 만난 듯 경건하고,
>
> 백성을 부릴 때에는 큰 제사 모시 듯 정성을 다하고,
> 내가 원하지 않는 바를 남에게 시키지 말라.
>
> 그렇게 하면 벼슬자리에 있어도 원망이 없을 것이고
> 집에서도 원망이 없을 것이다."

14 인은 공손하고 공경하고 신중하고 충성해야 한다

樊遲問仁한대
子曰
居處恭하며 執事敬하며 與人忠을
雖之夷狄이라도 不可棄也니라

○<논어, 자로편 19장>
樊遲(번지), 공자의 제자로 이름은 번수(樊須), 字는 자지(子遲): 居處, 일상 생활에서: 敬 공경 경, 신중하게 함: 夷 오랑캐 이: 狄 오랑캐 적

○번지가 인에 대해서 묻자,
공자께서 말씀하셨다.
"일상에는 항상 공손하며,
일을 맡아 처리함에는 신중하게 하고,
남을 대할 때에는 충심을 다하여라.

이러한 것은 비록 오랑캐 땅에 가서라도
버릴 수 없는 것들이다."

15 인에 가까운 사람

子曰
剛毅木訥이 近仁이니라

○<논어, 자로편 27장>

剛 굳셀 강: 毅 굳셀 의: 木, 朴과 같음, 질박 함: 訥 어눌할 눌

> ○공자께서 말씀하셨다.
> "강직하고 의연하고 질박하고 말이 무거운 사람은 인에 가깝다."

16 군자와 소인의 인

子曰
君子而不仁者는 有矣夫어니와
未有小人而仁者也니라

○<논어, 헌문편 7장>
有矣夫, 있을 것이지만, 있지만

> ○공자께서 말씀하셨다.
> "군자로서 어질지 못한 사람이 있을 수 있지만,
> 소인이면서 어진 사람은 있지 아니하다."

17 군자는 몸을 바쳐 인을 이룬다

子曰
志士仁人은 無求生而害人이오

有殺身而成仁이니라

○<논어, 위령공편 8장>
殺 죽일 살

> ○공자께서 말씀하셨다.
> "지사(志士)와 인자(仁者)는 살기위해서 인을 해치는 일은 없고, 몸을 죽여서라도 인을 이루고자 한다."

18 물·불보다 소중한 인

子曰
民之於仁也에 甚於水火하니
水火는 吾見蹈而死者矣어니와
未見蹈仁而死者也로라

○<논어, 위령공편 34장>
甚 심할 심: 甚於水火, 인의 가치가 물이나 불보다 더욱 크다
: 蹈 밟을 도

> ○공자께서 말씀하셨다.
> "사람에 있어 인은 물이나 불보다 더욱 중하다.
> 아직까지 물이나 불을 쓰다가 죽은 사람은 보았으나,
> 인을 쫓아 행동하다가 죽었다는 사람은 보지 못했다."

19 인을 행함에는 사양함이 없다

子曰
當仁하여는 不讓於師니라

○<논어, 위령공편 35장>
讓 사양할 양

○공자께서 말씀하셨다.
"인을 행함에 있어서는 스승에게도 양보하지 않는다."

20 인을 이루는 다섯가지 요소

子張이 問仁於孔子한대
孔子曰
能行五者於天下면 爲仁矣니라
請問之한대 曰
恭寬信敏惠니
恭則不侮하고 寬則得衆하고
信則人任焉하고 敏則有功하고
惠則足以使人이니라

○<논어, 양화편 6장>
 子張(자장), 공자의 제자로 이름은 전손사(顓孫師), 字는 자장: 恭 공손할 공: 敏 민첩할 민: 惠 은혜 혜: 侮 업신여길 모

○자장이 공자에게 인에 대하여 묻자,
공자께서 말씀하셨다.
"천하의 어느 곳에서든지 다섯 가지를 실천할 수 있으면
인이라 하겠다"

자장이 그 내용을 묻자,
공자께서 말씀하셨다.
"공손함과 너그러움과 믿음과 민첩함과 은혜로움이다.

공손하면 업신여김을 받지 않고,
너그러우면 사람들이 따르게 되고,

믿음이 있으면 남들이 일을 맡기게 되고,
민첩하면 일을 성취할 수 있고,
은혜로우면 충분히 사람을 다스릴 수 있다."

21 용맹과 정의

子路曰 君子尙勇乎 잇가
子曰
君子義以爲上이니
君子有勇而無義면 爲亂이오
小人有勇而無義면 爲盜니라

○<논어, 양화편 23장>
子路(자로), 공자의 제자로 이름은 중유(仲由), 字는 자로:勇 날랠 용:
亂 어지러울 난

○자로가 묻기를 "군자는 용기를 숭상합니까?"
공자께서 말씀하셨다.
"군자는 의로움을 가장 으뜸으로 여긴다.
군자가 용감하기만 하고 의로움이 없으면
문란한 짓을 하고,

소인이 용감하기만 하고 의로움이 없으면
도둑질을 하게 된다."

22 인자와 재물의 관계

仁者는 以財發身하고
不仁者는 以身發財니라
未有上好仁而下不好義者也니
未有好義요 其事不終者也며
未有府庫財非其財者也니라
(공자의 말씀을 증자가 기술)

○<대학, 전문 10장>
大學(대학)은 경문(經文)과 전문(傳文) 10장으로 구성되어 있음:府 곳
집 부: 庫 곳집 고

○어진 사람은 재물로서 몸을 일으키고
어질지 못한 사람은 몸으로서 재물을 일으킨다.

윗 사람이 인을 좋아하고서

아랫사람이 의를 좋아하지 않는 일은 있지 아니하며,

아랫사람들이 의로움을 좋아하는데도
윗사람의 일이 끝마쳐 지지 않는 경우도 있지 아니하다.
(윗 사람이 인을 좋아하고 아랫사람이 의로우면
충성하여 일이 잘 처리된다.)

부고(府庫)의 재물이 있는데
윗사람의 재물이 아닌 것은 있지 아니하다.
(아랫 사람이 재물을 빼앗아 가지 않게 된다.)

23 인의예지(仁義禮智)는 누구나 가지고 있는 정서

孟子曰
人皆有不忍人之心하니라
先王이 有不忍人之心하사
斯有不忍人之政矣시니
以不忍人之心으로 行不忍人之政이면
治天下는 可運之掌上이니라
所以謂人皆有不忍人之心者는
今人이 乍見孺子將入於井하고
皆有怵惕惻隱之心하나니
非所以內交於孺子之父母也며
非所以要譽於鄕黨朋友也며
非惡(오)其聲而然也니라
由是觀之컨덴
無惻隱之心이면 非人也며

無羞惡(오)之心이면 非人也며
無辭讓之心이면 非人也며
無是非之心이면 非人也니라
惻隱之心은 仁之端也요 羞惡之心은 義之端也요
辭讓之心은 禮之端也요 是非之心은 知(智)之端也니라

○<맹자, 공손추장구 상 6장>
忍 차마 할 인: 乍 갑자기 사: 孺 어릴 유: 怵 두려워 할 출: 惕 두려워 할 척: 納 드릴 납: 要 구할 요: 羞 부끄러워 할 수: 忽 갑자기 홀: 端 단서 단

○맹자께서 말씀하셨다.
"사람마다 모두
차마 남을 해하지 못하는 마음을 지니고 있다.

선왕께서는 차마 남을 해하지 못하는 마음을 가지시고 인정(仁政)을 하셨던 것이다.

차마 남에게 해하지 못하는 마음을 가지고 정사를 한다면 천하를 다스리는 것은 손바닥 위에서 움직이는 것 같이 할 수 있을 것이다.

사람들이 모두 차마 남에게 해하지 못하는 마음이 있다고 말하는 까닭은,

지금 사람들이 어린 아이가 우물에 빠지려고 하는 것을 갑자기 보게 되면 모두 깜짝 놀라고 측은한 마음이 생기는데,

그것은 그 어린 아이의 부모와
교분을 맺으려고 하기 때문도 아니고

동네 사람들과 벗들로부터
칭찬을 받으려고 하기 때문도 아니고

그 아이가 지르는 소리가 듣기 싫어서 그러는 것도 아니다.

이런 점에서 본다면,
측은해 하는 마음이 없는 사람들은 사람이 아니고,
부끄러워하는 마음이 없는 사람들은 사람이 아니고,
사양하는 마음이 없는 사람들은 사람이 아니고,
시비를 가리는 마음이 없는 사람들은 사람이 아니다.

측은해 하는 마음은 인(仁)의 단서이고,
부끄러워하는 마음은 의(義)의 단서이고,

사양하는 마음은 예(禮)의 단서이고
시비를 가리는 마음은 지(智)의 단서이다."

24 자포자기(自暴自棄)하는 사람

孟子曰
自暴者는 不可與有言也요
自棄者는 不可與有爲也니
言非禮義를 謂之自暴也요
吾身不能居仁由義를 謂之自棄也니라
仁은 人之安宅也요 義는 人之正路也라
曠安宅而弗居하며 舍正路而不由하나니
哀哉라

○ <맹자, 이루장구 상 10장 >
曠 빌 광, 밝을 광: 舍 버릴 사

○맹자께서 말씀하셨다.
"스스로 자기를 해치는 사람과는 함께 이야기할 수 없으며,
스스로 자기를 버리는 사람과는 함께 일할 수 없다.

말로 예의를 비방하는 것을
스스로 자기를 해친다고 하는 것이며,

인에 살거나 의에 따르지 못한다고 하는 것은
스스로 자기를 버리는 것이다.

인은 사람의 편안한 집이요,
의는 사람의 올바른 길이다.

편안한 집을 두고 거처하지 않고
올바른 길을 두고 따라가지 않으니
슬프도다."

25 진의를 벗어난 예를 행하지 말아라

孟子曰
非禮之禮와 非義之義를
大人은 弗爲니라

○<맹자, 이루장구 하 6장>
弗 아닐 불

○맹자께서 말씀하셨다.
"예인 듯하나 예가 아닌 예와
의인 듯하나 의가 아닌 의를
대인은 행하지 않는다."

26 두 가지 모두 가(可) 할 때에는 의에 따르라

孟子曰
可以取며 可以無取에 取면 傷廉이오
可以與며 可以無與에 與면 傷惠요
可以死며 可以無死에 死면 傷勇이니라

○<맹자, 이루장구 하 23장>
傷 상할 상: 廉 청렴할 염

○맹자께서 말씀하셨다.
"받아도 되고 받지 않아도 될 때 받으면 청렴을 해치고,
주어도 되고 주지 않아도 될 때 주면 은혜를 해치며,
죽어도 되고 죽지 않아도 될 때 죽으면 용기를 해친다."

27 정당한 의를 위해서는 생명도 사양하지 말아라

孟子曰
魚我所欲也며 熊掌亦我所欲也언마는
二者不可得兼인댄 舍魚而取熊掌者也로리라
生亦我所欲也며 義亦我所欲也언마는
二者不可得兼인댄 舍生而取義者也로리다

○<맹자, 고자장구 상 10장>
熊 곰 웅: 掌 손바닥 장: 兼 겸할 겸

○맹자께서 말씀하셨다.
"내가 생선 요리도 내가 먹고 싶어하고,
곰의 발바닥 요리도 역시 먹고 싶어하는 것이지만,

두 가지를 동시에 얻을 수 없다면 생선요리를 포기하고
곰의 발바닥 요리를 취할 것이다.

사는 것도 내가 원하는 것이고,
의도 내가 원하는 것이지만,

두 가지를 동시에 가질 수 없다면,
사는 것을 버리고 의를 취하겠다"

28 인은 사람의 마음이며 의는 사람의 정당한 길이다

孟子曰
仁은 人心也요 義는 人路也니라
舍其路而不由하며
方其心而不知求하나니
哀哉라
人이 而有鷄犬放則知求之하되
有放心而不知求하나니
學文之道는 無他라
求其放心而已矣니라

○<맹자, 고자장구 상 11장>
鷄 닭 계: 犬 개 견: 無他 다른 것이 아님

○맹자께서 말씀하셨다.
"인은 사람의 마음이고, 의는 사람의 길이다.

그런데도 사람들은 그 올바른 길을 버리고 따라가지 않으며,
그 마음을 버리고서 찾을 줄 모르니,
안타까운 일이로다.

사람들은 자기의 개나 닭을 잃어버리면 찾을 줄 알면서도
자기의 마음은 잃어버리고서도 찾을 줄을 알지 못하니

학문하는 길이란 다른 것이 아니라,
바로 자기의 잃어버린 마음을 찾는 것 뿐이다."

29 불인을 이기려면 충분한 인을 지녀야 한다

孟子曰
仁之勝不仁也猶水勝火하니
今之爲仁者는 猶以一杯水로
救一車薪之火也라
不熄則謂之水不勝火라 하나니
此又與於不仁之甚者也니라
亦終必亡而已矣니라

○<맹자, 고자장구 상 18장>
薪 섶 신: 熄 꺼질 식

○맹자께서 말씀하셨다.
"인함이 불인함을 이기는 것은
마치 물이 불을 이기는 것과 같다.

요즘 인을 실천하는 사람은 마치 한 잔의 물을 가지고
수레 한 채에 실려 있는 땔나무에 붙은 불을 끄는 것과 같다.

그리하여 불이 꺼지지 않으면 물이 불을 이기지 못한다고 말하니,
이것은 불인을 돕기를 심히 하는 것으로,

마침내는 얼마되지 않는 미약한
인자함 마져 잃어버리고야 말 것 이다."

30 여물지 않은 곡식은 잡초만도 못하다

孟子曰
五穀者는 種之美者也나
苟為不熟이면 不如荑(제)稗니
夫仁도 亦在乎熟之而已矣니라

○ <맹자, 고자장구 상 19장>
穀 곡식 곡: 荑 피 제, 피 이: 稗 피 패: 熟 익을 숙

○맹자께서 말씀하셨다.
"오곡은 곡식 가운데 좋은 것이지만
제대로 익지 않으면 피만도 못하니,
인 또한 그것을 익숙하게 함에 달려 있는 것이다."

31 인의는 양지양능(良知良能)한 본성에서 나온다

孟子曰
人之所不學而能者는 其良能이요
所不慮而知者는 其良知니라
孩提之童이 無不知愛其親者며
及其長也하여 無不知敬其兄也니라
親親은 仁也요 敬長은 義也니
無他라 達之天下也니라

○<맹자, 진심장구 상 15장>
孩 어릴 해, 웃을 해: 提 끌 제

○맹자께서 말씀하셨다.
"사람이 배우지 않고서도 할 수 있는 것은
가장 잘하는 것이고(良能)
생각하지 않고서도 아는 것은 가장 잘 아는 것이다(良知).

어려서 손을 잡는 아이가 자기 어버이를 사랑하지 않음이 없고,
자라서는 자기 형을 공경하지 않음이 없다.

어버이를 어버이로 받드는 것이 인이요,
어른을 공경하는 것이 의이니,

이는 다름이 아니라 온 천하 사람들 누구나
인과 의를 가지고 있기 때문이다.

32 군자의 가장 큰 즐거움은 인의예지(仁義禮智)이다

孟子曰
廣土眾民을 君子欲之나
所樂은 不存焉이니라
中天下而立하여 定四海之民을
君子樂之나 所性은 不存焉이니라
君子所性은 雖大行이나 不加焉이며
雖窮居나 不損焉이니 分定故也니라
君子所性은 仁義禮智根於心이라
其生色也睟然見(현)於面하며

盎於背하며 施於四體하여
四體不言而喩니라

○<맹자, 진심장구 상 21장>
衆 많을 중: 睟 깨끗할 수: 盎 가득할 앙: 喩 깨달을 유

○맹자께서 말씀하셨다.
"토지를 넓히고 백성을 많게 함은 군자가 원하는 것이나
그가 즐거워하는 것은 아니다.

천하의 한 가운데서 천하의 백성들을 안정시켜 주는 것을
군자가 즐거워하나 본성은 여기에 있지 않다.

군자의 본성은 큰일을 하더라도 더해지지 않고,
궁하게 살더라도 줄어들지 않으니
그것은 분수가 정해져 있기 때문이다.

군자의 본성인 인의예지는 마음에 뿌리박고 있어서
그것이 빛으로 발하면 윤택하게 얼굴에 나타나고,

등에 가득하며 사지에 퍼져
말은 없으나 그것을 스스로 깨달아 올바르게 되는 것이다."

33 인과 의로 대인격을 완성하려면 끝까지 노력하여야 한다

孟子曰
有爲者辟若掘井하니

掘井九軔이라도 而不及泉이면
猶爲棄井也니라

○<맹자, 진심장구 상 29장>
辟 비유할 비, 譬 와 같음: 軔 길 인: 掘 팔 굴

○맹자께서 말씀하셨다.
"인·의를 지향하여 일을 이루고자 하는 것은
사람이 우물을 파는 것과 같다.
아홉 길의 우물을 팠더라도 샘물을 얻지 못하면
그것은 우물을 포기한 것이나 마찬가지이다."

34 선비는 인의에 따르고 제 것이 아니면 취하지 않는다

王子塾이 問曰 士는 何事잇고
孟子曰
尙志니라
曰 何謂尙志닛고
曰 仁義而已矣니
殺一無罪는 非仁也며
非其有而取之는 非義也니라
居惡(오)在오 仁是也라
路惡在오 義是也니
居仁由義면 大人之事備矣니라

○<맹자, 진심장구 상 33장>
塾(점) 제나라 왕자, 빠질 점

○제나라 왕자 점(塾)이 묻기를,
"선비는 무엇을 일삼습니까?"
맹자께서 말씀하셨다.
"정도를 지향하는 뜻을 숭상합니다."
점이 묻기를,
"뜻을 숭상한다는 것은 무엇을 말하는 것입니까?"

맹자께서 말씀하셨다.
"인과 의를 지향하는 것 뿐입니다.
죄 없는 한 사람을 죽이는 것은 인이 아니며,
자기의 것이 아닌데 가지는 것은 의가 아닙니다."

선비로서 몸둘 곳은 어디에 있는가 하면
그것은 바로 인에 있는 것입니다.

선비가 갈 곳은 어디에 있는가 하면
그것은 바로 인에 있는 것입니다.

인에 몸을 두고 살고 의에 따라 행하면
그것으로 위대한 덕이 있는 사람의 힘쓰는 일은 다한 것이
되는 것입니다."

35 인과 의를 실천하는 이상적인 방법

孟子曰
人皆有所不忍하니 達之於其所忍이면 仁也요
人皆有所不爲하니 達之於其所爲면 義也니라
人能充無欲害人之心이면 而仁을 不可勝用也며
人能充無穿踰之心이면 而義를 不可勝用也니라
人能充無受爾汝之實이면 無所往而不爲義也니라
士未可以言而言이면 是는 以言餂之也요
可以言而不言이면 是는 以不言餂之也니
是皆穿踰之類也니라

○<맹자, 진심장구 하 31장>
忍 차마할 인: 穿 뚫을 천: 踰 넘을 유: 餂 핥아먹을 첨

○맹자께서 말씀하셨다.
"사람들은 모두 차마 하지 못하는 마음을 가지고 있는데,
그 마음을 차마 하는 것에까지 도달한다면 그것이 인이다.

사람들은 모두 하지 않는 마음이 있는데.
그 마음을 자기가 하는 것에 까지 도달한다면 그것이 의이다.

사람이 남을 해치고 싶지 않은 마음을 채워 나갈 수 있으면,
다 써낼 수 없을 정도의 인을 지니게 될 것이며,

사람이 벽을 뚫고 담을 넘어가서
도둑질 하지 않겠다는 마음을 채워 나갈 수 있으면,
다 써낼 수 없을 정도의 의를 지니게 될 것이다.

> 사람들이 남들에게 무시당하지 않을 실력을 길러서
> 채워 나갈 수 있으면 가는 곳마다 의가 아님이 없을 것이다.
>
> 선비가 말할 경우가 아닌데 말한다면
> 그것은 말하는 것으로 이익을 얻으려는 것이요,
>
> 말해야 할 경우에 말하지 않는다면
> 그것은 말하지 않는 것으로 이익을 얻으려는 것이니,
>
> 이런 것은 모두 담을 뚫거나 넘어 남의 물건을
> 훔치는 것과 같은 종류이다."

36 인이란 사람(人)이다

仁者는 人也니 親親이 爲大하고
義者는 宜也니 尊賢이 爲大하니
親親之殺(쇄)와 尊賢之等이 禮所生也니이다
故로 君子는 不可以不修身이니
思修身인댄 不可以不事親이요
思事親인댄 不可以不知人이요
思知人인댄 不可以不知天이니이다
(공자의 말씀을 자사가 인용)

○<중용, 20장>>
子思(자사), 공자의 손자로 이름은 공급(孔伋), 字는 자사(子思): 親親, 친족과 화목하게 지냄, 앞의 親은 동사: 殺 내릴 쇄: 降殺, 경우에 따라 정도를 낮추어 가는 것

○인 이라는 것은 사람다움이니,
친족과 화목하게 지내는 것이 중요하고,

의라는 것은 알맞은 행동을 하는 것(마땅함)이니,
어진 사람을 존경하는 것이 중요하다.

친족과 화목하게 지내는 것과
어진 이를 존경함에는 차이가 있으니,
이것이 예가 생겨난 이유인 것이다.

그러므로 군자는 먼저 자신을 수양(修養)해야만 하며,
수양을 하려면 어버이를 섬기어야만 된다,

어버이를 섬기려면 사람을 알아야만 되며,
사람을 알려면 하늘을 알아야만 되는 것이다.

37 지(智)·인(仁)·용(勇)의 바탕

子曰
好學은 近乎知하고 力行은 近乎仁하고
知恥는 近乎勇이니라
知斯三者면 則知所以修身이요
知所以修身이면 則知所以治人이요
知所以治人이면 則知所以治天下國家矣라

○<중용, 20장>

○공자께서 말씀하셨다.
"배움을 좋아하면 지혜로움에 가까워 지고,
힘써 행하면 인에 가까워 지고,
수치스러움을 알면 용에 가까워진 것이다.

이 세 가지를 알면 곧 자신을 수양하는 길을 알게 될 것이요,
자신을 수양하는 길을 알면
곧 사람을 다스리는 길을 알게 될 것이요,

사람을 다스리는 길을 알면
곧 천하와 국가를 다스리는 길을 알게 되는 것이다."

제2장

본성과 바른 길

사람의 본성(本性)이 선한 것은 마치 물이 아래로 내려가는 것과 같으니, 사람은 선하지 않은 사람은 없고 물이 아래로 내려가지 않음이 없는 것과 같다.

<맹자, 고자장구 상 2장>

<<요지>>

1. 아침에 도를 깨치면 저녁에 죽어도 좋다
2. 선비가 도에 뜻을 두면
3. 사람의 천성은 정직하다
4. 도를 즐기는 사람
5. 도를 가르칠 수 없는 사람

6. 군자의 세 가지 도리
7. 인간의 본성은 착하다
8. 사람의 착한 본성은 누구나 지니고 있다
9. 정도에 살면 근심이 없다
10. 도는 비록 어려워도 법도에 따라야 한다

11. 치세와 난세에 처하는 태도
12. 현명한 사람은 밝은 법도로 남을 밝힌다
13. 잠깐이라도 도를 닦지 않으면 띠풀로 길을 막는 것
14. 자신의 덕을 바로 닦으면 천하가 화평해진다
15. 사람의 본성과 도

16. 도는 잠시도 떠날 수 없는 것
17. 중(中)과 화(和)
18. 군자는 중용(中庸)에 따르고, 소인은 중용에 반(反)한다
19. 도가 행하여지지 못하는 이유
20. 사람들의 어리석음

21. 중용의 도를 행하기는 어렵다
22. 군자(君子)의 도는 쓰임이 한없이 넓고 은미하다
23. 도는 가까운 곳에 있음
24. 충성(忠誠)과 용서(容恕)는 도에 이르는 길
25. 군자는 자신의 지위에 맞게 처신한다

26. 상하 모두 책임을 미루거나 원망하지 않는다
27. 활쏘기의 책임은 모두 자신에게 있다
28. 도를 실천하는 방법
29. 천하에 통용되는 다섯 가지 도와 세가지 덕
30. 정성됨(誠)과 하늘의 도

31. 하늘의 도와 사람의 도
32. 지성(至誠)과 하늘의 도
33. 조그만 일에도 온 힘을 다한다
34. 정성된 도는 나라의 앞날도 알려준다
35. 정성됨과 만물의 존재 의의

36. 정성됨의 나타남
37. 군자는 덕성을 받들면서 중용에 따르려고 한다.
38. 위아래가 교만하지 않고 배반하지도 않는다
39. 어리석고 덕이 부족하면 자리를 탐하지 말라
40. 지성의 덕이라야 천도와 들어 맞는다

41. 군자는 때에 맞게 덕을 나타낸다
42. 성인은 대덕(大德)과 돈화(敦化)로 하늘의 도를 말한다
43. 군자의 도는 겉으로 나타나지 않는다

《본문》

01 아침에 도를 깨치면 저녁에 죽어도 좋다

子曰
朝聞道면 夕死라도 可矣니라

○<논어, 이인편 8장>
朝聞道, 아침에 도를 깨치다: 聞, 듣고 깨달음: 道, 하늘로부터 주어진 바른 길

> ○공자께서 말씀하셨다.
> "아침에 도를 깨친다면 그 이상 바랄 것이 없다.
> 저녁에 죽어도 괜찮다."

02 선비가 도에 뜻을 두면

子曰
志於道而恥惡衣惡食者는 未足與議也니라

○<논어, 이인편 9장>
未足與議也, 함께 논의하기에 부족하다: 恥 부끄러워 할 치

○공자께서 말씀하셨다.
"선비로서 도에 뜻을 두고도
나쁜 옷과 나쁜 음식을 부끄럽게 여기는 사람과는
함께 이야기할 가치가 없다."

03 사람의 천성은 정직하다

子曰
人之生也直하니 罔之生也는 幸而免이니라

○<논어, 옹야편 17장>
罔 속일 망: 幸而免, 요행으로 난을 면하고 있음

○공자께서 말씀하셨다.
"사람의 천성은 날 때부터 정직한 것이니
정직하지 않으면서 사는 것은
요행으로 죽음을 면하고 있는 것이다."

04 도를 즐기는 사람

子曰
知之者는 不如好之者요
好之者는 不如樂之者니라

○<논어, 옹야편 18장>
知之, 之는 道임

> ○공자께서 말씀하셨다.
> "도를 알기만 하는 사람은 도를 좋아하는 사람만 못하고,
> 도를 좋아하는 사람은 도를 즐겨하는 사람만 못하다."

05 도를 가르칠 수 없는 사람

子曰
中人以上은 可以語上也어니와
中人以下는 不可以語上也니라

○<논어, 옹야편 19장>

> ○공자께서 말씀하셨다.
> "수준이 중급 이상인 사람에게는
> 수준 높은 이야기를 말할 수 있으나,
>
> 중급 이하의 사람에게는
> 수준 높은 이야기를 말 할 것이 못된다."

06 군자의 세가지 도리

曾子言曰 鳥之將死에 其鳴也哀하고
人之將死에 其言也善이니라
君子所貴乎道者三이니
動容貌에 斯遠暴慢矣며
正顔色에 斯近信矣며
出辭氣에 斯遠鄙倍矣니라

○<논어, 태백편 4장>
曾子(증자), 공자의 제자, 이름은 참(參), 字는 자여(子輿): 鳥之將死, 將은 미래를 나타내는 조동사: 君子는 위정자, 지배자를 말함: 出辭氣, 말을 하거나 감정을 나타냄: 鄙 더러울 비, 천할 비: 倍 배반할 배

○증자가 말하였다,
"새가 죽을 때에는 그 울음소리가 애처롭고,
사람이 죽으려 할 때는 그 말이 착한 법이다.

또 군자가 도를 실천함에 소중히 여겨야 할 세 가지가 있으니,
몸을 예절에 맞게 움직일 때는 난폭하게 하지 말 것이며,

안색을 예절에 맞게 하여 믿음이 가도록 할 것이며,
말을 예절에 맞게 하여 비루하거나 사리에 맞지 않는 일이
없도록 하여야 할 것이다."

07 인간의 본성은 착하다

孟子曰
水信無分於東西어니와 無分於上下乎아
人性之善也 猶水之就下也니
人無有不善하여 水無有不下니라
今夫水搏而躍之면 可使過顙며
激而行之면 可使在山이어니와 是豈水之性哉리오
其勢則然也니 人之可使爲不善이 其性亦猶是也니라

○<맹자, 고자장구 상 2장>
搏 칠 박: 躍 뛸 약: 顙 이마 상: 激 격할 격: 跳 뛸 도

○맹자께서 말씀하셨다.
"물은 분명 동쪽과 서쪽의 분별이 없지만
위와 아래의 분별도 없는가?

사람의 본성이 선한 것은
마치 물이 아래로 내려가는 것과 같으니,

사람은 선하지 않은 사람은 없고
물이 아래로 내려가지 않음이 없는 것과 같다.

물을 쳐서 튀어 오르게 하면
사람의 이마를 넘어가게 할 수 있고,

막아서 거슬러 올라가게 하면
산으로도 올려 보낼 수 있으나,

그것이 어찌 물의 본성이겠는가?
그것은 외부의 힘으로 그렇게 하는 것이니,

사람이 불선을 하게 되는 것도
이처럼 그 본성이 외부의 힘에 영향을 받기 때문이다."

08 사람의 착한 본성은 누구나 지니고 있다

孟子曰
乃若其情則可以爲善矣니
乃所謂善也니라
若夫爲不善은 非才之罪也니라
惻隱之心을 人皆有之하며
羞惡之心을 人皆有之하며
恭敬之心을 人皆有之하며
是非之心을 人皆有之하니
惻隱之心仁也요
羞惡之心義也요
恭敬之心禮也요
是非之心智也니
仁義禮智非由外鑠我也라 我固有之也언마는
弗思耳矣라
故曰 求則得之하고 舍則失之라 하니라

○<맹자, 고자장구 상 6장>
鑠 녹일 삭: 惻 슬퍼할 측

○맹자께서 말씀하셨다.
"사람의 타고난 재질인 정(情)은 선하다고 할 수 있으니
그것이 곧 내가 이른바 선하다는 것이다.

만약 불선을 하게 된다면
그것은 타고난 재질의 죄는 아니다.

측은해 하는 마음인 측은지심(惻隱之心)은 사람이면
누구나 가지고 있고,
부끄러워 하는 마음인 수오지심(羞惡之心)도
누구나 가지고 있다.

공경하는 마음인 공경지심(恭敬之心)도
누구나 가지고 있고,
시비를 가리는 마음인 시비지심(是非之心)도
누구나 가지고 있다.

측은지심은 인(仁)이요,
수오지심은 의(義)요

공경지심은 예(禮)요,
시비지심은 지(智)이다.

인과 의와 예와 지는
밖에서 부터 나를 녹여 오는 것이 아니고,

내가 본래부터 지니고 있는 것이지만,
사람들이 생각하여 구하지 못할 뿐이다.
그러므로 말하기를 '구하면 얻고 버리면 잃는다.'
고 한 것이다."

09 정도(正道)에 살면 근심이 없다

孟子曰
飢者甘食하고 渴者甘飮하나니
是未得飮食之正也라
飢渴害之也니
豈惟口腹이 有飢渴之害리오
人心이 亦皆有害하니라
人能無以飢渴之害로 爲心害면
則不及人을 不爲憂矣리라

○<맹자, 진심장구 상 27장>
飢 주릴 기: 渴 목마를 갈

○맹자께서 말씀하셨다.
"배고픈 사람은 달게 먹고 목마른 사람은 달게 마시니

이렇게 되면 음식의 올바른 맛을 안 것이 아니다.
배고픔과 목마름이 입과 배를 해친 것이다.

어찌 입과 배에만 배고픔과 목마름의 해가 있겠는가?
사람의 마음에도 그러한 해가 있는 것이다.

만약에 사람이 확고한 주관이
서서 배고픔과 목마름으로 인한 해(害)가
마음을 해치지 않는다면 부귀에 있어
남을 따라가지 못한다 하더라도
그것을 근심하지 않게 될 것이다."

10 도는 비록 어려워도 법도에 따라야 한다

道則高矣美矣나 公孫丑曰
宜若登天然이라
似不可及也니 何不使彼로
爲可幾及而日孶孶也잇고
孟子曰
大匠이 不爲拙工하여 改廢繩墨하며
羿不爲拙射하여 變其彀率(구율)이니라
君子引而不發하나 躍如也하여
中道而立이어든 能者從之니라

○<맹자, 진심장구 상 41장>
公孫丑(공손추), 제나라 사람으로 맹자의 제자, 공손은 성이고 추는 이름: 彼 저 피, 사람들: 孶 부지런할 자: 幾及(기급), 거의 미침: 繩 먹줄 승: 羿 사람이름 예(활 잘 쏘는 사람의 이름): 彀 당길 구: 率 비율 률

○공손추가 말하기를,
"선생님의 도가 높고 아름다우나
하늘에 올라가는 것 같이 그렇게 높아서
거기에 도달할 수 없을 것 같습니다.

왜 그것을 도달할 수 있을 것이라고 여기게 해서
매일같이 부지런히 힘쓰게 하지 않습니까?"

맹자께서 대답하여 말씀하셨다.
"훌륭한 목수는 서툰 목공을 위해
먹줄과 먹통 고치거나 없애는 일을 하지 않고,

활 잘 쏘는 예는 서툰 사수를 위해
그의 활 당기는 기준을 변경하지 않는다.

군자가 활 시위를 당기고서 쏘지는 않으나
실제로 쏘는 것처럼 하고,
정도에 맞게 서 있으면 능력 있는 사람은 그래도 따라한다."

11 치세와 난세에 처하는 태도

孟子曰
天下有道엔 以道殉身하고
天下無道엔 以身殉道하나니
未聞以道殉乎人者也로라

○<맹자, 진심장구 상 42장>
殉 따를 순, 따라죽을 순

○맹자께서 말씀하셨다.
"천하에 올바른 도가 행하여지면
몸을 바쳐 도를 실현하고,

올바른 도가 행하여지지 않으면
자신을 희생해서라도 도를 따르는 것이니,

도를 가지고 남을 따라 간다는 것은
내가 아직 들어보지 못하였다."

12 현명한 사람은 밝은 법도로 남을 밝힌다

孟子曰
賢者는 以其昭昭로 使人昭昭어늘
今엔 以其昏昏으로 使人昭昭로다

○<맹자, 진심장구 하 20장>
昭 밝을 소: 昏 어두울 혼

> ○맹자께서 말씀하셨다.
> "과거에 현자들은 자기의 밝은 법도를 가지고 남을 밝게 하였는데,
> 지금 사람들은 자기의 흐려진 법도를 가지고 남을 밝게 하려고 한다."

13 잠깐이라도 도를 닦지 않으면 띠풀로 길을 막는 것

孟子謂高子曰
山徑之蹊間이 介然用之而成路하고
爲間不用則茅塞之矣니라
今茅塞子之心矣로다

○<맹자, 진심상구 하 21장>
告子(고자), 제나라 사람으로 맹자의 제자: 徑 지름길 경: 蹊 길 혜: 間 사이 간: 介 잠깐 개: 爲間(위간), 적은 시간: 茅 띠풀 모: 塞 막을 색

○맹자께서 고자에게 말씀하셨다.
"산길에 사람들이 잠깐만 다녀도 길이 되는데, 한동안 다니지 않으면 띠풀이 자라서 도로 막혀 버린다.
지금 자네의 마음(의리의 마음)은 띠풀이 자라 도로 막혀 있는 것과 같구나."

14 자신의 덕을 바로 닦으면 천하가 화평해진다

孟子曰
言近而指遠者는 善言也요
守約而施博者는 善道也니
君子之言也는 不下帶而道存焉이니라
君子之守는 修其身而天下平이니라
人病은 舍其田而芸人之田이니
所求於人者重이요
而所以自任者輕이니라

○<맹자, 진심장구 하 32장>
帶 띠 대: 芸(蕓) 평지 운, 여러해살이 풀: 輕 가벼울 경

○맹자께서 말씀하셨다.
"말은 친근하면서 뜻이 깊은 것이 좋고,
자신을 지켜나가는 도는
간략하면서도 베풀기를 넓게 하는 것이 좋다.

> 군자의 말은 멀리 허리띠까지 내려가지 않아도(목전에 있어
> 도), 거기에 도가 들어있으며,
>
> 군자가 자신을 지켜나가는 것은
> 자신의 덕을 닦음으로 천하가 화평해지는 것이다.
>
> 사람들의 병통은 자기 밭은 내버려두고
> 남의 밭에서 김매는 것이니,
>
> 남에게 요구하는 것은 무겁게 하고,
> 자기가 맡은 것은 소홀하게 다루기 때문이다."

15 사람의 본성과 도

天命之謂性이요
率性之謂道요
修道之謂敎니라
(공자가 전해준 요체를 자사가 서술)

○<중용, 1장>
命 목숨 명, 하늘이 명한 것이란 뜻으로 선천적으로 타고난 것을 말함:
謂 이를 위: 性 성품 성, 사람의 본성: 率 따를 솔: 道 길 도, 말할 두, 바른 길: 敎 가르칠 교

> ○하늘이 사람에게 내려준 것을 본성(性)이라하고,
> 본성에 따라 행동하는 것을 도(道)라 하며,
> 도를 닦는 것을 일컬어 교(敎)라고 한다.

16 도는 잠시도 떠날 수 없는 것

道也者는 不可須臾離也니
可離면 非道也라
是故로 君子는 戒愼乎其所不睹하며
恐懼乎其所不聞이니라
莫見(현)乎隱이며 莫顯乎微니
故로 君子는 愼其獨也니라
(공자가 전해준 요체를 자사가 서술)

○<중용, 제1장>
臾 잠깐 유: 君子, 성품이 어질고 학식이 높은 지성인: 睹 볼 도: 懼 두려워할 구: 隱 숨을 은: 見 드러날 현

○사람이 올바로 살아가자면,
도라는 것은 잠시도 떠날 수가 없는 것이니,
떠날 수가 있다면 그것은 이미 도가 아닌 것이다.

그러므로 군자는 남이 보지 않는 곳에 있더라도 항상 삼가며,

남이 듣지 못하는 곳에 있더라도
도에 어긋나는 일은 하지 않는다.

숨어서 하는 것도 결국은 드러나고,
아무리 작은 일도 드러나게 된다.

그러므로 군자는 혼자 있는 경우라도
조심스럽게 행동한다.

17 중(中)과 화(和)

喜怒哀樂之未發을 謂之中이요
發而皆中節을 謂之和니
中也者는 天下之大本也요
和也者는 天下之達道也니라
致中和면 天地位焉하며 萬物育焉이니라
(공자가 전해준 요체를 자사가 서술)

○<중용, 1장>
 喜 기쁠 희: 怒 성낼 노: 哀 슬플 애: 樂 즐거울 락: 達道, 통달되는 도, 보편적인 도

○기쁨과 노여움, 슬픔과 즐거움이
밖으로 나타나지 않는 현상을 '중'이라고 하고,
알맞게 나타나 절도에 맞는 것을 '화'라고 한다.

'중'은 천하의 모든 사람의 근본이고
'화'는 천하의 사물과 사람에 통용되는 공통된 도이다.

'중'과 '화'를 지극히 하면 천지가 자리 잡히어 편안하고,
만물이 제대로 자라고 발전하게 되는 것이다.

18 군자는 중용(中庸)에 따르고, 소인은 중용에 반(反)한다

仲尼曰

君子는 中庸이요
小人은 反中庸이니라
君子之中庸也는 君子而時中이요
小人之(反)中庸也는 小人而無忌憚也니라

○<중용, 2장>
中庸, 치우침이나 과부족이 없이 떳떳하며 알맞은 상태나 정도, 상대방에 대한 말과 행동에 적절함을 지키는 것: 庸 떳떳할 용: 忌 꺼릴 기: 憚 꺼릴 탄

> ○공자께서 말씀하셨다.
> "군자는 중용에 맞게 행동하고
> 소인은 중용에 반하는 행동을 한다.
>
> 군자는 중용을 지킴에 있어 사정이나 환경에 맞게 하고,
> 소인은 중용을 지킴에 있어 거리낌 없이 멋대로 행동한다."

19 도가 행하여지지 못하는 이유

子曰
道之不行也를 我知之矣로니
知(智)者는 過之하고
愚者는 不及也니라
道之不明也를 我知之矣로니
賢者는 過之하고
不肖者는 不及也니라
人莫不飮食也언마는 鮮能知味也니라

○<중용, 4장>
鮮 드물 선: 肖 닮을 초

> ○공자께서 말씀하셨다.
> "도가 행하여 지지 않는 이유를 나는 안다.
>
> 지혜가 많은 사람은
> 자기 지혜만 믿고 행동하므로 지나치고,
>
> 어리석은 사람은 지혜가 없어서
> 행동이 미치지 못하기 때문이다.
>
> 나는 도가 제대로 밝혀지지 못하는 이유를 안다.
>
> 현명한 사람은 꾀가 너무 많아 지나치고,
> 현명하지 못한 사람은 행동이 미치지 못하기 때문이다.
>
> 사람들이 음식을 먹고 마시지 않는 이가 없건마는
> 맛을 아는 이는 드물다."
> (중용을 올바로 이해하고 지키는 사람은 드물다.)

20 사람들의 어리석음

子曰
人皆曰予知(智)로되
驅而納諸罟攫陷阱之中 而莫之知辟(避)也하며
人皆曰予知로되
擇乎中庸 而不能期月守也니라

○<중용, 7장>
驅 몰 구: 納 들일 납: 諸 모두 제: 罟 그물 고: 擭 잡을 획: 陷 빠질 함: 阱 함정 정: 辟 비유할 비, 피할 피: 擇 가릴 택

> ○공자께서 말씀하셨다.
> "세상 사람들은 모두 자기는 지혜롭다고 생각한다.
>
> 그러나 그들을 그물이나 덫에 걸리게 하거나
> 함정에 빠뜨리면 그것을 피할 줄 모르며,
>
> 모두 자기가 지혜롭다고 생각하나,
> 중용의 도를 택하여 한 달도 지키지 못할 사람들이다."

21 중용의 도를 행하기는 어렵다

子曰
天下國家를 可均也며
爵祿을 可辭也며
白刃을 可蹈也로되
中庸은 不可能也니라

○<중용, 9장>
爵 술잔 작, 벼슬 작: 祿 녹 녹: 刃 칼날 인: 蹈 밟을 도

○공자께서 말씀하셨다.
"천하의 국가를 고르게 다스릴 수 있는 지혜가 있고, 봉록(俸祿)을 버리고 공명(功名)도 사양할 수 있는 덕이 있으며,

흰 칼날도 밟을 수 있는 용기가 있는 사람이라도, 중용의 도를 행하기는 어렵다."

22 군자의 도는 쓰임이 한없이 넓고 은미하다

君子之道는 費而隱이니라
夫婦之愚로도 可以與(예)知焉이로되
及其至也하여는 雖聖人이라도
亦有所不知焉하며
夫婦之不肖로도 可以能行焉이로되
及其至也하여는 雖聖人이라도
亦有所不能焉하며
天地之大也에도 人猶有所憾이라
(자사의 말씀임)

○<중용, 12장>
費 쓸 비: 隱 숨을 은: 肖 닮을 초, 작을 초: 憾 섭섭할 감, 근심할 감

○군자의 도는 쓰임에서는 한없이 넓고 은미하다.

부부의 어리석음(어리석은 일반 남녀들)으로도
알려고 들면 더불어 알 수 있는 것이지만,

그 지극함에 이르러서는 비록 성인이라도
역시 알지 못하는 미묘한 바가 있는 것이다.

일반 남녀들의 불초함으로도 가히 행할 수 있는 것이지만,

그 지극함에 이르러서는 비록 성인이라도
파악하여 실행할 수 없는 바가 있는 것이다.

천지가 크더라도 중용은 똑같이 작용되지 않기 때문에
사람들은 오히려 한스럽게 여기는 것이다.

23 도는 가까운 곳에 있음

子曰
道不遠人하니
人之爲道而遠人이면 不可以爲道니라
詩云 伐柯伐柯여 其則(칙)不遠이라 하니
執柯以伐柯하되 睨而視之하고 猶以爲遠하나니
故君子는 以人治人하다가 改而止니라

○<중용, 13장>
爲道, 도를 따르고 행하는 것: 柯 자루 가: 睨 흘겨볼 예: 違 어길 위: 忠,
진심을 다 하는 것: 恕, 남의 처지를 이해해 주는 것

○공자께서 말씀하셨다.
도는 사람으로부터 멀리 있는 것이 아니다.

"사람이 도를 지킨다고 할 때에
그 도가 사람으로부터 떨어져 있다고 한다면
그것은 도가 될 수 없는 것이다.

〈시경〉에 이르기를
'도끼 자루에 쓸 나무를 찍어 내나니,
그 도끼자루의 모형이 가까운데 있도다.'고 하였으니,

이것은 도끼 자루를 쥐고 도끼 자루를 베면서도
도끼 자루의 길이나 굵기가 얼마나 될까 하고
비스듬이 보고 막연히 멀다고 여긴다.

그러므로 군자는 사람의 도리로서 사람을 다스리고
잘못을 그치게 되면 그만두는 것이다."

24 충성과 용서는 도에 이르는 길

(子曰)
忠恕違道不遠하니
施諸己而不願을 亦勿施於人이니라

○〈중용, 13장〉
忠 충성 충, 진심을 다 하는 것: 恕 용서 서, 남의 처지를 이해해 주는 것: 違 어긋날 위: 願 원할 원

○공자께서 말씀하셨다.
충성과 용서는 도에서 멀리 떨어진 것이 아니니,
자기에게 베풀어 보아 원하지 않는 일을
남으로 하여금 하게 하는 일이 없게 한다는 것이다.

25 군자는 자신의 지위에 맞게 처신한다

君子는 素其位而行이요
不願乎其外니라
素富貴하얀 行乎富貴하며
素貧賤하얀 行乎貧賤하며
素夷狄하얀 行乎夷狄하며
素患難하얀 行乎患難이니
君子는 無入而不自得焉이니라
(자사의 말씀임)

○<중용, 14장>
素 평소 소: 夷 오랑캐 이: 狄 오랑캐 적: 陵 능멸할 능: 援 당길 원: 尤
허물 우: 俟 기다릴 사: 徼 구할 요: 幸 요행 행

○군자는 현재 처해 있는 지위에 따라 처신하고
분수에 벗어나는 것을 원하지 않는다.

현재 부귀하면 부귀한 대로 행동하며,
빈천하면 빈천한대로 행동한다.

오랑캐에 살게 되면 그 상황에 맞게 행동하며,
환난에 처해서는 환난에 알맞게 행동하니,
군자는 들어가는 곳마다 스스로 만족하지 않음이 없다.

26 상하 모두 책임을 미루거나 원망하지 않는다

在上位하여 不陵下하며
在下位하여 不援上이요
正己而不求於人이면 則無怨이니
上不怨天하며 下不尤人이니라
故로 君子는 居易以俟命하고
小人은 行險以徼幸이니라
(자사의 말씀임)

○<중용, 14장>
陵 능멸할 능: 援 당길 원: 尤 허물 우: 俟 기다릴 사: 徼 구할 요: 幸 요행 행

○윗자리에 있으면서 아랫 사람을 업신여기지 않으며,
아랫 자리에 있으면서 윗 사람을 잡아 당기지 않는다.

자기 처신을 옳게 하고 남에게서 구하지 아니하면
서로 원망함이 없을 것이니,

위로는 하늘을 원망하지 아니하며,
아래로는 다른 사람을 탓하지 않는다.

그러므로 군자는 평이하게 살면서 천명을 기다리고,
소인은 험난한 것을 행하면서 요행을 바란다.

27 활쏘기의 책임은 모두 자신에게 있다

子曰
射有似乎君子하니
失諸正鵠이어든
反求諸其身이니라

○<중용, 14장>
鵠 과녁 곡, 고니 곡

○공자께서 말씀하셨다.
"활쏘기는 군자의 행동과 같음이 있으니,

자기가 쏜 화살이 과녁을 맞히지 못하면
그 원인을 항상 자신에게 돌린다."

28 도를 실천하는 방법

君子之道는
辟(譬)如行遠必自邇하며
辟如登高必自卑니라

(자사의 말씀임)

○<중용, 15장>
辟 피할 피, 임금 벽, 비유할 비: 譬 비유할 비: 邇 가까울 이

○군자가 중용의 도를 실행함은 비유하건데,
멀리 가려면 반드시 한발자국씩
가까운 데로부터 가야함과 같고,

높은 곳에 오르려면 반드시 한 발자국씩
낮은 곳으로부터 올라야 함과 같다.

29 천하에 통용되는 다섯 가지 도와 세가지 덕

(子曰)
天下之達道五에 所以行之者三이니
曰
君臣也와 父子也와 夫婦也와
昆弟也와 朋友之交也五者는
天下之達道也요
知(智)仁勇三者는
天下之達德也니
所以行之者는 一也니이다
或生而知之하며 或學而知之하며 或困而知之하나니
及其知之하여는 一也니이다
或安而行之하며 或利而行之하며 或勉强而行之하나니

及其成功하여는 **一也**니이다
(공자의 말씀을 자사가 인용)

○<중용, 20장>
困 곤궁하여져서: 勉强 억지로 애써서

○공자께서 말씀 하셨다.
"천하에 보편적으로 통용되는 도에는 다섯 가지가 있고,
그것을 행할 수 있는 덕에는 세 가지가 있다.

군신, 부자, 부부, 형제, 친구간의 관계가
다섯 가지의 천하에 보편적인 도이고,

지(智), 인(仁), 용(勇)의 세 가지는 천하의 보편적인 덕이니,
그것을 행하게 하는 근본은 하나인 것이다.

어떤 사람은 나면서부터 도와 덕을 알고,
어떤 사람은 배워서 그것들을 알며,

어떤 사람은 곤궁함을 당하여서 그것을 알게 되나,
그들을 알게 되면 한가지이다.

어떤 사람은 도와 덕을 힘 안들이고 편하게 행하며,
어떤 사람은 그것들이 이익이 되기 때문에 행하고,

어떤 사람은 그것을 억지로 애써서 행하나,
그들을 행하였을 때의 결과는 마찬가지이다."

30 정성됨(誠)과 하늘의 도

誠者는 天之道也요
誠之者는 人之道也니
誠者는 不勉而中하며 不思而得하여
從容中道하나니 聖人也요
誠之者는 擇善而固執之者也니라
(공자의 말씀을 자사가 인용)

○<중용, 20장>
誠 정성 성: 勉 힘쓸 면: 執 잡을 집: 從容, 애쓰거나 서두르지 않고 자연스러운 행동 그대로 임

○정성됨은 하늘의 바른 길이요,
정성되게 하는 것은 사람의 바른 길이다.

정성된 사람은 힘쓰지 않아도 주위에 알맞게 되며,
생각하지 않아도 터득하게 되어

자연스러운 행동 그대로 바른 길에 알맞은 것이니
성인이라 할 것이다.

정성되게 하는 것은 선을 가리어 그것을 굳게 지키는 것이다.

31 하늘의 도와 사람의 도

自誠明을 謂之性이요

自明誠을 **謂之敎**니
誠則明矣요 **明則誠矣**니라
(자사가 공자의 뜻을 이어 말씀)

○<중용, 21장>
誠 정성 성, 성실, 진실로 해석하며 진실하고 성실함을 뜻함

○정성됨으로 인하여 선에 밝아지는 것을 본성(性)이라 하고, 선에 밝음으로서 정성 되어 짐을 교(敎)라고 한다.
정성스럽게 되면 곧 밝아지고 밝으면 곧 정성스럽게 된다.

32 지성(至誠)과 하늘의 도

惟天下至誠이야 **爲能盡其性**이니
能盡其性이면 **則能盡人之性**이요
能盡人之性이면 **則能盡物之性**이요
能盡物之性이면 **則可以贊天地之化育**이요
可以贊天地之化育이면 **則可以與天地參矣**니라
(자사의 말씀임)

○<중용, 22장>
贊 도울 찬: 化育 변화와 생성: 參 참여 한다는 뜻으로 천지와 대등하게 병립하게 된다는 뜻

○오직 천하의 지극한 정성됨을 지닌 사람이라야
그의 본성을 다할 수 있는 것이다.

그의 본성을 다할 수 있으면, 곧 다른 사람의 본성을
다할 수 있고,

다른 사람의 본성을 다할 수 있으면, 만물의 본성을
다할 수 있고,

만물의 본성을 다할 수 있으면 천지의 변화와 생성을
도울 수 있게 될 것이다.

천지의 변화와 생성을 도울 수 있게 되면,
곧 천지와 더불어 함께 할 수 있게 된다.

33 조그만 일에도 온 힘을 다한다

其次는 致曲이니 曲能有誠이니
誠則形하고 形則著하고 著則明하고
明則動하고 動則變하고 變則化니
唯天下至誠이라야 爲能化니라
(자사의 말씀임)

○<중용, 23장>
曲 굽을 곡, 세소한 일: 著 나타날 저, 붙을 착: 變 변할 변 唯 오직 유,
누구 수

○해야 할 일 중의 하나는 조그만 선한 일에도
온힘을 다하는 것이다.

조그만 일에도 온 힘을 다하면 정성스럽게 되고,
정성스럽게 되면 그 형상이 나타나며,

그 형상이 나타나면 정성됨이 드러나고,
정성됨이 드러나면 정성됨이 무엇인가 밝게 알 수 있다.

정성됨이 밝게 알면 사람들은 감동을 받고,
감동을 받으면 그 사람의 마음이 변하니,

정성됨만이 사람들을 감화 시킬 수 있다.

34 정성된 도는 나라의 앞날도 알려준다

至誠之道는 可以前知니
国家將興에 必有禎祥하며
国家將亡에 必有妖孼하며
見(현)乎蓍龜하며
動乎四体라 禍福將至에
善을 必先知之하며
不善을 必先知之하나니
故로 至誠은 如神이니라
(자사의 말씀임)

○<중용, 24장>
禎 상서로울 정: 祥 상서 상: 妖 요망할 요: 孼 재앙 얼, 서자 얼: 蓍 시초

시, 점대 시: 龜거북 귀, 터질 균, 땅이름 구

○지극히 정성된 도를 지키면
앞날의 일을 미리 알 수 있으니,

정치를 잘하여 국가가 흥성하려 할 때는
반드시 성스러운 조짐이 나타난다.

정치를 잘못하여 국가가 망하려 할 때는
반드시 흉한 조짐이 나타난다.

이러한 조짐은 점복에도 나타나고,
사람의 모든 행동에도 나타나기 때문에

화와 복이 장차 이르면
성인은 이러한 조짐을 살피어 앞일을 미리 알 수 있다.

또한 선하지 못한 것도 미리 알 수 있으니
이처럼 정성됨은 신과 같은 것이다.

35 정성됨과 만물의 존재 의의

誠者는 自成也요
而道는 自道也니라
誠者는 物之終始니
不誠이면 無物이라
是故로 君子는 誠之爲貴니라
(자사의 말씀임)

○<중용, 25장>
道, 길을 간다(동사): 物, 모든 물건: 終始, 처음부터 끝가지: 性之, 정성 되게 하는 것

> ○정성됨이라는 것은 자기 스스로 이루는 것이요,
> 도는 자기 스스로 가게 되는 것이다.
>
> 정성됨이라는 것은 만물의 존재의의의 근본이니,
> 정성됨이 아니면 만물은 존재가치가 없는 것이다.
>
> 그러므로 군자는 정성됨을 소중하게 여긴다.

36 정성됨의 나타남

誠者는 非自成己而已也라
所以成物也니
成己는 仁也요
成物은 知(智)也니 性之德也라
合內外之道也니
故로 時措之宜也니라
(자사의 말씀임)

○<중용, 25장>
時措, 수시로 쓰는 것

○정성됨이라는 것은
자신을 스스로 이루게 할 뿐만 아니라,
만물을 이루게 하는 것이다.

자신을 이루는 것은 인(仁)이요,
만물을 이루는 것은 지(知)로서,
인과 지는 성(性)의 덕(德)이니 안과 밖을 합하는 도이다.

그러므로 사람은 항상 때에 맞게 조처하는 것이 마땅하다.

37 군자는 덕성을 받들면서 중용에 따르려고 한다

君子는 尊德性而道問學이니
致廣大而盡精微하며
極高明而道中庸하며
溫故而知新하며 敦厚以崇禮니라
(자사의 말씀임)

○<중용, 27장>

○군자는 덕성을 공경하여 높이면서
묻고 배우는 것에 따른다.

넓고 큰 것의 이치를 알고 인간 생활의
미세한 일도 알아야 하며,
높고 밝은 하늘의 도를 다하되 중용의 길을 가야한다.

> 옛 것을 익히어 새로운 것을 알며,
> 후덕함을 돈독히 하고 예를 존중하여야 하는 것이다.

38 위아래가 교만하지 않고 배반하지도 않는다

居上不驕하며 爲下不倍(背)라
國有道에 其言이 足以興이요
國無道에 其黙이 足以容이니라
(자사의 말씀임)

○<중용, 27장>
驕 교만할 교: 倍 배반할 배: 哲 어질 철

> ○군자는 윗자리에 있어도 교만하지 않고,
> 아랫자리에 있어도 윗사람을 배반하지 않는다.
>
> 나라에 올바른 도가 있어 정치가 잘 될 때에는
> 세상에 나아가 발언하여 자기의 뜻을 펴고,
>
> 나라에 도가 없어 잘 다스려 지지 않을 때에는
> 가만히 물러나 자기의 몸을 닦는다.

39 어리석고 덕이 부족하면 자리를 탐하지 말라

子曰
愚而好自用하며 賤而好自專이요
生乎今之世하여 反古之道면
如此者는 災及其身者也니라

○<중용, 28장>
愚 어리석을 우: 賤, 지위가 없고 천박한 사람: 自專, 자기 멋대로 행동하는 것

> ○공자께서 말씀하셨다.
> "어리석으면서 스스로 등용되기를 좋아하고,
> 지위가 낮으면서도 자기 마음대로 하기를 좋아하며,
>
> 지금 세상에 살면서 예전의 도로 되돌아 간다면,
> 이와 같은 사람은 재앙이 자신에게 닥칠 것이다."

40 지성의 덕이라야 천도와 들어 맞는다

唯天下至聖이야
爲能聰明睿知(智) 足以有臨也니
寬裕溫柔 足以有容也며
發强剛毅 足以有執也며
齊(재)莊中正이 足以有敬也며
文理密察이 足以有別也니라

(자사의 말씀임)

○<중용, 31장>
唯 오직 유: 聰 귀밝을 총: 臨 임할 임: 寬 너그러울 관: 裕 넉넉할 유: 發强 강함을 발휘하는 것: 執 잡을 집: 齊 재계할 재: 莊 씩씩할 장

○오직 천하의 지극한 성인이어야
총명과 예지로서 충분히 백성에게 다가설 수 있고,

너그럽고 부드러워 충분히 포용할 수 있으며,
강하고 굳세어야 충분히 지켜 나갈 수 있다.

엄정하고 바름으로서 천하 사람들에게 공경 받을 수 있고,
문장의 조리가 세밀하고 살필 수 있어야
충분히 분별이 가능하다.

41 군자는 때에 맞게 덕을 나타낸다

溥博淵泉하여 而時出之니라
溥博은 如天하고 淵泉은 如淵하니
見(현)而民莫不敬하며
言而民莫不信하며
行而民莫不說(열)이니라
(자사의 말씀임)

○<중용, 31장>
溥 넓을 부: 博 넓을 박: 淵 못 연

○군자는 두루 두루 넓고 고요하게 때에 맞추어
그의 덕을 나타낸다.

두루 넓음은 하늘과 같고, 고요하고 깊음은
근원이 있는 연못과 같다.

그러한 덕을 지닌 군자가 나타나면 백성들은
공경하지 않는 이가 없고,

그러한 덕을 지닌 군자가 말을 하면 백성들은
믿지 않는 이가 없으며,

그러한 덕을 지닌 군자가 행하면 백성들은
기뻐하지 않는 이가 없다.

42 성인은 대덕(大德)과 돈화(敦化)로 하늘의 도를 말한다

唯天下至誠이야 為能経綸天下之大経하며
立天下之大本하며 知天地之化育이니
夫焉有所倚리오
肫肫其仁이며 淵淵其淵이며 浩浩其天이니라
苟不固聰明聖知(智)達天德者면 其孰能知之리오
(자사의 말씀임)

○<중용, 32장>
肫 정성스러울 순: 倚 의지할 의

○오직 천하의 지극히 정성스러운 사람이라야
천하의 위대한 법도로 다스릴 수 있고,

천하의 위대한 근본을 세울 수 있으며 천지의
온갖 변화와 생성을 알 수 있는 것이니,
어찌 딴 물건에 의지 하는 바가 있겠는가?

간절하고 지극한 인자함이여, 깊음은 그 연못과 같으며,
넓고 넓음은 저 하늘과 같구나.

진실로 총명하고 성인의 지혜에 갖추어서
하늘의 덕에 이른 사람이 아니고야
그 누가 그를 알아 볼 수 있겠는가?

43 군자의 도는 겉으로 나타나지 않는다

君子之道는 闇然而日章하고
小人之道는 的然而日亡하나니
君子之道는 淡而不厭하며
簡而文하며 溫而理니
知遠之近하며 知風之自하며
知微之顯이면 可與入德矣리라
(자사의 말씀임)

○<중용, 33장>
闇 어두울 암: 的 밝을 적: 遠之近, 멀리 있는 것은 가까운 데로부터 간 것: 自 부터 자, 시작이 되는 곳

○군자의 도는 속에다 지니고
겉으로 나타내려 하지 않지만 나날이 드러나고,

소인의 도는 선명하게 드러나지만 날로 없어지는 것이다.

군자의 도는 담담하나 싫증이 나지 않고,
간결하면서도 문채가 있으며 온화하면서도 조리가 있다.

그러므로 먼 것은 가까운 데로부터 비롯된 것임을 알고,
바람이 어디에서 시작됨을 알며,

은미한 것이 현저하게 드러남을 안다면 함께 덕으로
돌아갈 수 있을 것이다.

제3장

자기 수신과 올바른 삶 <1>

항상 배운 것을 음미하여 속으로 새겨두고, 남에게 배우기를 싫증 내지 않으며, 남 가르쳐 주기를 게을리 하지 않는다.

<논어, 술이편 2장 >

<<요지>>

1. 남의 장단점을 자신의 거울로 삼아야 한다
2. 대장부는 남을 용서할 줄 알아야 한다
3. 항상 남을 존중 하여야 한다
4. 남의 허물을 말하지 말라
5. 남이 나를 비방해도 화내지 말라

6. 나의 단점을 말해주는 사람이 바로 스승이다
7. 부지런하고 신중해야 한다
8. 지나친 욕심을 갖지 말라
9. 배우기 이전에 바른 마음을 가져라
10. 지나친 분노를 일으키지 말라

11. 남을 평가하기 전에 먼저 자신을 헤아려 보라
12, 군자는 남의 단점을 말하지 않는다
13. 수신을 위해 마음에 새기고 있어야 할 글
14. 모든 행동을 투명하게 하라
15. 자기 자신을 용서하듯 남을 용서하여라

16. 겸손은 훌륭한 인간을 만든다
17. 어려웠던 때를 잊어버리는 사람은 오래가지 못한다
18. 남을 도와줄 적에는 대가를 바라지 말아라
19. 담력은 크되 마음가짐은 소박해야 한다
20. 법을 어기면 날마다 근심속에서 살게 된다

21. 남을 등지는 마음을 먹지 말아라

22. 후회는 언제나 후에 온다
23. 가난할 지라도 우환이 없는 것이 행복이다
24. 남을 위하는 사람의 삶은 영원하다
25. 자기를 용서하는 마음으로 남을 용서하여라

26. 생각을 넓고 크게 가져라
27. 사람은 한번 방종하면 돌이킬 수 없게 된다
28. 순간의 분노를 참아라
29. 참지 않으면 작은 일도 커진다
30. 분노는 서로 이해하지 못하는 데서 생긴다

31. 참을 줄 아는 것이 모든 행동의 근본이다
32. 참음이 있어야 나라와 가정이 편해진다
33. 자신을 굽힐 줄 알아야 중요한 자리를 맡을 수 있다
34. 남을 욕하면 그 욕은 다시 자기에게로 돌아온다
35. 항상 자신을 매일 반성한다.

36. 젊은 사람의 몸가짐
37. 최선을 다하고 실천함이 중요
38. 남이 알아주기를 걱정 말고 남을 먼저 알라
39. 인격의 완성
40. 군자는 인격과 지식을 두루 갖춘다

41. 먼저 자기 절제를 하라
42. 군자는 말은 신중하고 행동은 민첩하다
43. 덕이 있는 사람는 외롭지 않다
44. 묵묵히 배우고 열심히 남을 가르친다
45. 마음에 새겨야 할 네가지 걱정

46. 의에 맞는 부
47. 불의의 부귀는 뜬 구름
48. 미인 좋아하듯 덕을 좋아하라
49. 잘못을 정확히 이해하고 고치는 것이 중요하다
50. 성실을 신조로 살아라

51. 덕을 높이고 미혹을 없애야 한다
52. 군자와 소인
53. 통달함에 대하여
54. 덕을 높이고 사악을 고치고 미혹을 없애는 법
55. 선비의 자격

56. 가난하면 원망하기 쉽다
57. 인간의 완성
58. 군자는 위로 통달하고 소인은 아래로 통달한다
59. 군자는 영역 밖의 일을 생각하지 않는다
60. 군자가 갖추어야할 도, 지(知)·인(仁)·용(勇)

61. 참으로 걱정해야 할 일

≪본문≫

01 남의 장단점을 자신의 거울로 삼아야 한다

性理書云
見人之善이어든 而尋己之善하고
見人之惡이어든 而尋己之惡이니
如此라야 方是有益이니라

○<명심보감, 정기편>
性理書(성리서), 송나라 때 유학자들이 인간의 심성과 우주의 원리에 대하여 지은 모든 글: 方 바야흐로 방, 時方(시방), 方今(방금)

> ○성리서에 이르기를,
> "남의 착함을 보거든 자기의 착한 것을 찾으며,
> 남의 악함을 보거든 자기의 악한 것을 찾아야한다.
> 이와 같이 해야 바야흐로 이로움이 있을 것이다."

02 대장부는 남을 용서할 줄 알아야 한다

景行錄云
大丈夫當容人이언정 無爲人所容이니라

○<명심보감, 정기편>

景行錄(경행록), 송나라 때 만든 착한 행실을 기록한 책: 當 마땅 당: 容 품을 용, 용납할 용:無, 毋와 마찬가지로 금지사로도 자주 쓰임: 爲 될 위: 爲 A 所+술어 A, 의 ~하는 바가 되다

○경행록에 이르기를,
"대장부는 마땅히 남을 용서할지언정,
다른 사람의 용서를 받는 사람이 되지 말지니라."

03 항상 남을 존중하여야 한다

太公曰
勿以貴己而賤人하고
勿以自大而蔑小하고
勿以恃勇而輕敵이니라

○<명심보감, 정기편>
太公(태공), 주나라 초기의 현자(賢者), 성은 강(姜), 이름은 상(尙): 賤 천할 천: 蔑 업신여길 멸: 恃 믿을 시: 勇 날랠 용: 輕 가벼울 경: 敵 대적할 적, 적군 적

○태공이 말하였다,
"자신을 귀하게 여기고 남을 천하게 여기지 말며,
자기를 과시하고 작은이를 업신여기지 말며,
용맹을 믿고서 적을 가볍게 여기지 말 것이다."

04 남의 허물을 말하지 말라

馬援曰
聞人之過失이어든 如聞父母之名하여
耳可得聞이언정 口不可 言也니라

○<명심보감, 정기편>
馬援(마원), 후한 사람으로 字는 문연(文淵), 광무제(光武帝)를 도와서
티벳족을 정벌: 援 도울 원: 聞 들을 문: 過 허물 과: 失 잃을 실

○마원이 말하였다,
"남의 과실을 듣거든
부모의 이름을 들은 것처럼 하여,
귀로는 들을지언정 입으로는 말하지 말 것이다."

05 남이 나를 비방해도 화내지 말라

康節邵先生曰
聞人之謗이라도 未嘗怒하며
聞人之譽리도 未嘗喜하며
聞人之惡이라도 未嘗和하며
聞人之善이어든 則就而和之하고 又從而喜之니라
樂見善人하고 樂聞善事하며
樂道善言하고 樂行善意하라
聞人之惡이어든 如負芒刺하고

聞人之善이어든 **如佩蘭蕙**니라

○<명심보감, 정기편>
康節邵(강절소) 선생, 북송(北宋)의 학자로 이름은 옹(雍), 字는 요부(堯夫)이며, 강절은 그의 시호: 謗 헐뜯을 방: 嘗 일찍 상 譽 기릴 예: 和 화할 화, 여기서는 줏대 없이 끼어드는 것을 뜻함, 附和雷同(부화뇌동): 謗 헐뜯을 방: 嘗 일찍 상: 譽 기릴 예: 言 말씀 언, 말할 언: 負 질 부: 芒 가시 망: 刺 가시 자: 佩 찰 패: 蘭 난초 난: 蕙 혜초 혜

○강절소 선생이 말하였다,
"남의 비방을 들어도 당장 성내지 말고
남의 칭찬을 들어도 당장 기뻐하지 말라.

다른 사람의 악한 점을 들어도
부화하지 말며,

다른 사람의 선한 점을 들으면
화응(和應)할 것이며
함께 기뻐해야 한다.

선한 사람을 보는 것을 즐거워하며,
선한 일를 듣기를 즐거워하며,

선한 일을 말하기를 즐거워하며,
선한 뜻 행하기를 즐거워해야 한다.

남의 악한 점을 듣거든
가시를 등에 진 것처럼 괴로워하고,

남의 선한 점을 듣거든
난초를 몸에 지닌 것 같이 기뻐할지니라."

06 나의 단점을 말해주는 사람이 바로 스승이다

道吾善者는 是吾賊이오
道吾惡者는 是吾師니라

○<명심보감, 정기편>
道 길 도, 말할 도: 賊 도둑 적: 師 스승 사

> ○나에게 좋은 점만을 말하는 사람은
> 나의 적이요,
>
> 나의 나쁜 점을 말하는 사람이
> 나의 스승이로다.

07 부지런하고 신중해야 한다

太公曰
勤爲無價之寶요
愼是護身之符니라

○<명심보감, 정기편>
勤 부지런할 근: 寶 보배 보: 愼 삼가 할 신: 護 보호할 호: 符 부신 부

> ○태공이 말하였다,
> "부지런함은 값을 매길 수 없는 보배요,

신중함은 몸을 보호하는 신표이다."

08 지나친 욕심을 갖지 말라

景行錄曰
保生者는 寡慾하고 保身者는 避名이니
無慾은 易나 無名은 難이니라

○<명심보감, 정기편>
景行錄(경행록), 3장(2) 참조: 寡 적을 과: 慾 욕심 욕: 避 피할 피: 易 쉬울 이: 難 어려울 난: ~易 ~難, ~하는 것은 쉽고 ~하는 것은 어렵다.

○경행록에 이르기를,
"생을 보전하려는 사람은 욕심을 적게 하고,
몸을 보전하려는 사람은 명예를 피할 것이니,

욕심을 없애기는 쉬우나
명예를 바라지 않기는 어렵다."

09 배우기 이전에 바른 마음을 가져라

定心應物이면 雖不讀書라도
可以爲有德君子니라

○<명심보감, 정기편>
應 응할 응: 雖 비록 수

○마음을 안정하고 모든 일에 응하면,
비록 배우지 않았다고 해도
덕이 있는 군자라 할 수 있다.

10 지나친 분노를 일으키지 말라

近思錄云
懲忿을 如救火하고 窒慾을 如防水하라

○<명심보감, 정기편>
近思錄(근사록), 송나라 때 주희(朱熹)와 여조겸(呂祖謙)이 함께 지은 인격 수양에 관한 명언을 모은 책: 懲 징계할 징: 忿 분할 분: 懲忿, 분함을 억누르다: 窒 막을 질: 救火, 불을 끄다

○근사록에 이르기를,
"분함을 참는 것을 불을 끄듯이 하고,
욕심 막기를 큰 물을 막는 것 같이 하라."

11 남을 평가하기 전에 먼저 자신을 헤아려 보라

太公曰
欲量他人인대 先須自量하라
傷人之語는 還是自傷이니
含血噴人이면 先汚其口니라

○<명심보감, 정기편>
 太公(태공), 3장(3) 참조: 量 헤아릴 양: 還 돌아올 환: 含 품을 함:噴 뿜을 분: 汚 더러울 오

> ○태공이 말하였다.
> "타인을 헤아리려면 모름지기
> 자신부터 먼저 헤아려야 할 것이다.
>
> 남을 해치는 말은 도리어 자신을 해치는 것이니,
>
> 피를 입에 물고 남에게 뿜는 것은
> 먼저 자신의 입을 더럽히는 것이다."

12 군자는 남의 단점을 말하지 않는다

耳不聞人之非하고
目不視人之短하고
口不言人之過라야
庶幾君子니라

○<명심보감, 정기편>
庶 거의 서: 幾 거의 기: 庶幾, ~에 거의 가깝다

○귀로는 남의 그릇됨을 듣지 아니하고,
눈으로는 남의 단점을 보지 아니하며,

입으로는 남의 과실을 말하지 말아야,
거의 군자에 가깝다.

13 수신을 위해 마음에 새기고 있어야 할 글

紫虛元君誠諭心文曰
福生於淸儉하고 德生於卑退하고
道生於安靜하고 命生於和暢하고
患生於多慾하고 禍生於多貪하고
過生於輕慢하고 罪生於不仁이니라

○<명심보감, 정기편>
紫虛元君(자허원군), 도가의 한 사람: 誠諭心文(성유심문), 정성으로 깨우쳐주는 진심의 글: 嗔 성낼 진: 妄 망령될 망: 干 간섭할 간: 尊 높을 존

○자허원군의 성유심문에 이르기를,
"복은 청렴하고 검소한 데서 생기고,
덕은 자신을 낮추고 물러나는 데서 생기며,

도는 편안하고 고요한 가운데서 생기고,
명은 기운이 화창한 가운데서 생긴다.

우환은 욕심이 많은 데서 생기고,
화는 탐욕이 많은 데서 생기며,

과실은 경만한 가운데서 생기고,
죄는 어질지 못한 데서 생긴다."

14 모든 행동을 투명하게 하라

景行錄云
坐密室을 如通衢하고
馭寸心을 如六馬면 可免過니라

○<명심보감, 존심편>
密 은밀할 밀: 衢 거리 구: 馭 말부릴 어: 寸 마디 촌

○경행록에 이르기를,
"밀실에 혼자 앉아 있더라도
거리에 있는 듯이 하며,

한 마디의 작은 마음 통제하는 것을
여섯 필의 말을 부리듯이 하면, 허물을 면할 수 있으리라."

15 자기 자신을 용서하듯 남을 용서하여라

范忠宣公戒子弟曰
人雖至愚나 責人則明하고
雖有聰明이나 恕己則昏이니
爾曹는 但當以責人之心으로 責己하고
恕己之心으로 恕人이면
不患不到聖賢地位也니라

○<명심보감, 존심편>
范 忠宣(범 충선), 북송 때의 재상: 至, ~에 이르다, 지극히: 昏 어두울
혼:曹 무리 조, 法曹界(법조계): 患, ~을 걱정하다: 責 꾸짖을 책

○범충선공이 자제들에 경계하여 말하기를,
"사람이 비록 지극히 어리석어도
남을 책하는 데는 밝고,

비록 총명함이 있어도
자기를 용서하는 데는 어두우니라.

너희들은 다만 마땅히 남을 책하는 마음으로
자기를 책하고,

자기를 용서하는 마음으로 남을 용서하라.

그러면 성현의 지위에 이르지 아니함을
걱정하지 않아도 된다."

16 겸손은 훌륭한 인간을 만든다

子曰
聰明思睿라도 **守之以愚**하고
功被天下라도 **守之以讓**하고
勇力振世라도 **守之以怯**하고
富有四海라도 **守之以謙**이니라

○<명심보감, 존심편>
睿 밝을 예(叡와 같은 자), 叡智(예지): 被 입을 피: 怯 겁낼 겁: 之, 모두 자기 자신을 가리킴

○공자께서 말씀하셨다.
"총명하고 생각이 밝아도 이를 어리석음으로 지키고,
공이 천하를 덮어도 이를 사양함으로 지키며,
용력이 세상을 떨칠지라도 이를 겁냄으로 지키고,
부유하기가 온 세상을 차지할 정도라고 해도
이를 겸손함으로 지켜야 한다."

17 어려웠던 때를 잊어버리는 사람은 오래가지 못한다

薄施厚望者는 不報하고
貴而忘賤者는 不久니라

○<명심보감, 존심편>

素書(소서), 한나라 때 황석공(黃石公)이 지은 책: 薄 엷을 박: 厚 두터울 후: 久 오랠 구

○소서에 이르기를,
"조금 베풀고 후하게 바라는 자는 보답을 받지 못하고,

지위가 높게 되고서 지위가 낮았던 시절을 잊는 자는 오래 가지 못한다."

18 남을 도와줄 적에는 대가를 바라지 말아라

施恩이어든 勿求報하고
與人이어든 勿追悔하라

○<명심보감, 존심편>
與 줄 여: 悔 뉘우칠 회, 後悔(후회)

○은혜를 베풀었거든
보답을 구하지 말 것이요,

남에게 주었거든
더 이상 쫓아 후회하지 말 것이다.

19 담력은 크되 마음가짐은 소박해야 한다

孫思邈曰
膽欲大而心欲小하고
知欲圓而行欲方이니라

○<명심보감, 존심편>
孫思邈(손사막), 당나라 때 명의(名醫): 膽 쓸개 담: 圓 둥글 원: 方, 네모반듯하다, 품행이 방정함

> ○담력은 크게 하고 마음가짐은 섬세하게 하여야 하며, 지혜는 원만하고 행동은 방정하여야 한다.

20 법을 어기면 날마다 근심속에서 살게 된다

懼法朝朝樂이요 欺公日日憂니라

○<명심보감, 존심편>
懼 두려울 구: 朝 아침 조: 公 공평할 공: 欺 속일 기: 日日, 날 마다, 명사를 중첩해서 쓰면 ~마다의 뜻: 朝朝, 아침 마다

> ○법을 두려워하면 언제나 즐거울 것이요,
> 공(公,나라)을 속이면 날마다 근심하게 된다.

21 남을 등지는 마음을 먹지 말아라

心不負人이면 面無慙色이니라

○<명심보감, 존심편>
負 질 부: 慙 부끄러울 참

> ○마음으로 남을 저버리지 않으면
> 얼굴에 부끄러운 빛이 없느니라.

22 후회는 언제나 후에 온다

寇萊公六悔銘云
官行私曲失時悔요 富不儉用貧時悔요
藝不少學過時悔요 見事不學用時悔요
醉後狂言醒時悔요 安不將息病時悔니라

○<명심보감, 존심편>
寇萊公(구래공),북송때 재상으로 성은 구(寇)이고 이름은 준(準)이며 내국공(萊國公)이란 벼슬에 봉하여져 구래공이라 부르게 됨:六悔銘(육회명), 여섯 가지의 후회스러운 일을 경계한 글: 官 벼슬 관: 藝 재주 예: 少 어릴 소, 적을 소, 부사인 경우 조금 소: 醒 깰 성: 將息, 편안히 휴식함

○구래공의 육회명에 이르기를,
"벼슬자리에 있을 때 사사롭고 잘못된 일을 행하면
벼슬자리를 잃었을 때 후회 할 것이요,

부유할 때 씀씀이를 검소히 하지 않으면
가난해졌을 때 후회할 것이며,

재주가 있으나 어려서 배우지 아니하면
때가 지났을 때 후회할 것이요,

일을 보고 배우지 아니하면
쓸 필요가 있을 때 후회할 것이다.

술에 취한 후 말을 함부로 하면
술이 깼을 때 후회할 것이요,

몸이 편안할 때 조심하지 않으면
나중에 병이 들었을 때 후회하게 될 것이다."

23 가난할 지라도 우환이 없는 것이 행복이다

益智書云
寧無事而家貧이언정 莫有事而家富요
寧無事而住茅屋이언정 不有事而住金屋이요
寧無病而食麤飯이언정 不有病而服良藥이니라

○<명심보감, 존심편>
益智書(익지서), 송(宋)나라 때에 만들어진 교양서: 寧 안녕 녕, 차라리 녕: 莫 말 막: 茅 띠 모: 麤 성길 추, 거칠 추: 服 복용할 복, 입을 복, 복

종할 복: 良 좋을 량, 어질 량

○익지서에 이르기를,
"집이 가난할지언정
사고가 없는 것이 차라리 좋고,

집은 비록 좋지 않을지언정
차라리 편안한 것이 좋고,

거친 밥을 먹을지언정
병이 있으면서 좋은 약을 먹는 것 보다는 낫다."

24 남을 위하는 사람의 삶은 영원하다

夙興夜寐하여 所思忠孝者는
人雖不知나 天必知之요
飽食煖衣하여 怡然自衛者는
身雖安이나 其如子孫에 何오

○ <명심보감, 존심편>
夙 이를 숙: 興 일어날 흥: 寐 잠잘 매: 夙興夜寐(숙흥야매), 아침 일찍 일어나고 밤이 깊어 잠잘 때까지이 뜻: 所ㅣ디동사, ~하는 바, ~하는 것으로 명사구: 衣, 옷을 입다: 怡 화할 이, 기뻐할 이: 然, 형용사나 동사 뒤에 붙어서 그 모양을 나타냄, 泰然(태연), 超然(초연)

○아침 일찍 일어나 밤이 깊어 잠잘 때까지
생각하는 것이 충효인 사람은

남이 비록 알아주지 않는다 해도
하늘이 반드시 알아 줄 것이다.

배불리 먹고 따뜻하게 옷을 입고 기뻐하여 화락하여
자신만을 지키는 사람은

몸은 비록 편안할 지라도 그의 자손은 어찌 될 것인가?

25 자기를 용서하는 마음으로 남을 용서하여라

以愛妻子之心으로 事親이면 則曲盡其孝요
以保富貴之心으로 奉君이면 則無往不忠이요
以責人之心으로 責己면 則寡過요
以恕己之心으로 恕人이면 則全交니라

○<명심보감, 존심편>
 事 섬길 사: 親 어버이 친: 無不+술어, ~하지 않는 것이 없다: 寡+명사, ~이 적다

○처자를 사랑하는 마음으로 어버이를 섬기면
그 효도를 극진히 하는 것이요,

부귀를 보존하는 마음으로 임금을 받들면
언제라도 불충하는 때가 없을 것이다.

남을 책망하는 마음으로 자기를 책망하면
허물이 적을 것이요,

자기를 용서하는 마음으로 남을 용서하면
사귐이 온전하게 될 것이다.

26 생각을 넓고 크게 가져라

爾謀不臧이면 悔之何及이며
爾見不長이면 教之何益이리오
利心專則背道요 私意確則滅公이니라

○<명심보감, 존심편>
爾 너 이: 謀 꾀할 모, 도모할 모: 臧 착할 장: 及 이를 급: 何及, 아무 소용없다: 專 오로지 전: 背 등 배

○너의 꾀하는 바가 옳지 못하면
후회 한들 어디에 이를 것이며,

너의 식견이 훌륭하지 아니하면
가르친들 무슨 이로움이 있으리오.

자기 이익만 생각하면
도에 어그러지는 법이며,

사사로운 뜻이 굳으면
공을 멸하게 되느니라.

27 사람은 한번 방종하면 돌이킬 수 없게 된다

景行錄云
人性이 如水하여 水一傾則不可復이요
性一縱則不可反이니 制水者는 必以堤防하고
制性者는 必以禮法이니라

○<명심보감, 계성편>
傾 기울 경: 復 회복할 복: 縱 놓을 종, 세로 종: 制 절제할 제

> ○경행록에 이르기를,
> "사람의 성품은 물과 같아서,
> 물이 한번 기울면 다시 주어 담을 수 없듯이
>
> 성품도 한번 방종해지면 되돌릴 수 없느니라.
>
> 물을 제어하려는 사람은
> 반드시 제방으로 해야 할 것이요,
>
> 성품을 바로 잡으려는 것은
> 반드시 예법으로 하여야 할 것이다."

28 순간의 분노를 참아라

忍一時之忿이면 免百日之憂니라

○<명심보감, 계성편>

忍 참을 인: 忿 분할 분: 免 면할 면

○일시적인 분함을 참으면
백일의 근심을 면할 수 있느니라.

29 참지 않으면 작은 일도 커진다

得忍且忍하고 得戒且戒하라
不忍不戒면 小事成大니라

○<명심보감, 계성편>
得+술어, ~할 수 있다

○참을 수 있으면 우선 참고
경계할 수 있으면 우선 경계하라.

참지 않고 경계하지 않으면
조그마한 일도 크게 된다.

30 분노는 서로 이해하지 못하는 데서 생긴다

愚濁生嗔怒는 皆因理不通이라
休添心上火하고 只作耳邊風하라
長短은 家家有요 炎凉은 處處同이라

是非無實相하여 **究竟摠成空**이니라

○<명심보감, 계성편>
濁 흐릴 탁: 嗔 성낼 진: 因 인할 인: 休+술어, 그칠 휴, 勿과 같은 의미: 添 더할 첨: 炎凉(염량), 비유적으로 세력의 성함과 약함을 의미함: 凉 서늘할 량: 究 궁구할 구: 竟 마칠 경: 摠 모두 총: 成 이룰 성

> ○어리석고 사리분별이 흐린 사람이 성내고 화내는 것은
> 모두 일의 이치가 통하지 않는 데서 기인하는 것이니,
>
> 마음 위에 화를 더하지 말고
> 단지 귓가에 이는 바람쯤으로 여길 것이로다.
>
> 좋은 점과 나쁜 점은 집집마다 있기 마련이요,
> 세력의 성함과 약함은 곳곳마다 같다.
>
> 옳고 그름은 모두 실한 것이 없는 것으로
> 결국에는 모두 공허함이 된다.

31 참을 줄 아는 것이 모든 행동의 근본이다

子曰
百行之本이 **忍之爲上**이니라
天子忍之면 **國無害**하고
諸侯忍之면 **成其大**하고
官吏忍之면 **進其位**하고
兄弟忍之면 **家富貴**하고
夫妻忍之면 **終其世**하고

朋友忍之면 名不廢하고
自身忍之 無禍害니라

○<명심보감, 계성편>
諸 모두 제: 侯 제후 후: 吏 아전 리; 位 지위 위: 朋 벗 붕: 廢 폐할 폐

○공자께서 말씀하셨다.
"백행의 근본은 참는 것이 으뜸이다.
천자가 참으면 나라에 해가 없으며,

제후가 참으면 큰 나라를 이루고,
관리가 참으면 그 지위가 올라가게 될 것이다.

형제들이 참으면 집안이 부귀해지고,
부부가 참으면 일생을 잘 마칠 것이요,

친구들끼리 참으면 우정이 없어지지 않으며,
스스로 자신이 참으면 재앙이 없어질 것이다."

32 참음이 있어야 나라와 가정이 편해진다

子曰
天子不忍이면 國空虛하고
諸侯不忍이면 喪其軀하고
官吏不忍이면 刑法誅하고
兄弟不忍이면 各分居하고
夫妻不忍이면 令子孤하고
朋友不忍이면 情意疎하고

自身不忍이면 患不除니라

○<명심보감, 계성편>
喪 잃을 상: 軀 몸 구: 刑 형벌 형: 誅 벨 주: 令, 사역동사로 使와 쓰임새가 같음: 疎 성길 소: 除 제할 제

> ○공자께서 말씀하셨다.
> "천자가 참지 않으면 나라가 공허해지고,
> 제후가 참지 않으면 그 몸을 잃게 되고,
> 관리가 참지 않으면 형법으로 죽게 된다.
> 형제가 참지 않으면 각자 따로 따로 살게 되고,
> 부부가 참지 않으면 자식들로 하여금 외롭게 된다.
> 친구끼리 참지 않으면 정의(情意)가 소원해지고,
> 자신이 참지 않으면 근심이 떠나지 않느니라."

33 자신을 굽힐 줄 알아야 중요한 자리를 맡을 수 있다

景行錄云
屈己者는 能處重하고 好勝者는 必遇敵이니라

○<명심보감 계성편>
己 몸기, 자기 기: 處 곳 처, 술어로는 처할 처, 처리할 처

○경행록에 이르기를,
"자기를 굽힐 줄 아는 사람은 중요한 지위에 처할 수 있고,
이기기를 좋아하는 사람은 반드시 적을 만나느니라."

34 남을 욕하면 그 욕은 다시 자기에게로 돌아온다

惡人이 罵善人커든 善人은 摠不對하라
不對는 心淸閑이요 罵者는 口熱沸니라
正如人唾天하여 還從己身墜니라

○<명심보감, 계성편>
罵 꾸짖을 매: 摠 다 총: 熱 뜨거울 열: 沸 끓을 비:正 바를 정: 唾 침 타:
還 도로 환, 도리어 환: 墜 떨어질 추

○악한 사람이 착한 사람을 매도해 꾸짖거든
착한 사람은 모두 대하지 말라.

대꾸하지 아니하면 마음이 깨끗하고 한가로워 지며
꾸짖는 자만이 입이 뜨겁게 끓을 뿐이다.

이는 마치 사람이 하늘에 침을 뱉으면
노로 자기 몸에 떨어지는 것과 같다.

35 항상 자신을 매일 반성한다

曾子曰
吾日三省吾身하노니
爲人謀而不忠乎아
與朋友交而不信乎아
傳不習乎아 니라

○<논어, 학이편 4장>
曾子(증자), 공자의 제자로 이름은 삼(參) 字는 자여(子輿): 謀 꾀 모, 도모할 모, 의논할 모: 傳 전할 전

○증자가 말하였다.
"나는 날마다 세 가지에 대하여 반성을 하노니,
남을 위하여 일을 함에 정성을 다하였는가,

친구와 교제함에 신의를 잃은 바 없었던가,
스승에게 전수받은 것을 충분히 익히고 복습하지 않았는가,
이다."

36 젊은 사람의 몸가짐

子曰
弟子入則孝하고 出則弟하며
謹而信하며 汎愛衆하되 而親仁이니
行有餘力이어든 則以學文이니라

○<논어, 학이편 6장>
弟子, 젊은 사람들: 以學文 그것으로서, 즉 여력이 있으면 학문을 배우다: 謹 삼갈 근: 汎 넓을 범

> ○공자께서 말씀하셨다.
>
> "젊은 사람들은 가정에서는 부모에게 효도하고, 밖에 나가서는 윗사람에게 공손하며,
>
> 행실을 신중하고 믿음 있게 하며, 뭇 사람들을 널리 사랑하되, 어진 사람과 친근히 하고,
>
> 여력이 있으면 학문에 힘쓴다."

37 최선을 다하고 실천함이 중요

子夏曰
賢賢하되 易色하며
事父母하되 能竭其力하며
事君하되 能致其身하며
與朋友交하되 言而有信이면
雖曰未學이라도 吾必謂之學矣라 하리라

○<논어, 학이편 7장>
子夏(자하), 공자의 제자로 이름은 복상(卜商) 字는 자하: 竭 다할 갈: 致 바칠 치, 이를 치

○자하가 말하였다.
"어진이를 어질게 여기되 여색을 좋아하는 마음 같이 하며,
부모를 섬기되 자신의 힘을 다하며,

임금에게 충성하되 자기 몸을 바칠 줄 알며,
벗과 사귐에 있어 말함에 믿음이 있어야 한다.

그러면 비록 배우지 않았다고 하더라도 반드시 그를 일러
배웠다고 할 것이다."

38 남이 알아주기를 걱정 말고 남을 먼저 알라

子曰
不患人之不己知요
患不知人也니라

○<논어, 학이편 16장>
患 근심 환

○공자께서 말씀하셨다.
"자기의 학덕이나 명성을
남이 나를 알아주지 않음을 걱정하지 말고,

내가 남을 알지 못함을 걱정해야 할 것이다."

39 인격의 완성

子曰
吾十有五而志于學하고
三十而立하고 四十而不惑하고
五十而知天命하고 六十而耳順하고
七十而從心所欲하되 不踰矩하니라

○<논어, 위정편 4장>
惑 의혹할 혹: 不惑(불혹), 자기신념이 확고하여 현실적인 혼란이나 부귀, 권세에 미혹되는 일이 없음: 耳順(이순), 남의 말이나 주장을 잘 받아들임: 踰 넘을 유: 矩 법 구: 不踰矩(불유구), 법도를 넘어서지 않음

○공자께서 말씀하셨다.
"나는 열다섯 살에 학문에 뜻을 두었고,
서른 살에 학문의 기초가 완성되어 자립하였으며,

마흔 살에 자신이 생겨 사리에 미혹되지 않았고,
쉰 살에 하늘이 정해준바 운명이 무엇인지 알게 되었다.

예순 살에 남의 말을 들으면 곧 그 이치를 알게 되었고,

일흔 살에는 마음속으로 하고자 하는 바를 따르더라도
법도에 벗어나지 않게 되었다."

40 군자는 인격과 지식을 두루 갖춘다

子曰
君子는 不器니라

○<논어, 위정편 12장>
器 그릇 기, 한 가지의 전문적 기능, 한 가지 용도에만 적합한 것

> ○공자께서 말씀하셨다.
> "군자는 한 가지 목적에만 쓰이는 그릇처럼
> 한 가지 일에만 국한되지 않고,
> 모든 일을 할 수 있는 지식과 인격을 두루 갖춘다."

41 먼저 자기 절제를 하라

子曰
以約失之者 鮮矣니라

○<논어, 이인편 23장>
約, 행동을 절제하고 제약하다

> ○공자께서 말씀하셨다.
> "자신의 행동을 절제하고 삼가하며 조심함으로서
> 손해를 보는 사람은 거의 없다."

42 군자는 말은 신중하고 행동은 민첩하다

子曰
君子는 欲訥於言而敏於行이니라

○<논어, 이인편 24장>
訥 어눌할 눌, 느리고 둔하다: 敏 민첩할 민

> ○공자께서 말씀하셨다.
> "군자는 말은 신중하고 더디게 하고,
> 행동은 민첩하게 실천하고자 한다."

43 덕이 있는 사람는 외롭지 않다

子曰
德不孤라 必有隣이니라

○<논어, 이인편 25장>
隣 이웃 린

> ○공자께서 말씀하셨다.
> "덕이 있는 사람은 외롭지 않고,
> 반드시 알아주는 사람이 있다."

44 묵묵히 배우고 열심히 남을 가르친다

子曰
默而識(지)之하며 學而不厭하며
誨人不倦이 何有於我哉오

○<논어, 술이편 2장>
識 기억할 지, 알 식: 誨 가르칠 회: 倦 게으를 권

○공자께서 말씀하셨다.
"배운 것을 묵묵히 음미하여 속으로 새겨두고,
배우기를 실증내지 않으며,
남 가르쳐 주기를 게을리 하지 않는 것,
이 가운데 무엇이 나에게 갖추어져 있는가?"

45 마음에 새겨야 할 네 가지 걱정

子曰
德之不修와 學之不講과
聞義不能徙하며
不善不能改가 是吾憂也니라

○<논어, 술이편 3장>
徙 옮길 사: 聞 들을 문, 알다

○공자께서 말씀하셨다,
"덕의 수양을 잘 하지 못하는 것,
학문을 깊히 익히지 못하는 것,

의로움을 듣고도 행동으로 실천하지 못하는 것,
선하지 않음을 고치지 못하는 것,

이것이 나의 걱정거리이다."

46 의에 맞는 부

子曰
富而可究也인댄 雖執鞭之士라도
吾亦爲之어니와
如不可求인댄 從吾所好하리라

○<논어, 술이편 11장>
鞭 채찍 편: 執鞭, 채찍을 잡다

○공자께서 말씀하셨다.
"재부(財富)가 만약 구해서 될 수 있는 것이라면,
그것을 위해 채찍을 잡고 일을 하는
천한 마부 같은 사람이라도 될 것이고,

그러나 만일 구하여 될 수 없는 것이라면 내 즐기는 바를 쫓아 살겠다."

47 불의의 부귀는 뜬 구름

子曰
飯疏食(사)飮水하고 曲肱而枕之라도
樂亦在其中矣니
不義而富且貴는 於我에 如浮雲이니라

○<논어, 술이편 15장>
飯 밥 먹을 반: 食 밥 사, 먹을 식: 肱 팔뚝 굉: 枕 벨 침

○공자께서 말씀하셨다.
"거친 식사를 하고 물을 마시며,
팔을 굽혀 베개를 삼아도 즐거움은 그 가운데 있으니,

옳지 못하게 부를 구하고 고귀하게 됨은
나에게 있어 뜬 구름과 같다."

48 미인 좋아하듯 덕을 좋아하라

子曰
吾未見好德을 如好色者也니라

○<논어, 자한편 17장>

○공자께서 말씀하셨다.
"나는 덕을 좋아하기를
미인 좋아하듯 하는 사람을 아직 보지 못하였다."

49 잘못을 정확히 이해하고 고치는 것이 중요하다

子曰
法語之言은 能無從乎아 改之爲貴니라
巽與之言은 能無說(열)乎아 繹之爲貴니라
說而不繹하여 從而不改면
吾末如之何也已矣니라

○<논어, 자한편 23장>
巽 공손할 손: 繹 찾을 역: 末 없을 말

○공자께서 말씀하셨다.
"법으로 바르게 타이르는 말을 따르지 않을 수 있겠느냐?
진정으로 그 말을 따라 잘못을 고치는 것이 더욱 중요하다.

공손하고 부드러운 말이 듣기에 좋지 않겠느냐?
그러나 그 말의 참뜻을 찾아내는 것이 더욱 중요하니,

좋아만 하고 담긴 뜻을 찾지 아니하거나
따르기만 하고 과오를 고치지 않는 다면
나로서도 어찌할 도리가 없다."

50 성실을 신조로 살아라

子曰
主忠信하며 無友不如己者요
過則勿憚改니라

○<논어, 자한편 24장>
憚 꺼릴 탄: 不如 ~만 못하다

○공자께서 말씀하셨다.
"충성과 신의를 지키며,
자기보다 못한 사람을 벗하지 말며,
잘못이 있거든 꺼리지 말고 고쳐라."

51 덕을 높이고 미혹을 없애야 한다

子張問 崇德辨惑한대
子曰
主忠信하며 徙義가 崇德也니라
愛之란 欲其生하고
惡之란 欲其死하나니
既欲其生이요 又欲其死가 是惑也니라

○논어, 안연편 10장>
子張(자장), 공자의 제자로 성은 전손(顓孫), 이름은 師(사), 字는 자장:

愛之欲其生, 자기가 좋아하면 그가 살기를 원하다: 祗 다만 지

○자장이 덕을 높이는 것과
미혹됨을 분별하는 것에 대하여 묻자,

공자께서 말씀하셨다.
"충성과 신의에 힘쓰고 정의롭게 행동하는 것이
덕을 높이는 것이다.

내가 좋아하면 그가 살기를 바라고,
미워하면 그가 죽기를 바라는데,

이렇듯 살기를 바라다가 죽기를 바라는 것이 미혹된 것이다."

52 군자와 소인

子曰
君子는 成人之美하고
不成人之惡하나니
小人은 反是니라

○<논어, 안연편 16장>
成 이룰 성: 惡 사악한 점

○공자께서 말씀하셨다.
"군자는 남의 좋은 일을 이루게 도와주고,

남의 나쁜 일은 이루지 못하게 한다.
그러나 소인은 이와 반대이다."

53 통달함에 대하여

子張이 問 士何如라야 斯可謂之達矣니잇고
子曰
何哉오 爾所謂達者여
子張對曰 在邦必聞하며 在家必聞이니이다
子曰
是는 聞也라 非達也니라
夫達也者는 質直而好義하며
察言而觀色하여 慮以下人하나니
在邦必達하며 在家必達이니라
夫聞也者는 色取仁而行違요 居之不疑하나니
在邦必聞하며 在家必聞이니라

○<논어, 안연편 20장>
聞 명성을 뜻함: 達 통달 함

○자장이 물었다.
"선비는 어떻게 하면 통달했다고 할 수 있습니까?"

공자께서 말씀하셨다.
"네가 말한 통달이란 무슨 뜻이냐?" 하고 반문하셨다.

이에 자장이 말하였다.
"나라에서 일을 보아도 반드시 그 이름이 나고
집안에 있어도 반드시 그 이름이 나는 것 입니다."

공자께서 말씀하셨다,
"그것은 명성이 있는 것이지 통달이 아니다.
참으로 통달한 사람은 질박, 정직하고 정의를 사랑하고,

남의 말을 깊이 살피어 표정이나 감정을 잘 관찰하며,
남에게 겸손하게 대하는 것이다.

그렇게 하면 나라에 있어서나 집안에 있어서나
반드시 통달할 수 있다.

그러나 명성을 내기만 하는 사람은 겉으로는
인을 택하는 듯하면서도 그의 행동은 다르기 때문에
위선에 살면서도 아무런 의심 없이 만족한다.

이러한 사람은 나라에 있어서도 겉으로만 이름이 나고
집안에 있어서도 겉으로만 이름이 나는 것이다."

54 덕을 높이고 사악을 고치고 미혹을 없애는 법

樊遲曰 敢問崇德修慝(특)辨惑하노이다
子曰
善哉라 問이여
先事後得이 非崇德與아
攻其惡이요 無攻人之惡이 非修慝與아
一朝之忿으로 忘其身하여

以及其親이 非惑與아

○<논어, 안연편 21장>
樊遲(번지), 공자의 제자로 이름은 須(수) 字는 子遲(자지):
辨 분별할 변: 雩 기우제 우: 慝 사특할 특

○번지가 덕을 높이는 것과 사악함을 바로 잡는 것과 미혹함을 올바르게 분별하는 것을 물으니,

공자께서 "좋은 질문이다." 하시면서 말씀하셨다.
"어려운 일을 먼저하고 얻기를 뒤로 하면
그것이 덕을 높이는 것이 아니겠느냐?

자기의 나쁜 점을 잘 다스리고 남의 나쁜 점을 비방하지 않는 것이 바로 사악함을 고쳐 바로 잡는 것이 아니겠느냐?

하루 아침의 분을 못 이겨 나쁜 짓을 하여 그 누를 부모에게까지 끼치는 것이 바로 미혹된 것이 아니겠느냐?"

55 선비의 자격

子曰
士而懷居면 不足以爲士矣니라

○<논어, 헌문편 3장>
懷居(회거), 편안한 거처를 생각하다

○공자께서 말씀하셨다.
"선비로서 편안하기를 생각한다면
선비라 할 수 없다."

56 가난하면 원망하기 쉽다

子曰
貧而無怨은 難하고 富而無驕는 易하니라

○<논어, 헌문편 11장>
怨 원망할 원: 驕 교만할 교

○공자께서 말씀하셨다.
"가난하면서 원망하지 않기는 어렵고, 부유하면서 교만하지 않기는 쉬운 일이다."

57 인간의 완성

子路 問成人한대
子曰
見利思義하며 見危授命하며
久要에 不忘平生之言이면 亦可以爲成人矣니라

○<논어, 헌문편 13장>
子路(자로), 공자의 제자, 1장(21) 참조

○자로가 인간의 완성에 대하여 묻자,
공자께서 말씀하셨다.

"이득을 앞에 보면 의를 생각하고,
국가의 위기를 보면 생명을 바칠 줄 알고,

오랜 약속일지라도 평소 자기의 말을 잊지 않고 실천한다면
역시 인간 완성이라고 할 수 있다."

58 군자는 위로 통달하고 소인은 아래로 통달한다

子曰
君子는 上達하고 小人은 下達이니라

○<논어, 헌문편 24장>
達 도달할 달, 진리나 덕행에 달함

○공자께서 말씀하셨다.
"군자는 위로 통달하여 인의에 밝고
소인은 아래로 통달하여 이익에 밝다."

59 군자는 영역밖의 일을 생각하지 않는다

曾子曰
君子는 思不出其位니라

○<논어, 헌문편 28>

○증자가 말하였다.
"군자는 생각하는 바를
자기의 지위 밖을 벗어나게 하지 않는다."

60 군자가 갖추어야할 도, 지(智)·인(仁)·용(勇)

子曰
君子道者三에 我無能焉하니
仁者는 不憂하고 知者는 不惑하고 勇者는 不懼니라

○<논어, 헌문편 30장>
惑 미혹할 혹: 憂 근심할 우: 懼 두려울 구

○공자께서 말씀하셨다.
"군자가 갖추어야할 도가 세 가지 있는데,
나는 그 하나도 제대로 못하고 있다.

어진 사람은 근심하지 않고,
지혜로운 사람은 미혹되지 않고,
용감한 사람은 두려워하지 않는다."

61 참으로 걱정해야 할 일

子曰
不患人之不己知요 患其不能也니라

○<논어, 헌문편 32장>
患 근심 환

○공자께서 말씀하셨다.
"남이 나를 알아주지 않음을 걱정하지 말고,
자기의 능하지 못함을 걱정해야 한다."

제4장

자기 수신과 올바른 삶 <2>

> 남을 사랑해도 친해 지지 않으면 자기의 인자함을 돌이켜 보고, 남을 다스리려는데 다스려 지지 않으면 자기의 지혜가 모자라지 않는가 돌이켜 보라.
>
> <맹자, 이루장구 상 4장>

<<요지>>

1. 현명한 사람의 태도
2. 군자와 소인의 다른 점
3. 목수는 먼저 연장을 간다
4. 멀리 생각하지 않으면 가까운 근심이 생긴다
5. 남의 잘못은 너그럽게

6. 스스로 노력하지 않으면 도울 수 없다
7. 군자는 오직 자기의 무능을 걱정한다
8. 군자는 죽어서 이름을 남기고
9. 군자는 자신을 책망한다
10. 군자의 처세

11. 군자는 무사 공평해야한다
12. 평생 서(恕)를 지켜라
13. 훼방과 칭찬을 삼가라
14. 작은 것을 참아야 큰 덕을 이룬다
15. 자신의 안목을 가져라

16. 행동을 통한 도의 실천
17. 진정한 잘못
18. 군자의 참된 근심
19. 군자는 큰일을 소인은 작은 일을
20. 군자는 소의를 버리고 대의를 택한다

21. 군자는 일을 할 뿐 대가를 생각하지 않는다
22. 지나친 수식을 피하라
23. 유익한 즐거움과 해로운 즐거움
24. 군자가 경계하여야 할 세 가지 일
25. 군자가 두려워해야 할 세 가지 일

26. 사람의 기본적인 차이
27. 군자가 지켜야 할 아홉 가지 생각
28. 선을 추구하는 군자의 생활
29. 대학의 도가 제시하는 세가지 강령
30. 그침, 정함, 고요함, 편안함, 얻음의 순서

31. 근본과 끝 마지막과 시작
32. 여덟 가지 조목
33. 근본이 어지러우면
34. 군자가 홀로 있음을 삼가는 이유
35. 소인은 한가롭게 거하지만

36. 보는 바, 가리키는 바
37. 군자가 그 뜻을 정성되게 하는 이유
38. 마음이 문제다
39. 아들의 악함은 커가도 모른다
40. 혈구지도란?

41. 덕에서 먼저 삼가라
42. 호연지기
43. 직책을 완수하지 못하면 관직을 떠나야 한다
44. 과오는 고치고 변명하지 말라

45. 부족함의 원인은 모두 자신에게 있다

46. 먼저 선을 행하라
47. 자기의 비판을 먼저하라
48. 도의 문은 넓은 것
49. 군자의 진퇴에는 세가지 길이 있다
50. 자기 자신 안에서 덕을 구하여라

51. 모든 사물의 이치는 자신에게 갖추어져 있다
52. 자각과 이해로 그 본성을 실천 하여라
53. 인간은 누구나 부끄러워 할 줄 알아야 한다
54. 수치심의 중요성
55 선을 즐기고 권세는 버려야 한다

56. 덕은 자기 스스로 닦아야 한다
57. 먼저 자신을 바르게 하라
58. 이를 추구하는 자와 덕을 숭상하는 사람
59. 마음을 수양하려면 욕망을 적게 가져라
60. 정성된 사람이 가져야 할 조건

≪본문≫

01 현명한 사람의 태도

子曰
不逆詐하며 不億不信이나
抑亦先覺者 是賢乎인저

○<논어, 헌문편 33장>
逆 미리 헤아릴 역: 詐 속일 사: 億 억측할 억

○공자께서 말씀하셨다.
"상대방이 자기를 속일 것이라고 미리 짐작하지 않고,
상대방이 나를 믿어주지 않을 것이라고 억측하지도 않지만,
그래도 미리 깨닫는 사람이 현명한 것이다."

02 군자와 소인의 다른 점

孔子 在陳絶糧하니
從者病하여 莫能興이러니
子路慍見(현)曰 君子亦有窮乎잇가
子曰
君子는 固窮이니 小人窮斯濫矣니라

○ <논어, 위령공편 1장>
子路(자로), 공자의 제자, 1장(21) 참조: 濫 퍼질 람, 함부로 하다

> ○공자께서 진나라에 계실 때 양식이 떨어지고
> 수행했던 제자들이 병들어 일어나지 못하게 되었다.
> 이에 자로가 성난 모습으로 공자님께 물었다.
> "군자도 이렇게 궁핍할 수 있겠습니까?"
>
> 공자께서 말씀 하셨다.
> "군자는 곤궁에 처해도 의연하다.
> 그러나 소인들은 궁핍하면 외람스럽고 잘못을 저지른다."

03 목수는 먼저 연장을 간다

子貢이 問爲仁한대
子曰
工欲善其事인댄 必先利其器니
居是邦也하여 事其大夫之賢者하며
友其士之仁者니라

○<논어, 위령공편 9장>
子貢(자공), 공자의 제자로 성명은 端木賜(단목사) 字는 자공: 爲人, 인을 이루다: 利其器, 연장을 예리하게

○자공이 인을 이루는 법에 대하여 묻자,
공자께서 말씀하셨다.
"기술자가 일을 잘 하려면
먼저 그가 쓰는 연장을 예리하게 만들어야 하듯이,

어떤 나라에 살든지 현명한 대부를 섬기며
인덕 있는 선비를 벗으로 삼아야 한다."

04 멀리 생각하지 않으면 가까운 근심이 생긴다

子曰
人無遠慮면 必有近憂니라

○<논어, 위령공편 11장>
慮 생각할 려

○공자께서 말씀하셨다.
"사람이 멀리 앞일을 생각하고 대비하지 않으면
반드시 가까운 데에 근심이 있느니라."

05 남의 잘못은 너그럽게

子曰
躬自厚而薄責於人이면 則遠怨矣니라

○ <논어, 위령공편 14장>
躬 몸소 궁, 몸 궁

> ○공자께서 말씀하셨다.
> "자기 잘못에 대한 책망은 엄하게 하고
> 남의 잘못은 관대하게 하면,
> 원망이 멀어 지게 될 것이다."

06 스스로 노력하지 않으면 도울 수 없다

子曰
不曰如之何 如之何者는
吾末如之何也已矣니라

○<논어, 위령공편 15장>
如之何 이를 어찌하나?: 末 하지 못함

> ○공자께서 말씀하셨다.
> "어찌하나? 어찌하나?"하고, 심사숙고하여 해결할 방도를 구하지 않고
> 근심만 하는 사람은 나도 어찌할 수가 없다."

07 군자는 오직 자기의 무능을 걱정한다

子曰
君子病無能焉이오 不病人之不己知也니라

○<논어, 위령공편 18장>
病 병 병, 근심

> ○공자께서 말씀하셨다.
> "군자는 자기의 무능을 걱정할 뿐,
> 남이 자기를 몰라주는 것을 걱정하지 않는다."

08 군자는 죽어서 이름을 남기고

子曰
君子는 疾沒世而名不稱焉이니라

○<논어, 위령공편 19장>
疾 미워할 질: 沒 마칠 몰: 稱 일컬을 칭

> ○공자께서 말씀하셨다.
> "군자는 죽어서 이름이 세상에 칭송되지 못함을 걱정한다."

09 군자는 자신을 책망한다

子曰
君子는 求諸己요 小人은 求諸人이니라

○<논어, 위령공편 20>
諸, 之於로 之는 일반적인 요구사항(잘못)

> ○공자께서 말씀하셨다.
> "군자는 잘못을 자신에게서 찾고,
> 소인은 잘못을 남에게서 찾는다."

10 군자의 처세

子曰
君子는 矜而不爭하고 群而不黨이니라

○<논어, 위령공편 21>
矜 자랑할 긍

> ○공자께서 말씀하셨다.
> "군자는 긍지를 갖되 남들과 다투지 않고,
> 함께 어울려도 편을 가르지 않는다."

11 군자는 무사 공평해야한다

子曰
君子는 不以言擧人하며 不以人廢言이니라

○<논어, 위령공편 22장>
子貢(자공), 공자의 제자, 4장(3) 참조: 擧人, 사람을 쓰다

○공자께서 말씀하셨다.
"군자는 말만 잘한다고 해서
그 사람을 천거하여 등용하지 않으며,

나쁜 사람이라고 하여 그의 좋은 말을 버리지는 않는다."

12 평생 서(恕)를 지켜라

子貢이 問曰 有一言而可以終身行之者乎잇가
子曰
其恕乎인서 己所不欲을 勿施於人이니라

○<논어, 위령공편 23>
恕 용서할 서, 남도 나같이 생각하는 것

○자공이 "평생토록 지켜 행할 것이 있습니까?"라고 묻자, 공자께서 말씀하셨다.
"서(恕)일 것이다.
자기가 원하지 않는 것을 남에게 시키지 말라는 것이다."

13 훼방과 칭찬을 삼가라

子曰
吾之於人也에 誰毁誰譽리오
如有所譽者면 其有所試矣니라
斯民也는 三代之所以直道而行也니라

○ <논어, 위령공편 24장>
毁 헐 훼: 譽 기릴 예, 명예 예

○공자께서 말씀하셨다.
"내가 남에게 대하여 누구를
정도 이상으로 비난하거나 칭찬하더냐?

만약 칭찬한 사람이 있었다면
그것은 아마도 직접 겪어보아 그럴만한
실제적 객관성이 있기 때문이리라.

지금의 사람들은 삼대(하·은·주)에 걸쳐 바른 길을 곧게
지켜온 사람들이기 때문이다."

14 작은 것을 참아야 큰 덕을 이룬다

子曰
巧言은 亂德이요 小不忍則亂大謀니라

○<논어, 위령공편 26장>
小不忍, 작은 것을 못 참음: 大謀, 큰 일

> ○공자께서 말씀하셨다.
> "간교한 말은 덕을 어지럽힌다.
> 작은 일을 참지 못하면 큰일을 어지럽힌다."

15 자신의 안목을 가져라

子曰
衆이 惡(오)之라도 必察焉하며
衆이 好之라도 必察焉이니라

○<논어, 위령공편 27장>

> ○공자께서 말씀하셨다.
> "여러 사람들이 싫어하는 것도
> 좋은 점이 없는지 반드시 살펴볼 것이며,
>
> 여러 사람들이 좋아 하는 것도
> 또한 나쁜 점이 없는지 반드시 살펴볼 것이로다."

16 행동을 통한 도의 실천

子曰
人能弘道요 非道弘人이니라

○<논어, 위령공편 28장>
弘 클 홍

> ○공자께서 말씀하셨다.
> "사람이 행동을 통하여 도를 실천하고 넓게 하는 것이지, 도로 말미암아 사람이 넓게 되는 것은 아니다.

17 진정한 잘못

子曰
過而不改를 是謂過矣니라

○<논어, 위령공편 29장>

> ○공자께서 말씀하셨다.
> "잘못을 하고도 고치지 않는 것이 바로 잘못이다."

18 군자의 참된 근심

子曰
君子는 謀道요 不謀食이니
耕也에 餒在其中矣요
學也에 祿在其中矣니
君子는 憂道요 不憂貧이니라

○<논어, 위령공편 31장>
謀 꾀 모, 도모하다, 구하다: 耕 밭갈 경: 餒 굶주릴 뇌

○공자께서 말씀하셨다.
"군자는 도를 구할 뿐 먹을 것을 구하려고 하지 않는다.
농사를 지어도 흉년으로 굶주릴 수 있으나,

학문을 하면 벼슬길에 나아가 녹을 얻을 수 있으니,
군자는 도를 걱정하지 가난을 걱정하지 않는다."

19 군자는 큰일을 소인은 작은 일을

子曰
君子는 不可小知而可大受也요
小人은 不可大受而可小知也니라

○<논어, 위령공편 33장>
小知, 작게 알다: 大受, 큰일을 맡다

○공자께서 말씀하셨다.
"군자는 작은 일은 잘 알 수 없어도
큰일은 맡을 수 있으며,

소인은 큰일은 맡을 수 없어도
작은 일은 잘 알 수 있다."

20 군자는 소의를 버리고 대의를 택한다

子曰
君子는 貞而不諒이니라

○<논어, 위령공편 36>
諒 믿을 량

○공자께서 말씀하셨다.
"군자는 바르고 굳건하지만,
조그만 약속에 얽매여 분멸 없이 굴지는 않는다."

21 군자는 일을 할 뿐 대가를 생각하지 않는다

子曰
事君하되 敬其事하고 而後其食이니라

○<공자, 논어 위령공편 37장>

○공자께서 말씀하셨다.
"임금을 섬김에 있어
자기의 직책을 정성껏 다 하고 난 다음에 녹을 받는다."

22 지나친 수식을 피하라

子曰
辭達而已矣니라

○<논어, 위령공편 40>

○공자께서 말씀하셨다.
"말이나 글은 뜻을 전달하면 그만이다.
과장된 수식은 필요 없다."

23 유익한 즐거움과 해로운 즐거움

子曰
益者三樂(요)요 損者三樂(요)니
樂節禮樂(악)하며 樂道人之善하며 樂多賢友면 益矣요
樂驕樂(락)하며 樂佚遊하며 樂宴樂이면 損矣니라

○<논어, 계씨편 5장>
季氏(계씨), 삼환(三桓)의 하나로 노나라의 실권을 장악했던 대부(季孫氏): 樂 좋아할 요, 음악 악, 즐거울 락: 三樂, 세 가지 좋아하는 것: 道 말할 도: 驕 교만할 교: 佚 편안할 일

○공자께서 말씀하셨다.
"좋아하는 일 중에 유익한 것이 셋이고
해로운 것이 셋이 있으니,

예악의 절도를 맞추기를 좋아하거나,
남의 장점 말하기를 좋아하거나,

현명한 벗을 존중하고
많이 사귀기를 좋아하는 일은 유익하며,

교만한 쾌락에 빠지기를 좋아하거나,
일은 안하고 편안하기만 좋아하거나,
향락에 빠짐을 좋아하는 일은 해롭다."

24 군자가 경계하여야 할 세 가지 일

子曰
君子有三戒하니
少之時에 血氣未定이라
戒之在色이오
及其壯也하야 血氣方剛이라
戒之在鬪요
及其老也하야 血氣旣衰라

戒之在得이니라

○<논어, 계씨편 7장>
剛 굳셀 강: 衰 쇠할 쇠

> ○공자께서 말씀하셨다.
> "군자가 경계해야 할 일이 세 가지 있으니,
>
> 소년기에는 혈기가 안정되지 않았으므로
> 색정을 경계해야 하며,
>
> 장성하여서는 혈기가 한창 왕성하니
> 남과 다투지 않도록 해야 하며,
>
> 노년기가 되면 혈기가 쇠잔해지므로
> 물욕을 경계해야 한다."

25 군자가 두려워해야 할 세 가지 일

子曰
君子 有三畏하니
畏天命하며 畏大人하며
畏聖人之言이니라
小人不知天命而不畏也라
狎大人하여 侮聖人之言이니라

○<논어, 계씨편 8장>
畏 두려워할 외: 憚 꺼릴 탄: 狎 친압할 압: 侮 업신여길 모

○공자께서 말씀하셨다.
"군자가 두려워 할 일이 세 가지가 있으니,

천명을 두려워하고 높은 어른을 두려워하며
성인들의 말씀을 두려워해야한다.

소인들은 천명을 알지 못하므로 두려워하지 않으며
높은 어른을 존경하지 않고 함부로 대하며
성인들의 말씀을 존중하지 않고 업신여긴다."

26 사람의 기본적인 차이

孔子曰
生而知之者는 上也요
學而知之者는 次也요
困而學之는 又其次也니
困而不學이면 民斯爲下矣니라

○<논어, 계씨편 9장>
困, 통하지 않고 막히다

○공자께서 말씀하셨다.
"태어나면서 부터 아는 사람이 으뜸이요,
배워서 아는 사람은 다음이고,

곤경에 처해서 애써 배우는 사람은 그 다음이다.

그러나 곤경에 처하였는데도 배우지 않는 사람은
백성으로 하급이 된다."

27 군자가 지켜야 할 아홉 가지 생각

子曰
君子 有九思하니
視思明하며 聽思聰하며 色思溫하며
貌思恭하며 言思忠하며 事思敬하며
疑思問하며 忿思難하며 見得思義니라

○ <논어, 계씨편 10장>
聰 귀밝을 총: 貌 모양 모: 忿 모양 모: 恭 공손할 공

○공자께서 말씀하셨다.
"군자가 생각하여야 할 것에는 아홉 가지가 있다.

볼 때는 분명하게 볼 것을 생각하고,
들을 때는 똑똑하게 들을 것을 생각하고,

안색은 온화하기를 생각하고,
용모는 공손할 것을 생각 하고,

말할 때는 충실할 것을 생각한다.
일을 할 때는 신중이 할 것을 생각하고,

의심스러울 때는 물을 것을 생각하고,
화가 날 때는 화를 낸 뒤에 어렵게 될 것을 생각하고,
이득을 보면 의로운 것인지를 생각해야한다."

28 선을 추구하는 군자의 생활

子曰
見善如不及하며
見不善如探湯을
吾見其人矣요 吾聞其語矣요
隱居以求其志하며
行義以達其道를
吾聞其語矣요 未見其人也로라

○<논어, 계씨편 11장>

○공자께서 말씀하셨다.
"선한 일을 보면 내가 따르지 못할까 간절히 추구하고,

선하지 못한 일을 보면
마치 끓는 물에 손을 넣듯 조심하고 경계하라.

나는 그런 사람을 보기도 했고,
그런 말이 있었다는 말도 들었다.

그러나 은퇴 후에도
자기의 뜻하는 바 도를 쫓아 의를 행하는 사람을
말로는 들었지만 실제로 보지는 못하였다."

29 대학의 도가 제시하는 세가지 강령

大學之道는
在明明德하며 在親(新)民하며 在止於至善이니라
(공자의 말씀을 증자가 기술)

○<대학, 경문>
明明德(명명덕), 밝은 덕을 밝힘, 앞의 明은 동사, 뒤의 明은 형용사: 在親(新)民(재친민), 백성을 새롭게 하는 것, 주자는 親(친) 대신에 新(신)이라고 함: 止於至善(지어지선), 모두 함께 지극한 선에 이르게 됨, 이 세 가지를 대학의 3 강령(綱領) 이라고 함

○대학의 도는
자신의 밝은 덕을 밝히고,
백성을 새롭게 함에 있으며,
지극한 선에 머무름에 있다.

30 그침, 정함, 고요함, 편안함, 얻음의 순서

知止而后有定이오 定而后能靜이오
靜而后能安이오
安而后能慮요 慮而后能得이니라
(공자의 말씀을 증자가 기술)

○<대학, 경문>
靜 고요 정: 慮 생각 려: 能, 부사

○머묾을 안 뒤에 정함이 있고 정한 뒤에
고요할 수 있고 고요한 뒤에 편안할 수 있다.

편안한 뒤에 생각할 수 있고
생각한 뒤에야 얻을 수 있다.

31 근본과 끝 마지막과 시작

物有本末하고 事有終始하니
知所先後면 則近道矣니라
(공자의 말씀을 증자가 기술)

○<대학, 경문>
先後(선후), 동사: 近道(근도), 도에 가까움: 道, 대학의 도

○사물에는 근본과 끝이 있고,
일에는 시작과 마지막이 있으니,
먼저하고 뒤에 할 것을 알면 도에 가까운 것이다.

32 여덟 가지 조목

古之欲明明德於天下者는 先治其國하고
欲治其國者는 先齊其家하고
欲齊其家者는 先脩其身하고
欲脩其身者는 先正其心하고
欲正其心者는 先誠其意하고
欲誠其意者는 先致其知하니
致知는 在格物이니라
(공자의 말씀을 증자가 기술)

○<대학, 경문>
欲 하고자 할 욕: 齊 가지런할 제: 致其知(치기지), 앎에 이름: 格物(격물), 사물의 이치를 밝힘: 격물, 치지, 성의, 정심, 수신, 제가, 치국, 평천하를 대학의 8조목 이라고 함

○예부터 밝은 덕을 천하에 밝히고자 하는 이는
먼저 그 나라를 다스렸고,

그 나라를 다스리고자 하는 이는
먼저 그 집안을 가지런히 하였다.

그 집안을 가지런히 하고자 하는 이는
먼저 그 몸을 닦았으며,

그 몸을 닦고자 하는 이는
먼저 그 마음을 바르게 하였다.

그 마음을 바르게 하고자 하는 이는
먼저 그 생각을 정성되게 하였다.

그 뜻을 정성되게 하고자 하는 이는 먼저
그 앎에 이르게 하였나니,

앎에 이르게 됨은 사물의 이치를 구명함에 있다.

33 근본이 어지러우면

自天子로 以至於庶人이
壹是皆以修身爲本이니라
其本亂而末治者는 否矣며
其所厚者에 薄이요 而其所薄者에 厚는
未之有也니라
(공자의 말씀을 증자가 기술)

○<대학, 경문>
亂 어지러울 난: 否 아닐 부: 薄 얇을 박: 所薄者(소박자), 박하게 할 처지, 나라와 천하를 말함: 厚 두터울 후: 所厚者(소후자), 두터이 해야 할 처지, 제가를 말함: 未之有也(미지유야), 있지 아니함: 本, 身을 의미: 所厚(소후), 家를 이름

○천자로부터 서인(백성)에 이르기까지 일체 모두 수신(修身)을 근본으로 삼는다.
근본(자기 자신)이 어지러운데도 끝이 다스려지는 일은 없으며, 그 두터운 바가 엷어지고, 그 엷은 바가 두터워지는 일은 있지 아니하다.

34 군자가 홀로 있음을 삼가는 이유

所謂誠其意者는 毋自欺也니
如惡(오)惡臭하며 如好好色이
此之謂自謙이니
故로 君子는 必愼其獨也니라
(증자의 뜻을 문인이 기록)

○<대학, 전문 6장>
色, 눈에 비추이는 절경: 愼 삼갈 신

○이른바 "그 뜻을 정성스럽게 한다는 것"은
스스로를 속이지 않는 것이다.

악을 미워하는 것을 나쁜 냄새 싫어하는 것과 같으며,
선을 좋아하기를 아름다운 경치를 좋아 하듯이 하여야 하니,

이것을 일컬어 스스로를 만족 한다고 하는 것이니,
그러므로 군자는 반드시 그 홀로를 삼가는 것이다.

35 소인은 한가롭게 거하지만

小人閒居에
爲不善하되 無所不至하다가
見君子而后에
厭然히 揜其不善하고 而著其善하나니
人之視己는

如見其肺肝 然이니 則何益矣리오
此謂誠於中이면 形於外니라
故로 君子는 必愼其獨也니라
(증자의 뜻을 문인이 기록)

○<대학, 전문 6장>
閑居, 홀로 지내는 것: 厭然, 슬며시 가리고 감추는 모양: 揜 가릴 엄: 肺 허파 폐: 肝 간 간

> ○소인은 한가히 홀로 있으면 불선한 짓을 하여
> 이르지 못하는 바가 없다가
>
> 군자를 본 뒤에
> 겸연쩍게 그 불선함을 가리고 선함을 드러낸다.
>
> 남들이 자기를 보기를
> 자신의 폐와 간을 들어다 보듯 하나니
> 그렇다면 무슨 유익함이 있겠는가?
>
> 이것을 일러
> "중심이 정성되면 외면에 나타난다고 하는 것"이다.
> 그러므로 군자는 반드시 그 홀로를 삼가야 하는 것이다.

36 보는 바, 가리키는 바

曾子曰
十目所視하며 十手所指니 其嚴乎인저

○<대학, 전문 6장>
十目과 十手, 槪數(개수)로서 많음을 나타내어, 많은 사람이 보고 많은 사람이 가리킨다는 뜻: 嚴 엄할 엄

> ○증자가 말하기를,
> 열 눈이 보는 바이며 열 손가락이 가리키는 바이니
> 그것을 두려워 할지로다.

37 군자가 그 뜻을 정성되게 하는 이유

富潤屋이요 德潤身이라
心廣體胖하나니
故로 君子는 必誠其意니라
(증자의 뜻을 문인이 기록)

○<대학, 전문 6장>
潤 윤택할 윤: 胖 살찔 반

> ○부는 집을 윤택하게 하고
> 덕은 몸을 윤택하게 하니
> 선이 있으면 마음이 넓어지고 몸이 편안한 것이다.
>
> 그러므로 군자는 반드시
> 그 뜻을 진실 되게 해야 하는 것이다.

38 마음이 문제다

心不在焉이면
視而不見하며 聽而不聞하며
食而不知其味니라
此謂 修身이 在正其心이니라
(증자의 뜻을 문인이 기록)

○<대학, 전문 7장>
廳 들을 청: 味 맛 미

○마음이 있지 않으면 보아도 보이지 않고,
들어도 들리지 않으며,
음식을 먹어도 그 맛을 알지 못한다.

이것을 일러
"몸을 닦음이 그 마음을 바르게 함에 있다고 하는 것"이다.

39 아들의 악함은 커가도 모른다

人이 莫知其子之惡하며
莫知其苗之碩이라
此謂身不脩면
不可以齊其家니라
(증자의 뜻을 문인이 기록)

○<대학, 전문 8장>
苗 싹 묘: 碩 클 석

○사람들이 자기 자식의 악함을 알지 못하며
자기 곡식 싹의 큼을 알지 못한다.
이것은 "몸이 닦이지 않으면
그 집안을 가지런하게 할수 없다"는 것을 일컫는다.

40 혈구지도란?

所惡(오)於上으로 毋以使下하며
所惡於下로 毋以事上하며
所惡於前으로 毋以先後하며
所惡於後로 毋以從前하며
所惡於右로 毋以交於左하며
所惡於左로 毋以交於右가
此之謂絜矩之道니라
(증자의 뜻을 문인이 기록)

○<대학, 전문 10장>
恤 불쌍히 여길 휼: 絜 헤아릴 혈: 矩 곡척 구: 絜矩之道(혈구지도), 법도에 비추어 행동하는 방법, 자기의 처지를 미루어 남의 처지를 생각 하는 것

○위에서 싫어하는 바로써 아랫사람을 부리지 말며,
아래서 싫어하는 바로서 윗 사람를 섬기지 말며,

앞 사람이 싫어하는 바로서 뒷사람에게 가하지 말 것이며,
뒷 사람이 싫어하는 바로써 앞 사람을 따라하게 하지 말 것이니라.

오른편에서 싫어하는 바로써 왼편에 사귀지 말 것이며,
왼편에서 싫어하는 바로써 오른편에 사귀지 말 것이니라.

이것을 일러 혈구의 도라고 하는 것이다.

41 덕에서 먼저 삼가라

君子先愼乎德이니
有德이면 此有人이요 有人이면 此有土요
有土면 此有財요 有財면 此有用이니라
德者는 本也요 財者는 末也니
外本內末이면 爭民施奪이니라
是故로 財聚則民散하고 財散則民聚니라
是故로 言悖而出者는 亦悖而入하고
貨悖而入者는 亦悖而出하니라
(증자의 뜻을 문인이 기록)

○<대학, 전문 10장>
奪 빼앗을 탈: 聚 모을 취: 悖 어그러질 패

○군자는 먼저 덕을 삼가야 한다.
덕이 있으면 이에 사람이 있게 되고,

사람이 있으면 이에 땅이 있게 되고,
땅이 있으면 이에 재물이 있게 되고,
재물이 있으면 이에 쓰임이 있게 된다.

덕은 근본이요 재물은 말단이다.
근본을 밖으로 하고 말단(재물)을 안으로 하면,
백성을 다투게하여 약탈을 하게 하는 것이다.

재물이 모이면 백성들이 흩어지고,
재물이 흩어지면 백성들이 모이는 것이다.

말이 도리에 어긋나게 나간 것은,
또한 도리에 어긋나게 들어오고,

재물이 도리에 어긋나게 들어온 것은,
또한 도리에 어긋나게 나가는 것이다.

42 호연지기

敢問夫子는 惡(오)乎長이시니잇고
曰 我는 知言하며
我는 善養吾浩然之氣하노라
敢問何謂浩然之氣니잇고
曰 難言也니라 其爲氣也 至大至剛하니
以直養而無害면
則塞于天地之間이니라

其爲氣也 配義與道하니 無是면 餒也니라
是集義所生者라 非義襲而取之也니
行有不慊於心이면 則餒矣라
我故曰 告子未嘗知義라하노니
以其外之也일새니라
必有事焉而勿正하여
心勿忘하며 勿助長也니라

○<맹자, 공손추장구 상 2장>
浩 클 호: 餒 굶주릴 뇌: 塞 가득할 색: 襲 엄습할 습: 慊 만족할 겸

○공손추가 말하였다. "감히 여쭈어 보겠습니다.
선생님께서는 어떤 점을 잘 하십니까?"

맹자께서 말씀하시기를,
"나는 말을 알며, 내 호연지기를 잘 기릅니다."
공손추가 말하였다. 감히 여쭈어 보겠습니다.
"무엇을 호연지기라고 합니까?"

맹자께서 말씀하셨다.
"말로 설명하기는 힘듭니다. 그 기됨이 지극히 크고
굳센 것인데 그것을 곧게 길러서 해침이 없으면
하늘과 땅 사이에 가득 차게 됩니다.

그 기됨이 의와 도에 배합(配合)하는 것으로
그것이 없으면 호연지기가 위축 됩니다.

호연지기는 의가 많이 모여서 생겨나는 것이며
나의 어떤 행위가 우연히 한 번의 의에 부합되었다고 해서

취해지는 것은 아닙니다.

나의 행위가 마음에 들지 않은 점이 있으면
호연지기는 위축되고 마는 것입니다.

나는 그래서 '고자는 일찍이 의를 안적이 없다.'
라고 말하는 것으로서 이는

그가 의를 밖에 있는 것이라고 하기 때문입니다.

사람은 반드시 호연지기를 기르되
효과를 기대하지 말 것이며,

마음으로 잊지 말고 무리하게 잘되게 하려고
하지 말아야 합니다.

43 직책을 완수하지 못하면 관직을 떠나야 한다

孟子曰
有官守者不得其職則去하고
有言責者不得其言則去라

○<맹자, 공손추 장구 하 5장>
綽 넉넉할 작: 裕 넉넉할 유

○맹자께서 말씀하셨다.
"벼슬자리를 가진 사람은

> 그 직책을 수행할 수 없으면
> 그 자리에서 물러나야 하고,
>
> 간언해야할 책임을 가진 사람은
> 자기의 말이 받아들여지지 않으면 그 자리에서
> 물러나야 하는 것이다."

44 과오는 고치고 변명하지 말라

孟子曰
且古之君子는 過則改之러니
今之君子는 過則順之로다
古之君子는 其過也如日月之食이라
民皆見之하고
及其更(경)也하여는 民皆仰之러니
今之君子는 豈徒順之리오
又從爲之辭로다

○<맹자, 공손추장구 하 9장>
豈徒, ~뿐만 아니라:徒, 但의 뜻과 같음

○맹자께서 말씀하셨다.
"옛날의 군자(군주와 대신)들은 과오를 범하면
그것을 고쳤는데,
지금의 군자들은 과오를 범하면 그것을 따르면서
그대로 행한다.

옛날의 군자들은 그들의 과오는 일식, 월식과 같아서
백성들이 다 그것을 보았고 그들의 과오를 고치게 되면
백성들이 다 그들을 우러러 보았는데,

지금의 군자들은 어찌 그대로 행할 뿐이겠는가?
과오에 따라서 변명까지 한다."

45 부족함의 원인은 모두 자신에게 있다

孟子曰
愛人不親이어든 反其仁하고
治人不治어든 反其智하고
禮人不答이어든 反其敬이니라
行有不得者어든 皆反求諸己니
其身正而天下歸之니라

○<맹자, 이루장구 상 4장>

○맹자께서 말씀하셨다.
"남을 사랑해도 친해지지 않는 것은
자기의 인자함을 돌이켜 보라.

남을 다스리는데 다스려 지지 않는 것은
자기의 지혜가 모자라지 않는 가 돌이켜 보라.

남을 예로서 대하는 데 답례가 없으면
자기의 공경하는 태도를 돌이켜보라.

행하고서 얻지 못하면 돌이켜
자기 자신에게서 그 원인을 찾으라.

자기 몸이 올바르면 천하가 돌아오는 것이다."

46 먼저 선을 행하라

孟子曰
以善服人者는 未有能服人者也니
以善養人然後에 能服天下하나니
天下不心服而王者 未之有也니라

○<맹자, 이루장구 하 16장>

○맹자께서 말씀하셨다.
"선으로만 남을 복종시키려는 사람은
남을 복종시킬 수 없다.

> 선으로 남을 길러준 후라야 천하를 복종시킬 수 있다.
>
> 천하 사람이 마음으로 복종하지 않는데도
> 왕업을 이룬 사람은 아직 있지 않다."

47 자기의 비판을 먼저하라

孟子曰
君子所以異於人者는 以其存心也니
君子는 以仁存心하며 以禮存心이니라
仁者는 愛人하고 有禮者는 敬人하나니
愛人者는 人恆愛之하고 敬人者는 人恆敬之니라

○<맹자, 이루장구 하 28장>
恆 항상 항

> ○맹자께서 말씀하셨다,
> "군자가 일반 사람과 다른 것은
> 그가 마음을 지니고 있어서 이다.
>
> 군자는 인을 마음에 지니고 예를 마음에 지닌다.
>
> 인한 사람은 남을 사랑하고
> 예가 있는 사람은 남을 공경한다.
>
> 남을 사랑하는 사람은 남이 늘 그를 사랑해주고
> 남을 공경하는 사람은 남도 항상 그를 공경해준다."

48 도의 문은 넓은 것

孟子曰
徐行後長者를 謂之弟요
疾行先長者를 謂之不弟니
夫徐行者는 豈人所不能哉리오
所不為也니라

○<맹자, 고자장구 하 2장>

○맹자께서 말씀하셨다.
"천천이 걸어서 어른보다 뒤에 가는 것을
'공경스럽다' 라고 하고,

빨리 걸어서 어른보다 앞서는 것을
'공경스럽지 않다' 라고 하는데,

천천히 가는 것이야 어찌 사람이 하지 못하는 것이겠습니까? 그렇게 하지 않는 것일 따름이다."

49 군자의 진퇴에는 세 가지 길이 있다

陳子曰 古之君子何如則仕니잇고
孟子曰
所就三이요 所去三이니라
迎之致敬以有禮하며
言將行其言也則就之하고

禮貌未衰나 言弗行也則去之니라
其次雖未行其言也나
迎之致敬以有禮則就之하고
禮貌衰則去之니라
其下는 朝不食하고 夕不食하여
飢餓不能出門戶어든
君聞之하고
曰 吾大者론 不能行其道하고
又不能從其言也하여
使飢餓於我土地를 吾恥之라 하고
周之인댄 亦可受也어니와
免死而已矣니라

○<맹자, 고자장구 하 14장>
陳子(진자), 맹자의 제자로 성은 진(陳)이고 이름은 진(臻): 致 극진할 치: 飢 주릴 기: 餓 주릴 아

○진진이 말하였다.
옛 사람들은 어떤 경우에 벼슬을 살았습니까?

맹자께서 말씀하셨다.
"벼슬하러 나가는 경우가 세 가지가 있고,
벼슬에서 물러나는 경우가 세 가지가 있습니다.

군주가 자기를 맞이함에 지극하고 공경하여 예가 있으며
장차 자기의 말을 받아들여 행하겠다고 말하면 나가고,

예모가 쇠하지는 않았으나 말이 행하여 지지 않으면
벼슬에서 떠난다.

다음은 비록 자기의 말을 행하지는 않는다 하더라도
자기를 맞이할 때 지극히 경의를 표하여 예가 있으면
나가고 예모가 쇠하면 벼슬에서 물러난다.

그 다음으로는 아침도, 저녁도 먹지 못해서
굶주려 문밖을 나서지 못하는 것을 임금이 듣고서

'내 크게는 그의 도를 행하지 못하고
그의 말을 따르지 못해서 내 땅에서 굶주리게 하고
배고프게 했으니 내 이를 부끄럽게 생각한다.'
라고 말하고 자기를 구원해 준다면
역시 나갈 수 있거니와

그것은 단지 죽음을 면하는 것일 따름입니다."
(죽음만 모른다면 언제나 떠난다)
(이 세가지를 行可之士, 際可之士, 供養之士라고 한다.)

50 자기 자신 안에서 덕을 구하여라

孟子曰
求則得之하고 舍則失之하니
是求는 有益於得也니
求在我者也일새니라
求之有道하고 得之有命하니
是求는 無益於得也니
求在外者也일새니라

○<맹자, 진심장구 상 3장>
舍 버릴 사, 捨와 같음

○맹자께서 말씀하셨다.
"노력해서 구하면 얻게 되고
그렇지 않고 버려 두면 잃게 되는데,

자신에게 있는 것을 구하기 때문이다
(자신에게 있다는 것은 인, 의, 예, 지 등 모든 품성.)

그러나 구하는 데에 일정한 도가 있고
얻는 데에 명(命)이 있는 경우라면,

이러한 구함은 얻는다 해도 얻음에 유익함이 없으니,
밖에 있는 것을 구하기 때문이다."
(밖에 있는 것은 부귀와 영달 등)

51 모든 사물의 이치는 자신에게 갖추어져 있다

孟子曰
萬物이 皆備於我矣니
反身而誠이면 樂莫大焉이요
强恕而行이면 求仁이 莫近焉이니라

○<맹자, 진심장구 상 4장>
備 갖출 비: 恕 용서할 서

○맹자께서 말씀하셨다.
"만물의 이치가 모두 나에게 갖추어져 있으니,
자신을 반성하고 성실하면 즐거움이 그보다 클 수가 없고,

노력하고 용서하는 마음으로 일을 해나가면,
인을 구하는 데는 그보다 가까울 수는 없는 것이다."

52 자각과 이해로 그 본성을 실천 하여라

孟子曰
行之而不著焉하며
習矣而不察焉이라
終身由之而不知其道者衆也니라

○<맹자, 진심장구 상 5장>
由 행할 유: 衆 무리 중

○맹자께서 말씀하셨다.
"행하면서도 왜 그렇게 해야 하는지 밝게 알지 못하고,
습관적으로 하고 있으면서도 그 이유를 알지 못한다.

그리하여 종신도록 행하면서도
그 도를 모르는 사람이 많다."

53 인간은 누구나 부끄러워 할 줄 알아야 한다

孟子曰
人不可以無恥니
無恥之恥면 無恥矣니라

○<맹자, 진심장구 상 6장>
恥 부끄러울 치

○맹자께서 말씀하셨다.
"사람은 부끄러워하는 마음이 없어서는 안 되니,

부끄러워함이 없음을 부끄러워하면
치욕스러운 일이 없게 될 것이다."

54 수치심의 중요성

孟子曰
恥之於人에 大矣라
爲機變之巧者는 無所用恥焉이니라
不恥不若人이면 何若人有리오

○<맹자, 진심장구 상 7장>
機 기틀 기

○맹자께서 말씀하셨다.
"부끄러워하는 마음은 사람에게 매우 중요하다.

교묘하게 잔꾀를 부리는 사람은
부끄러워하는 마음을 쓸 곳이 없다.

부끄러워하지 않음이 남(정상인)과 같지 않다면,
무엇이 남과 같은 것이 있겠는가?"

55 선을 즐기고 권세는 버려야 한다

孟子曰
古之賢王이 好善而忘勢하더니
古之賢士何獨不然이리오
樂其道而忘人之勢라
故로 王公이 不致敬盡禮면
則不得亟(기)見之하니
見且由不得亟은 而況得而臣之乎아

○<맹자, 진심장구 상 8장>
亟 빠를 극(기)

○맹자께서 말씀하셨다.
"옛날의 현명한 임금들은 선을 좋아하고
권세는 생각하지 않고 있었다.

옛날의 현량한 선비인들 어찌 그렇게 하지 않았겠는가?
자기의 도를 즐기고 남의 권세는 잊어버리고 있었다.

그래서 왕이나 공이 경의를 표하고
예를 다하지 않으면 그들을 자주 만날 수 없었던 것이다.

만나는 일 조차도 자주할 수 없었거늘
하물며 그들을 얻어서 신하로 삼을 수 있었겠는가?"

56 덕은 자기 스스로 닦아야 한다

孟子曰
梓匠輪輿能與人規矩언정 不能使人巧니라

○<맹자, 진심장구 하 5장>
梓 오동나무 재: 匠 장인 장

○맹자께서 말씀하셨다.
"목공과 수레 만드는 장인은 남에게 규수는 줄 수 있어도,
남의 기술이 좋아지게 만들지는 못한다."

57 먼저 자신을 바르게 하라

孟子曰

身不行道면 不行於妻子요
使人不以道면 不能行於妻子니라

○<맹자, 진심장구 하 9장>

> ○맹자께서 말씀하셨다.
> "자신이 도에 맞게 하지 않으면
> 처자에게도 도가 행해지지 않고,
>
> 사람을 부리기를 도에 맞게 하지 않으면
> 처자식에게 조차 명령이 행하여지지 않는다."

58 이를 추구하는 자와 덕을 숭상하는 사람

孟子曰
周于利者는 凶年이 不能殺하고
周于德者는 邪世不能亂이니라

○<맹자, 진심장구 하 10장>

> ○맹자께서 말씀하셨다.
> "이익의 추구를 주로 하는 사람은
> 흉년도 그를 죽이지 못하고,
>
> 덕의 추구를 주로 하는 사람은
> 사악한 세상도 그를 혼란시키지 못한다."

59 마음을 수양하려면 욕망을 적게 가져라

孟子曰
養心이 莫善於寡欲하니
其爲人也寡欲이면 雖有不存焉者라도 寡矣요
其爲人也多欲이면 雖有存焉者라도 寡矣니라

○<맹자, 진심장구 하 35장>

○맹자께서 말씀하셨다.
"마음을 수양하는 데는
욕심을 적게 하는 것보다 더 좋은 방법은 없다.

사람됨이 욕심이 적으면
본심을 보존하지 않는 수가 있다 하더라도
보존하지 못하는 정도가 적을 것이요,

사람됨이 욕심이 많으면
본심이 보존된 것이 있다 하더라도
보존된 정도가 적을 것이다."

60 정성된 사람이 가져야 할 조건

博學之하며 審問之하며
愼思之하며
明辨之하며 篤行之니라
(공자의 말씀을 자사가 인용)

○<중용, 20장>
之, 善을 가리킴: 審 자세할 심

○선에 대하여 널리 배우고 자세히 물으며
신중히 생각하고,
밝게 분별하며 독실하게 행하여야 한다.

제5장

효도와 화목한 가정

> 도가 가까운 곳에 있는데도 먼 곳에서 구하며 일이 쉬운데 있는데도 어려운 데서 찾는다. 사람마다 자기 어버이를 어버이로 섬기고 어른을 어른으로 받들면 천하가 화평하여 질 것이다.
>
> <맹자, 이루장구 상 11>

<< 요지 >>

1. 부모님의 은혜는 끝이 없다
2. 부모님을 받들 적에는 정성을 다하여라
3. 자식에 대한 부모의 걱정은 끝이 없다
4. 부모님이 부르시면 속히 대답해야 한다
5. 자식은 부모를 닮는다

6. 효성스런 사람은 효성스런 자식을 낳는다
7. 가정이 화목하지 못하다면 부유한들 무엇하랴?
8. 인간으로서 지켜야 할 다섯 가지 덕목(오륜)
9. 인간에게 중요한 세 가지 도리
10. 모든 일은 집안의 어른과 상의 하여라

11. 자식이 효도하면 집안이 화목해진다
12. 손님은 풍성하게 대접하고 살림은 검소하게 하라
13. 어진 부인은 남편을 귀하게 한다
14. 효도와 형제애는 인의 근본
15. 부모와 선조를 정성껏 모심

16. 효자의 자격
17. 효도와 건강
18. 효는 부모를 공경하는 마음에서
19. 부모와 부드러운 화기
20. 효제(孝悌)는 곧 정치다

21. 부모 섬기는 태도

22. 부모의 나이를 알아두라
23. 자기 몸을 온전히 하는 것이 효도의 근본
24. 효제의 도를 지키면 천하가 평화롭다
25. 어버이를 섬기는 가장 큰 근본
26. 가장 큰 불효는 후사가 없는 것이다

27. 인과 의의 기본은 효(孝)와 제(悌)에 있다
28. 위대한 효에는 천하가 감화된다
29. 세속에서 말하는 다섯 가지의 불효
30. 지극한 효도

≪본문≫

01 부모님의 은혜는 끝이 없다

詩曰
父兮生我하시고 母兮鞠我하시니
哀哀父母여 生我劬勞하셨다
慾報深恩인데 昊天罔極이로다

○<명심보감, 효행편>
詩經(시경), 삼경(三經)의 하나로 주대(周代)까지의 시를 공자가 뽑아 편찬한 책: 哀 슬플 애, 哀哀는 같은 자끼리 합친 첩어로 몹시 슬픈 것을 나타내는 관용어: 鞠 기를 국: 劬 힘슬 구: 勞 수고할 노: 欲 하고자 할 욕: 報 값을 보: 深 깊을 심: 恩 은혜 은: 昊 하늘 호: 罔 없을 망: 極 다할 극

○시경에 이르기를,
"아버지 나를 낳으시고 어머니 나를 기르시니,

슬프고 슬프도다! 부모님이시어,
나를 낳아 기르시기에 수고하셨도다.

그 깊은 은혜를 갚고자 하나
저 높은 하늘과 같이 끝이 없어라."

02 부모님을 받들 적에는 정성을 다하여라

子曰
孝子之事親也에
居則致其敬하고 養則致其樂하고
病則致其憂하고 喪則致其哀하며
祭則致其嚴이니라

○<명심보감, 효행편>
致 이를 치: 養 기를 양: 憂 근심 우: 喪 죽을 상: 哀 슬플 애: 嚴 엄할 엄

○공자께서 말씀하셨다.
"효자가 어버이를 섬김에 있어서,
평상시에는 공경하는 마음을 다 하고,
봉양할 때에는 즐거움을 다해 드리며,

병이 드시면 근심을 다하고,
상례에는 슬픔을 다하며,
제사를 지낼 때에는 엄숙함을 다 하여야 한다."

03 자식에 대한 부모의 걱정은 끝이 없다

子曰
父母在어시든 不遠遊하며 遊必有方이니라

○<명심보감, 효행편>

遠 멀 원: 遊 놀 유

○공자께서 말씀 하셨다.
"부모가 살아 계실 적에는 멀리 떨어져 놀지 말며,
놀 때에는 반드시 가는 곳을 말씀드려야 할 것이다."

04 부모님이 부르시면 속히 대답해야 한다

子曰
父命召어시든 唯而不諾하고 食在口則吐之니라

○<명심보감, 효행편>
召 부를 소: 唯 오직 유, 대답할 유: 諾 허락할 낙, 대답할 낙,
대답만 하고 바로 응하지 않는 것을 뜻함: 吐 토할 토

○공자께서 말씀하셨다.
"부모님께서 명하여 부르시거든 속히 '예' 하고
대답하여 응하고,
대답만 '예' 하고 꾸물거리지 말 것이다.
음식이 입에 들었다면 곧 뱉고 달려갈 것이니라."

05 자식은 부모를 닮는다

太公曰
孝於親이면 子亦孝之하나니
身旣不孝면 子何孝焉이리오

○<명심보감, 효행편>
太公(태공), 주나라 초기의 현자(賢者), 3장(3) 참조: 旣 이미 기, 과거를 표시: 焉 잇기 언, 於之 의 뜻: 之, 어버이에게 효도하는 사람.

○태공이 말하였다.
"내가 어버이에게 효도하면
내 자식이 또한 나에게 효도하나니,

자신이 어버이에게 효도하지 않는다면
자식이 어찌 나에게 효도하리오."

06 효성스런 사람은 효성스런 자식을 낳는다

孝順은 還生孝順子요
忤逆은 還生忤逆者라
不信커든 但看簷頭水하라
點點滴滴不差移니라

○<명심보감, 효행편>
출전은 증광현문(增廣賢文): 順 순할 순: 還 돌아올 환: 悟 거스를 오:

逆 거스를 역: 但 다만 단: 看 볼 간: 詹 처마 첨: 頭 머리 두: 點 점 점: 滴 물방울 적: 差 다를 차: 移 옮길 이

○부모에게 효도하고 순종하는 이는
또 효도하고 순종하는 자식을 낳을 것이요,

부모에게 거스르고 거역하는 이는
또 거스르고 거역하는 자식을 낳을 것이니라.

믿어지지 않거든 처마 끝의 낙수를 보라.
방울 방울 떨어지는 것이 조금도 어긋남이 없느니라.

07 가정이 화목하지 못하다면 부유한들 무엇하랴?

家和貧也好어니와 不義富如何오
但存一子孝니 何用子孫多리오

○<명심보감, 성심편 상>
如何, 어떠한가?, 何如로도 씀: 何用, ~이 무슨 소용인가?

○집안이 화목하면 가난하여도 좋을 것이요,
의롭지 아니하면 부유함이 무엇이더냐?

다만 한 자식이라도 효도하는 자를 둘 것이니,
자손이 많으면 또 무슨 소용이더냐?

08 인간으로서 지켜야 할 다섯 가지 덕목(오륜)

性理書에 云
五敎之目은 父子有親하며 君臣有義하며
夫婦有別하며 長幼有序하며 朋友有信이니라

○<명심보감, 입교편>
性理書(성리서), 3장(1) 참조: 目 조목 목

○성리서에 이르기를,
다섯 가지 가르침의 조목은
부모 자식사이에는 친근해야 하며,
임금과 신하사이에는 의리가 있어야 하며,

남편과 아내 사이에는 각별함이 있어야 하며,
(남편은 남편답고 아내는 아내다워야 함)

어른과 어린 사람 사이에는 질서가 있어야 하며,
친구와 친구 사이에는 믿음이 있어야 하느니라.

09 인간에게 중요한 세 가지 도리

三綱은
君爲臣綱이요 父爲子綱이요 夫爲婦綱이니라

○<명심보감, 입교편>
綱 벼리 강

○삼강은
임금은 신하의 근본(모범)이 되어야 하고,
아버지는 자식의 근본(모범)이 되어야하고,
남편은 아내의 근본(모범)이 되어야 하느니라.

10 모든 일은 집안의 어른과 상의 하여라

司馬溫公曰
凡諸卑幼는 事無大小이 毋得專行하고
必咨稟於家長이니라

○<명심보감, 치가편>
司馬溫公(사마온공), 북송(北宋)의 정치가이며 학자, 이름은 광(光), 字는 군실(君實), 온국공(溫國公)에 봉해졌으므로 온공이라 칭함: 凡 무릇 범: 諸 모든 제: 卑 낮을 비: 咨 물을 자: 稟 여쭐 품

○사마온공이 말하였다.
"무릇 모든 낮은 이와 어린이는
일의 크고 작음을 가릴 것 없이 제 마음대로 행동하지 말고,
반드시 집안 어른께 여쭈어 보아서 해야 한다."

11 자식이 효도하면 집안이 화목해진다

子孝雙親樂이요 **家和萬事成**이라

○<명심보감, 치가편>
雙 쌍 쌍

> ○자식이 효도하면 두 어버이가 즐겁고
> 집안이 화목하면 모든 일이 잘 이루어진다.

12 손님은 풍성하게 대접하고 살림은 검소하게 하라

待客에 **不得不豊**이오
治家엔 **不得不儉**이니라

○<명심보감, 치가편>
豊 풍년 풍: 儉 검소할 검

> ○손님을 대접함에는 풍성하게 하지 않을 수 없고,
> 집안 살림을 함에는 검소하게 하지 않을 수 없느니라.

13 어진 부인은 남편을 귀하게 한다

賢婦는 令夫貴하고 佞婦는 令夫賤이니라

○<명심보감, 부행편>
令, ~로 하여금 ~하게 하다: 佞 말재주 영, 아첨할 영

○어진 부인은 남편을 귀하게 하고,
말재주나 피는 간교한 부인은 남편을 천하게 하느니라.

14 효도와 형제애는 인의 근본

有子曰
其爲人也 孝弟(悌)而好犯上者 鮮矣니
不好犯上이오 而好作亂者 未之有也니라
君子는 務本이니 本立而道生하나니
孝弟也者는 其爲仁之本與인저

○<논어, 학이편 2장>
有子(유자), 공자의 제자로 이름은 유약(有若), 字는 자유(子有): 효제(孝弟), 부모를 섬기는 것을 효(孝), 형장(兄長)을 경애하는 것을 제(弟)라고 함: 務 힘쓸 무

○유자가 말하였다.
"그 사람됨이 부모에게 효성스럽고 공순하며,
형제를 경애하는 사람으로서,
어른을 무시하고 침해하는 사람은 없으며,

윗사람을 침범하지 않으면서,
난동을 일으키는 사람은 없다.

군자는 반드시 행동 원칙을 세우고자 힘쓰니,
행동원칙이 서면 나아갈 길(道)이 생긴다.

그러므로 효와 제는 바로 인을 이루는 근본이 된다."

15 부모와 선조를 정성껏 모심

曾子曰
愼終追遠이면 民德이 歸厚矣니라

○<논어, 학이편 9장>
曾子(증자), 공자의 제자, 2장(6) 참조; 愼終 상을 애도하고 성의껏 치름: 追遠 선조의 제사를 정성껏 모심

○증자가 말하였다.
"부모의 상을 정중히 모시고 선조의 영을 충심으로 추모하면 백성이 저절로 감화하여 그들의 덕성이 돈후하게 될 것이다."

16 효자의 자격

子曰
父在에 觀其志요 父沒에 觀其行이니
三年을 無改於父之道라야 可謂孝矣니라

○<논어, 학이편 11장>

> ○공자께서 말씀하셨다.
> "아버지가 살아 계실 때에는 그 자식의 뜻을 살펴보고,
> 아버지가 돌아 가셨을 때는 그 자식의 행동을
> 살피어 보아야 할 것이니,
>
> 적어도 3년 동안 아버지의 행동을 쫓아하고
> 고치지 말아야 이를 효라 할 수 있다."

17 효도와 건강

孟武伯이 問孝한대
子曰
父母는 唯其疾之憂시니라

○<논어, 위정편 6장>
孟武伯(맹무백), 맹의자(孟懿子)의 아들로 이름은 체(彘): 武 호반 무 :
伯 맏 백: 疾 병 질: 憂 근심 우

○맹무백이 효에 대하여 묻자
공자께서 말씀하셨다.
"부모는 오로지 자식이 병들까 걱정하시니라."

18 효는 부모를 공경하는 마음에서

子游問孝 한대
子曰
今之孝者는 是謂能養이니
至於犬馬하여도 皆能有養이니
不敬이면 何以別乎리오

○<논어, 위정편 7장>
子游(자유), 공자의 제자로 이름은 언언(言偃), 字는 자유:

○자유가 효에 대하여 묻자,
공자께서 말씀하셨다.
"오늘날 사람들은 일반적으로
효는 다만 음식이나 물질적인 봉양(奉養)을
잘 하는 것만을 생각하고 있다.

그러나 이러한 봉양은 개나 말도 받을 수 있는 것이니,
부모를 존경함이 없이 부모를 봉양한다면
개와 말을 기르는 것과 무엇이 다르겠느냐?"

19 효도와 부드러운 화기

子夏問孝한데
子曰
色難이니 有事어든 弟子 服其勞하고
有酒食(사)어든 先生饌이 曾是以爲孝乎아

○<논어, 위정편 8장>
子夏(자하), 공자의 제자, 3장(37) 참조: 饌 먹을 찬: 曾 어찌, 반문을 표시하는 의문대명사

○자하가 효에 대하여 묻자
공자께서 말씀하셨다.
"부모를 섬김에 있어 서는
얼굴색을 온화하게 하는 것이 어려운 것이다.

부모에게 어려움이 있으면 자식들이 처리하고,
술과 음식이 있으면 먼저 어른께 드린다.

그러나 이것만으로는 어찌 효라고 할 수 있겠느냐?"

20 효제(孝悌)는 곧 정치다

或謂孔子曰 子는 奚不爲政이시닛고
子曰
書云孝乎인저 惟孝하고 友于兄弟하여

施於有政이라하니 是亦爲政이니
奚其爲爲政이리오

○<논어, 위정편 21장>
或 어떤 사람: 奚 어찌 해: 書(서)는 주서군진편(周書君陳篇)임: 施 베풀어 나가다

○어떤 사람이 공자에게 물었다.
"선생께서는 왜 정치를 하지 않으십니까?"

이에 공자께서 대답하셨다.
"〈서경〉에 효에 대하여 말하였다.
'효도하며 형제에게 우애(友愛)하며 정사에 베푼다'.
하였으니,

효제를 행동으로서 정치에 나타내는 것이
바로 정치에 참여하는 것이다.'
라고 했거늘 어찌 정치를 따로 할 것이 있겠느냐?"

21 부모 섬기는 태도

子曰
事父母하되 幾諫이니
見志不從하고 又敬不違하며
勞而不怨이니라

○<논어, 이인편 18장>

幾諫(기간), 幾는 微(미)로 부드러운 간을 뜻함: 見志不從(견지부종), 나의 간을 들어주지 않는가를 살핌: 勞 힘쓸 노, 매를 맞거나 힘 드는 일을 부과함

○공자께서 말씀하셨다.
"부모를 섬김에 있어 간언을 올릴 때에는,
부드럽게 간해 올리고,
설혹 나의 뜻을 안 들어 주셔도 여전히 공경해 모시며,
힘이 들어도 원망하지 말아야 한다."

22 부모의 나이를 알아두라

子曰
父母之年은 不可不知也니
一則以喜요 一則以懼니라

○<논어, 이인편 21장>
懼 두려울 구: 以, 원인을 표시하는 전치사

○공자께서 말씀하셨다.
"부모님의 나이는 반드시 알아 두어야 한다.
부모님의 나이를 알면 한편으로는 오래 사시니 기쁘고,
한편으로는 돌아가실 날이 멀지 않으니 두렵기 때문이라."

23 자기 몸을 온전히 하는 것이 효도의 근본

曾子有疾하사
召門弟子曰
啓予足하며 啓予手하라
詩云 戰戰兢兢하여
如臨深淵하며 如履薄氷이라하니
而今而後에야 吾知免夫로라
小子아

○<논어, 태백편 3장>
曾子(증자), 공자의 제자, 2장(6) 참조: 啓予足 이불을 들어내어 발을 봄: 詩(시)는 소민편(小旻篇)임: 戰 두려울 전: 兢 조심할 긍: 履 밟을 리: 薄 얇을 박: 而今而後 금후로는: 知免夫 부모에게 받은 몸을 훼상하는 일로부터 면하게 되었음을 알음

○증자가 병환이 있자
문하의 제자들을 불러 말씀하셨다.

"나의 발과 손을 펴보아라. 시경에서 말했듯이
'전전(戰戰)하고 긍긍(兢兢)하여 깊은 못에 임한 듯이 하고,
얇은 어름을 밟는 듯이 하라.' 하였으니,
(부모님이 물려주신 몸을 다칠까보아 조심하고 두려워했다.)

이제야 나는 부모에게 받은 몸을 훼상하는
불효를 면하게 되었구나. 제자들아!"

24 효제의 도를 지키면 천하가 평화롭다

孟子曰
道在爾而求諸遠하며 事在易而求之難하나니
人人이 親其親하며 長其長이면 而天下平하리라

○<맹자, 이루장구 상 11장>
爾 가까울 이

○맹자께서 말씀하셨다.
"도가 가까운 곳에 있는데도 먼 곳에서 구하며
일이 쉬운 데 있는데도 어려운 데서 찾는다.

사람들이 저마다 그 어버이를 어버이로 섬기고
그 어른을 어른으로 받들면 천하가 화평하여 질 것이다."

25 어버이를 섬기는 가장 큰 근본

孟子曰
事孰爲大오 事親이 爲大하니라
守孰爲大오 守身이 爲大하니라
不失其身而能事其親者를 吾聞之矣요
失其身而能事其親者를 吾未之聞也로라
孰不爲事리오마는 事親이 事之本也요
孰不爲守리오마는 守身이 守之本也니라

○<맹자, 이루장구 상 19>

> ○맹자께서 말씀하셨다.
> "섬기는 일에는 무엇이 가장 중요한가?
> 어버이를 섬기는 일이 중요한 일이다.
>
> 지키는 일에는 무엇이 중요한가.
> 몸을 지키는 것이 중요하다.
>
> 자기 몸을 잃지(불의에 빠뜨리지) 않고서
> 어버이를 섬길 수 있었다는 사람의 이야기는 들었으나,
>
> 자기 몸을 잃고서
> 어버이를 섬길 수 있었다는 사람의 이야기는
> 여지껏 들은 일이 없다.
>
> 어떠한 것인들 섬기는 일이 아니겠는가마는,
> 어버이를 섬기는 것은 모든 섬기는 일의 근본이다.
>
> 그 무엇이 지키는 일이 되지 않겠는가마는,
> 몸을 지키는 일이 모든 지키는 일의 근본이다."

26 가장 큰 불효는 후사가 없는 것이다

孟子曰
不孝有三하니 無後爲大하니라
舜이 不告而娶는 爲無後也시니 君子以爲猶告也라 하니라

○<맹자, 이루장구 상 26장>

娶 장가들 취

> ○맹자께서 말씀하셨다.
> "불효에는 세 가지가 있으니,
> 그 중에서 뒤를 이을 자식이 없는 것이 가장 크다.
> 순 임금이 부모에게 고하지 않고 아내를 맞이한 것은
> 뒤를 이을 자식이 없었기 때문이다.
> 군자는 그것을 '어버이에게 고한 것과 같다'고 여긴다."

27 인과 의의 기본은 효(孝)와 제(悌)에 있다

孟子曰
仁之實은 事親이 是也요 義之實은 從兄이 是也요
智之實은 知斯二者하여 弗去是也요
禮之實은 節文斯二者是也요
樂之實은 樂斯二者니
樂則生矣니 生則惡(오)可已也리오
惡可已면 則不知足之蹈之 手之舞之니라

○<맹자, 이루장구 상 27장>
蹈 될 도: 舞 춤출 무

○맹자께서 말씀하셨다.
"인의 실제는 어버이를 섬기는 것이고,
의의 실제는 형에게 순종하는 것이다.

지(智)의 실제는 이 두 가지를 알아서 벗어나지 않는 것이고,
예의 실제는 이 두 가지를 절도에 맞게 조절하고
꾸미는 것이다.

즐거움의 실제는 이 두 가지를 즐거워하는 것으로,
즐거워하면 그 마음이 생기게 된다.
그 마음이 생기면 어찌 그만둘 수 있겠는가!

어찌 그만둘 수 있겠는가 하는 단계에 도달하면,
자신도 모르게 발로 뛰고
손으로 춤을 추게 될 것이다."

28 위대한 효에는 천하가 감화된다

孟子曰
天下大悅而將歸己어늘
視天下悅而歸己하되
猶草芥也는 惟舜이 爲然하시니
不得乎親이면 不可以爲人이요
不順乎親이면 不可以爲子러시다
舜이 盡事親之道而瞽瞍底(지)豫하니
瞽瞍底豫而天下化하며
瞽瞍底豫而天下之爲父子者定하니

此之謂大孝니라

○< 맹자, 이루장구 상 28장>
草芥(초개), 초개 풀이나 잎 검불: 瞽瞍(고수), 순 임금의 아버지:厎 이를 지

○맹자께서 말씀하셨다.
"천하 사람들이 대단히 기뻐하여 자기에게 돌아와 복종하려고 했는데,
천하 사람들이 기뻐하여 자기에게 돌아오는 것 보기를

마치 초개같이 여긴 것은
오직 순 임금이 그렇게 했을 뿐이다.

어버이를 기쁘게 하지 못하면 사람 노릇을 할 수 없다.
어버이를 따르게 하지 못하게 하면 자식노릇을 할 수 없다.

순임금은 어버이 섬기는 도리를 다하여 아버지 고수가
기뻐하기에 이르렀다.

고수가 기뻐하기에 이르러서
온천하의 아버지와 자식된 자들의 사이가 안정되었으니,
이런 것을 대효(大孝)라고 하는 것이다."

29 세속에서 말하는 다섯 가지의 불효

孟子曰
世俗所謂不孝者五니

惰其四支하여 不顧父母之養이
一不孝也요
博弈好飮酒하여 不顧父母之養이
二不孝也요
好貨財하며 私妻子하여 不顧父母之養이
三不孝也요
從耳目之欲하여 以爲父母戮이
四不孝也요
好勇鬪很하여 以危父母가
五不孝也니라

○<맹자, 이루장구 하 30장>
貌 모양 모: 狠 사나울 한

○맹자께서 이렇게 말씀하셨다.
"세속에서 말하는 불효에는 다섯 가지가 있다.
사지를 게을리 하여 부모의 봉양을 돌아보지 않는 것이
첫째의 불효이다.

장기바둑을 놀며 술 마시기를 좋아하고
부모의 봉양을 돌보지 않는 것이
둘째의 불효다.

재물을 좋아하고 처자와의 애정에만 빠져버리고
부모의 봉양을 돌아보지 않는 것이
셋째의 불효다.

귀와 눈의 욕구를 만족 시키느라고
부모를 욕되게 하는 것이

넷째의 불효다.

용맹한 것을 좋아하며 싸우고 성을 내고하여
부모를 위험하게 하는 것이
다섯째의 불효다."

30 지극한 효도

孟子曰
人이 少則慕父母하다가
知好色則慕少艾(애)하고
有妻子則慕妻子하고 仕則慕君하고
不得於君則熱中이니
大孝는 終身慕父母니라

○<맹자, 만장장구 상 1장>
艾 예쁠 애

○맹자께서 말씀하셨다.
"사람들이 어려서는 부모를 사모하다가,
여색을 알게 되면 예쁜 소녀를 사모하고,

처자가 생기면 처자를 사랑하게 되고,
벼슬을 하게 되면 군주를 사모하고,

군주에게 신임을 받지 못하면 속을 태운다.
그러나 큰 효는 종신토록 부모를 사모하는 것이다."

제6장

언어의 품격과 실천

윗사람이 말을 하지 않았는데 먼저 말을 하는 것은 조급함이요, 윗사람이 말을 했는데도 아무 말도 하지 않는 것은 속을 감추는 것이며, 안색을 살피지 않고 함부로 떠드는 것은 눈치 없이 떠드는 것이니라.

<논어, 계씨편 6장>

<<요지>>

1. 말은 되돌릴 수 없다
2. 황금 천량보다 훌륭한 말 한마디가 낫다
3. 이치에 맞지 않는 말은 하지 않는 것만 못하다
4. 이치에 맞는 말 한마디가 중요하다
5. 따뜻한 말 한마디는 천금과 같다

6. 남을 해치는 말은 날카로운 칼날과 같다
7. 자신의 생각을 전부 말하지 말고 1/3만 이야기하라
8. 말보다 실천을
9. 벼슬과 언행
10. 말보다 실천이 중요

11. 나라에 도가 있으면 언행을 당당하게
12. 말과 용기
13. 큰소리는 실천이 따르지 못한다
14. 군자는 지나친 말을 부끄러워한다
15. 군자는 사람과 말을 모두 잃지 않는다

16. 좌담에도 대의가 따라야 한다
17. 말은 겸손하게 행동은 성실하게
18. 말을 할때 범하기 쉬운 세 가지 허물
19. 자기의 말에 대한 책임
20. 남의 현량(賢良)함을 가리지 말라

≪본문≫

01 말은 되돌릴 수 없다

蔡伯喈曰
喜怒는 在心하고 言出於口하나니
不可不愼이니라

○<명심보감, 정기편>
蔡伯喈(채백개), 후한(後漢)때의 학자로 이름은 옹(邕)이며 字는 백계:
出於, ~에서 나오다: 不可不, ~하지 않을 수 없다

> ○채백개가 말하였다.
> "기쁨과 노여움은 마음속에 있고,
> 말은 입에서 나오는 것이니,
> 삼가하지 않을 수 없다."

02 황금 천량보다 훌륭한 말 한마디가 낫다

黃金千兩이 未爲貴요
得人一語가 勝千金이라

○<명심보감, 성심편 상>
爲 될 위: 得은 고어에서 德과 통용되었음

○황금 천량이 귀한 것이 아니요,
사람의 좋은 말 한마디를 얻는 것이 천금보다 나으니라.

03 이치에 맞지 않는 말은 하지 않는 것만 못하다

劉會曰
言不中理면 不如不言이니라

○<명심보감, 언어편>
劉會(유회), 미상: 中 맞을 중, 中風(중풍): 不如+명사구, ~만 못하다

○유회가 말하였다.
"말이 이치에 맞지 않으면 말하지 아니함만 못하느니라."

04 이치에 맞는 말 한마디가 중요하다

一言不中이면 千語無用이니라

○<명심보감, 언어편>

○한마디 말이 맞지 않으면 천 마디 말이 쓸데 없느니라.

05 따뜻한 말 한마디는 천금과 같다

利人之言은 煖如綿絮하고
傷人之語는 利如荊棘하여
一言利人에 重値千金이요
一語傷人에 痛如刀割이니라

○<명심보감, 언어편>
利 이로울 리, 날카로울 리, 銳利(예리): 煖 따뜻할 난: 綿 솜 면: 絮 솜 서: 荊 가시 형: 棘 가시 극: 荊棘(형극), 가시: 値 값 치, 당할 치, 만날 치: 割 가를 할, 벨 할, 分割(분할)

○사람을 이롭게 하는 말은 따뜻하기가 솜과 같고,
사람을 해치는 말은 날카롭기가 가시와 같다.

한마디 말이 사람을 이롭게 하기는 소중함이 천금과 같고,
한마디 말이 사람을 해치는 것은
아프기가 칼로 베는 것과 같으니라.

06 남을 해치는 말은 날카로운 칼날과 같다

口是傷人斧요 言是割舌刀니
閉口深藏舌이면 安身處處牢니라

○<명심보감, 언어편>
斧 도끼 부: 是, ~이다: 牢 굳을 뢰

○입은 사람을 상하게 하는 도끼와 같고,
말은 혀를 베는 칼과 같은 것이니,

입을 막고 혀를 깊이 감추면,
몸을 편안히 함이 가는 곳마다 견고하리라.

07 자신의 생각을 전부 말하지말고 1/3만 이야기하라

逢人에 且說三分話하고
未可全拋一片心이니
不怕虎生三個口요
只恐人情兩樣心이니라

○<명심보감, 언어편>
且 또 차, 잠시 차: 三分, 30%, 一分은 1/10을 뜻 하는 계량 단위임, 여기서 三分은 단순히 약간, 조금을 나타냄: 全 ~온전히 하다, 술어 앞에서 부사로 전부, 모두: 拋 버릴 포, 拋棄(포기): 怕 두려울 파: 樣 모양 양, 樣相(양상), 模樣(모양)

○사람을 만나서 대화를 주고 받을 때는 1/3만 말하고
자신의 속마음을 다 털어 놓아서는 안되는 것이니,

호랑이가 세 번 입을 벌리는 것이 두려운 것이 아니요,
다만 사람의 마음을 두 가지로 쓰는 것이 두려우니라.

08 말보다 실천을

子貢이 問君子한대
子曰
先行其言이요 而後從之니라

○<논어, 위정편 13장>
子貢(자공), 공자의 제자, 4장(3) 참조: 先行其言, 말하고자 하는 바를 먼저 행함

> ○자공이 군자에 대하여 묻자,
> 공자께서 말씀하셨다.
> "군자는 말하고자 하는 바를 먼저 행동으로 실천하고,
> 그 뒤에 말이 행동을 따르게 한다."

09 벼슬과 언행

子張이 學干祿한대
子曰
多聞闕疑요 愼言其餘則寡尤며
多見闕殆요 愼行其餘則寡悔니
言寡尤하며 行寡悔면 祿在其中矣니라

○<논어, 위정편 18장>
子張(자장), 공자의 제자, 1장(20) 참조: 祿 복 녹: 闕 빼놓을 궐, 대궐

궐: 寡 적을 과: 尤 더욱 우, 허물 우

○자장이 벼슬을 얻어 녹봉을 받는 방법을 배우려고 하자,
공자께서 말씀하셨다.
"많은 것을 듣고 의문 나는 것은 제외하고
나머지에 대하여 말을 신중히 하면 잘못함이 적을 것이요,

많은 것을 보고 확신하지 못하는 것을 제외하고
행동을 신중히 하면 후회함이 적을 것이니,

말에 실수가 적고 행동에 잘못함이 적으면,
녹봉은 반드시 그를 따르게 될 것이니라."

10 말보다 실천이 중요

子曰
古者에 言之不出은 恥躬之不逮也니라

○<논어, 이인편 22장>
躬 몸 궁: 逮 미칠 체

○공자께서 말씀하셨다.
"옛 사람들이 말을 함부로 하지 않은 것은
실천함이 말을 뒤 따르지 못할까 두려워했기 때문이다."

11 나라에 도가 있으면 언행을 당당하게

子曰
邦有道엔 危言危行하고
邦無道엔 危行言孫이니라

○<논어, 헌문편 4장>
危 높을 위, 고답(高踏)하게 함

> ○공자께서 말씀하셨다.
> "나라에 도가 있을 때는
> 말과 행실을 높고 당당하게 하며,
>
> 나라에 도가 없을 때는
> 행실은 당당해도 말은 공손하게 해야 한다."

12 말과 용기

子曰
有德者는 必有言이어니와
有言者는 不必有德이니라
仁者는 必有勇이어니와
勇者는 不必有仁이니라

○<논어, 헌문편 5장>
德, 인을 행동으로 구현한 것으로 言도 덕의 하나임

○공자께서 말씀하셨다.
"덕 있는 사람은 반드시 올바른 말을 하지만,
올바른 말을 하는 사람이라고 모두 덕이 있는 것은 아니다.

어진 사람은 반드시 용기가 있지만,
용기가 있는 사람이라고 모두 어진 것은 아니다."

13 큰소리는 실천이 따르지 못한다

子曰
其言之不怍이면 則爲之也難하니라

○<논어, 헌문편 21장>
怍 부끄러울 작

○공자께서 말씀하셨다.
"큰소리를 함부로 하고 부끄러워하지 않으면
그 말을 실천하기란 어렵다."

14 군자는 지나친 말을 부끄러워한다

子曰
君子는 恥其言而過其行이니라

○<논어, 헌문편 29장>
恥 부끄러울 치

> ○공자께서 말씀하셨다.
> "군자는 말이 행동보다 지나치는 것을 부끄러워한다."

15 군자는 사람과 말을 모두 잃지 않는다

子曰
可與言而不與之言이면 失人이요
不可與言而與之言이면 失言이니
知(智)者는 不失人하며 亦不失言이니라

○<논어, 위령공편 7장>
可與言, 함께 말할 만함

> ○공자께서 말씀하셨다.
> "함께 말할 수 있는 사람과 만나서 말을 하지 않으면 사람을 잃는 것이요,
> 함께 말할 수 없는 사람과 함부로 말을 하면 말을 잃는 것이니,
> 지혜로운 사람은 사람을 잃지 않으며 말 또한 잃지 않는다."

16 좌담에도 대의가 따라야 한다

子曰
群居終日에 言不及義요
好行小慧면 難矣哉라

○<논어, 위령공편 16장>
慧 슬기로울 혜

○공자께서 말씀하셨다.
"여러사람이 하루 종일 모여 앉아 좌담하면서
대화가 대의에 미치지 않고,

사소한 재치나 잔재주 부리기만 좋아한다면
참으로 딱한 일이다."

17 말은 겸손하게 행동은 성실하게

子曰
君子는 義以爲質이요 禮以行之하며
孫(遜)以出之하며 信以成之하나니 君子哉라

○<논어, 위령공편 17장 >

○공자께서 말씀하셨다.

"군자는 의로서 근본으로 삼고, 예의에 맞게 행동하며,
말을 겸손하게 하며, 그가 말한 대의를 성심껏 성취한다.
이런 사람이야말로 군자라 할 수 있다."

18 말을 할때 범하기 쉬운 세 가지 허물

子曰
侍於君子에 有三愆하니
言未及之而言을 謂之躁요
言及之而不言을 謂之隱이요
未見顔色而言을 謂之瞽니라

○<논어, 계씨편 6장>
君子, 학덕이 높은 존장 자: 愆 허물 건: 躁 성급할 조: 瞽 소경 고

○공자께서 말씀하셨다.
"군자를 모실 때 저지르기 쉬운 잘못이 세 가지 있으니,

윗사람이 말씀을 하지 않았는데 먼저 말을 하는 것은
조급함이요,

윗사람이 말을 했는데도 아무 말도 하지 않는 것은
속을 감추는 것이다.

안색을 살피지 않고 함부로 떠드는 것은
눈치 없이 떠드는 것이라고 한다."

19 자기의 말에 대한 책임

孟子曰
人之易(이)其言也는 無責耳矣니라

○<맹자, 이루장구 상 22장>

> ○맹자께서 말씀하셨다.
> "사람들이 말을 쉽게 하는 것은
> 그 책임을 지지 않는 다는 것을 의미할 뿐이다."

20 남의 현량(賢良)함을 가리지 말라

孟子曰
言無實不祥하니
不祥之實은 蔽賢者當之니라

○<맹자, 이루장구 하 17장>
蔽 덮을 폐

> ○맹자께서 말씀 하셨다.
> "말에 진실성이 없으면 상서롭지 못한 경우가 있으니,
> 상서롭지 못함의 실제는
> 현자(賢者)를 은폐하는 것이 이에 해당한다."

제7장

학문과 교육

> 스스로 알고자 애를 쓰고 분발하지 않으면 계발(啓發)해 주지 않고, 배우고자 애태워하지 않으면 깨우쳐주지 않는다. 또 네모의 한 모퉁이를 들어 알려 줄때 남은 세 모퉁이를 알 만큼 반응이 없으면 더는 가르쳐 주지 않는다.
>
> <논어, 술이편 8장>

<<요지>>

1. 폭넓게 배우고 독실하게 생각하라
2. 배우지 않으면 하늘을 오를 수 없다
3. 옥돌도 다듬어야 그릇이 된다
4. 배우지 않으면 깜깜한 밤길을 가는 것과 같다
5. 고금의 일을 모르면 그것은 말이나 소와 같다

6. 배우지 못한 사람이 훌륭하게 되는 경우는 드물다
7. 황금을 물려 주지말고 가르쳐라
8. 자식을 가르치는 것만큼 중요한 것은 없다.
9. 독서와 근검 화목이 집안의 근본이다
10. 일생의 계획은 어릴 때 세워라

11. 배우는 것은 뒤로 미루지 말아야 한다
12. 세월은 빨리 흐르니 배움을 게을리 하지 말아라
13. 세월은 다시 오지 않으니 젊었을 때 학문에 힘써라
14. 천리 길도 한 걸음부터 가야 한다
15. 학문의 기쁨과 즐거움

16. 군자와 호학
17. 스승의 자격
18. 학습과 사색
19. 참으로 아는 것
20. 분발(奮發)하지 않으면 가르치지 말라

21. 나는 천재가 아니다
22. 스승은 어디에나 있다
23. 네 가지 교육 요강
24. 많이 듣고 배운 후에 창작하라
25. 군자의 처세

26. 학문을 하는 태도
27. 아는 것은 남김없이 가르치라
28. 한 삼태기의 흙도 중요하다
29. 열매를 맺지 못하는 꽃도 있다
30. 학문은 자기 완성을 위하여

31. 학문은 사색에 앞선다
32. 교육에 따라 선도되고 악도 된다
33. 습관은 제 이의 천성
34. 상지와 하우
35. 배움이 모든 것의 바탕이다

36. 군자와 학문
37. 넓게 배우면 인은 가까운 곳에 있다
38. 교육은 쉬운 것에서부터
39. 군자는 직접 자기 자식을 가르치지 않는다
40. 군자는 학문을 함에 스스로 체득할 수 있어야 한다

41. 학문의 요점
42. 군자의 다섯 가지 교육 방법
43. 제자가 겸손하지 않으면 가르치지 않는다
44. 배움 · 생각 · 질문 · 실행에 대하여

≪본문≫

01 폭넓게 배우고 독실하게 생각하라

子夏曰
博學而篤志하고 切問而 近思하면
仁在其中矣니라

○<명심보감, 근학편>
子夏(자하), 공자의 제자, 3장(37) 참조: 博 넓을 박: 篤 도타울 독

○자하가 말하였다.
"널리 배워 뜻을 독실히 하고 간절하게 묻고
생각을 가까이하면 인은 그 가운데에 있다."

02 배우지 않으면 하늘을 오를 수 없다

莊子曰
人之不學은 如登天而無術하고
學而智遠이면 如披祥雲而覩靑天하고
登高山而望四海니라

○ <명심보감, 근학편>
莊子(장자), 전국(戰國)시대 송(宋)나라 사람으로 이름은 주(周): 若, 만

약 ~한다면: 披 헤칠 피: 覩 볼 도, 睹(도)와 같은 글자임

○장자가 말하였다.
"사람이 배우지 아니하면
재주 없이 하늘을 오르려하는 것과 같고,

배워서 지혜가 원대해지면
상서로운 구름을 헤치고 푸른 하늘을 보는 것과 같으며,

높은 산에 올라 사해(四海)를 바라보는 것과 같다."

03 옥돌도 다듬어야 그릇이 된다

禮記曰
玉不琢이면 不成器하고
人不學이면 不知道니라

○<명심보감, 근학편>
禮記(예기), 오경(五經)의 하나로 대성(戴聖)이 주나라 말기부터 진한(秦漢) 시대의 제도와 예법 등을 수록한 책: 琢 쪼을 탁: 器 그릇 기: 義 옳을 의

○예기에 이르기를,
"옥돌도 다듬지 않으면 그릇이 되지 못하고,
사람이 배우지 않으면 도(道)를 알지 못한다."

04 배우지 않으면 깜깜한 밤길을 가는 것과 같다

太公曰
人生不學이면 冥冥如夜行이니라

○<명심보감, 근학편>
太公(태공), 주나라 초기의 현자(賢者), 3장(3) 참조: 冥 어두울 명: 夜 밤 야

> ○태공이 말하였다.
> "사람이 태어나 배우지 아니하면
> 어둡고 어두운 밤길을 가는 것과 같다."

05 고금의 일을 모르면 그것은 말이나 소와 같다

韓文公曰
人不通古今이면 馬牛而襟裾니라

○<명심보감, 근학편>
韓文公(한문공), 당나라 때의 문장가이자 정치가였던
韓愈(한유)를 말하며 字는 퇴지(退之): 襟 옷깃 금: 裾 옷자락 거

> ○한문공이 말하였다.
> "사람이 고금의 일에 통달하지 못하면
> 말이나 소에게 옷을 입힌 것과 같다."

06 배우지 못한 사람이 훌륭하게 되는 경우는 드물다

朱文公曰
家若貧이라도 不可因貧廢學이요
家若富라도 不可恃富而怠學이니
貧若勤學이면 可以立身이요
富若勤學이면 名乃光榮이니라
惟見學者顯達이요 不見學者無成이니라
學者는 乃身之寶요 學者는 乃世之珍이니라
是故로 學則乃爲君子요 不學則爲小人이니
後之學者는 宜各勉之니라

○<명심보감, 근학편>
朱文公(주문공), 남송(南宋) 때의 대학자인 주자(朱子)로 이름은 희(熹)이고 字는 원회(元晦) 또는 중회(仲晦), 문공(文公)은 시호: 若 같을 약, 만약 약: 貧 가난할 빈: 因 인할 인: 廢 폐할 폐: 怠 게으를 태: 勤 부지런할 근: 乃 이에 내: 榮 영화 영: 宜 옳을 의, 便宜(편의)

○주문공이 말하였다.
"집이 만약 가난하더라도
가난으로 인하여 학문을 폐해서는 안 되고,

집이 부유하더라도
부유한 것을 믿고 학문을 게을리 해서는 안 된다.

가난한 사람이 부지런히 배운다면
입신 할 수 있을 것이요,

부유한 사람이 부지런히 배운다면
이름을 더욱 빛낼 수 있을 것이다.

오직 배우는 사람이 현달한 것은 보았으되,
배우는 사람이 이룸이 없는 것은 보지 못했노라.

배우는 것은 이내 자신의 보배요,
배우는 것은 이내 세상의 보배로다.

이런 까닭에 배우면 군자가 되는 것이요,
배우지 아니하면 소인이 되는 것이니라.

후세에 배우는 사람들은 마땅히 각자
배움에 힘써야 하느니라."

07 황금을 물려 주지말고 가르쳐라

漢書云
黃金滿籯이 不如敎子一經이요
賜子千金이 不如敎子一藝니라

○<명심보감, 훈자편>
漢書(한서), 전한(前漢) 즉 고조(高祖)에서 왕망(王莽)까지 역사를 기록한 책: 滿, ~에 가득차다: 籯 상자 영: 經 책 경: 藝 재주 예

○한서에 이르기를,
"황금이 상자에 가득하여도
자식에게 경서(經書) 한 권을 가르치는 것만 같지 못하고,

자식에게 천금을 물려주어도
기술 한 가지를 가르쳐 주는 것만 못하다."

08 자식을 가르치는 것만큼 중요한 것은 없다

至樂은 莫如讀書요
至要는 莫如敎子니라

○<명심보감, 훈자편>
至 이를 지, 지극할 지: 莫如, ~만한 것이 없다

○지극한 즐거움은 독서만한 것이 없고,
지극히 긴요한 것은 자식 가르치는 것만 한 것이 없다.

09 독서와 근검 화목이 집안의 근본이다

讀書는 起家之本이요 循理는 保家之本이요
勤儉은 治家之本이요 和順은 齊家之本이니라

○<명심보감, 입교편>

循 쫓을 순, 돌 순, 循環 순환: 順 따를 순, 순응할 순, 順序 순서

○독서는 집안을 일으키는 근본이요,
이치를 따름은 집안을 보존하는 근본이며,

근검은 집안을 다스리는 근본이요,
화목하고 순종하는 것은 집안을 가지런히 하는 근본이니라.

10 일생의 계획은 어릴 때 세워라

孔子三計圖云
一生之計는 在於幼하고
一年之計는 在於春하고
一日之計는 在於寅이니
幼而不學이면 老無所知요
春若不耕이면 秋無所望이요
寅若不起면 日無所辦이니라

○<명심보감, 입교편>
三計圖(삼계도), 공자가 세 가지 계획을 도표로 그려 놓은 것: 計 셀 계:
圖 도모할 도, 그림 도: 幼 어릴 유: 인(寅)은 寅時, 지금의 오전 3~5시
(새벽): 辦 다스릴 판

○공자의 삼계도에 이르기를,
"일생의 계획은 어릴 때있고,

일년의 계획은 봄에 있고,
하루의 계획은 새벽에 있다.

그러므로 어려서 배우지 않으면
늙어서 아는 바가 없고,

봄에 밭을 갈지 않으면
가을에 바랄 것이 없으며,

새벽에 일어나지 않으면
하루를 다스릴 수가 없을 것이다."

11 배우는 것은 뒤로 미루지 말아야 한다

朱文公曰
勿謂今日不學而有來日하며
勿謂今年不學而有來年하라
日月逝矣라 歲不我延이니
嗚呼老矣라 是誰之愆고

○<명심보감, 권학편>
 謂, ~라고 말하다: 逝 갈 서: 延 뻗칠 연: 嗚呼(오호), 감탄사: 是, ~이다: 愆 허물 건

○주문공이 말하였다.
"오늘 배우지 아니하고서 내일이 있다고 말하지 말며,
금년에 배우지 아니하고서 내년이 있다고 말하지 말라.
해와 달은 가고 세월은 나를 위해 기다려 주지 않는다.
아! 늙었다! 라고 탄식하면 이 누구의 허물인가?"

12 세월은 빨리 흐르니 배움을 게을리 하지 말아라

少年易老學難成하니 一寸光陰不可輕이라
未覺池塘春草夢하니 階前梧葉已秋聲이라

○<명심보감, 권학편>
주자(朱子)의 글임: 池 못 지: 塘 못 당, 階 섬돌 계(돌계단): 梧 오동나무 오

○소년은 늙기 쉽고 학문은 이루기 어려우니,
한치의 광음이라도 가벼이 여겨서는 안된다.

지당(池塘)의 봄풀은 아직 꿈에서 깨어나지 못했는가 싶더니,
섬돌 앞의 오동나무 잎사귀는 이미 가을의 소리를 내는구나.

13 세월은 다시 오지 않으니 젊었을 때 학문에 힘써라

陶淵明詩云
盛年은 不重來하고 一日은 難再晨이니
及時當勉勵하라 歲月은 不待人이니라

○<명심보감, 권학편>
陶淵明(도연명), 동진(東晋)의 은사(隱士)로 이름은 잠(潛) 字는 원량(元亮): 盛 성할 성: 重 거듭 중, 부사: 晨 새벽 신, 날이 새다: 及時, 때에 이르러: 當 마땅히 당: 勉 힘쓸 면: 勵 힘쓸 려, 勉勵, 힘쓴다는 뜻의 한 단어: 待 대접할 대

○도연명의 시에 이르기를,
"성년(盛年)은 거듭 오지 아니하고
하루는 새벽이 두 번 있기 어려우니,
때에 맞추어 마땅히 학문에 힘쓰라.
세월은 사람을 기다리지 않는다."

14 천리 길도 한 걸음부터 가야 한다

荀子曰
不積蹞步면 無以至千里요
不積小流면 無以成江河니라

○<명심보감, 권학편>

荀子(순자), 전국(戰國)시대 후기의 철학자: 蹞 반걸음 규, 跬와 같은 글자임, 한 걸음은 步보라 함: 無以+술어, ~할 방법이 없다: 至 이를 지, ~에 이르다

○순자가 말하였다.
"반걸음을 쌓지 않으면
천리에 이르지 못할 것이요,

작은 물줄기가 모이지 않으면
큰 강을 이루지 못할 것이다."

15 학문의 기쁨과 즐거움

子曰
學而時習之면 不亦悅(說)乎아
有朋이 自遠方來면 不亦樂乎아
人不知而不慍이면 不亦君子乎아

○<논어, 학이편 1장>
習 익힐 습: 悅 기쁠 열: 慍 원망할 온: 朋 벗 붕

○공자께서 말씀하셨다.
"학문을 배우고 배운 것을 수시로 익히니,
참으로 기쁘지 아니한가?

또한 벗이 멀리서 찾아 온다면

즐거운 일이 아니겠는가?

남들이 자기를 알아주지 않더라도 서운해 하지 않으니
참으로 군자의 태도가 아니겠는가?"

16 군자와 호학

子曰
君子食無求飽하며 居無求安하며
敏於事而愼於言이요 就有道而正焉이면
可謂好學也已니라

○<논어, 학이편 14장>
飽 배부를 포: 敏 민첩할 민

○공자께서 말씀하셨다.
"군자는 먹을 적에 배부름을 구하지 않으며,
거처할 적에 편안함을 구하지 않으며,

만사를 민첩하게 처리 하고, 말을 신중히 하며,
학덕이 높은 사람과 사귀어 자기를 바로 잡는다면,

비로소 배움을 좋아하는 사람이라고 할 수 있다."

17 스승의 자격

子曰
溫故而知新이면 可以爲師矣니라

○<논어, 위정편 11장>
溫故(온고), 溫은 尋을 뜻하며 故는 古임: 知新 새로운 원리나 원칙을 알게 됨

○공자께서 말씀하셨다.
"옛것을 충분히 익히고 습득하고 나아가서,
새로운 것을 안다면,
비로소 다른 사람의 스승이 될 수 있다."

18 학습과 사색

子曰
學而不思則罔하고
思而不學則殆니라

○<논어, 위정편 15장>
罔 없을 망, 도리를 모르고 어둡다: 殆 위태로울 태

○공자께서 말씀하셨다.
"배우기만 하고 스스로 생각하지 않으면
사리를 몰라 어둡게 되고,

생각하기만 하고 배우지 않아 학식이 없으면
독단에 빠질 위험이 있어 위태롭다."

19 참으로 아는 것

子曰
由아 誨女知之乎인저
知之爲知之요
不知爲不知 是知也니라

○<논어, 위정편 17장>
由(유), 공자의 제자인 중유(仲由), 字는 자로(子路): 誨 가르칠 회: 之 대명사로 형식적인 목적어

○공자께서 말씀하셨다.
"유야, 너에게 안다는 것에 대하여 가르쳐주겠다.
아는 것을 안다고 하고,

모르는 것을 모른다고 하는 것,
이것이 참으로 아는 것이다."

20 분발(奮發)하지 않으면 가르치지 말라

子曰
不憤이어든 不啓하며
不悱어든 不發하되
擧一隅에 不以三隅反이어든 則不復(부)也니라

○<논어, 술이편 8장>
憤 화낼 분: 悱 화낼 비: 隅 모퉁이 우

> ○공자께서 말씀하셨다.
> "스스로 알고자 애를 쓰고 분발하지 않으면
> 계발해 주지 않고,
>
> 배우고자 애태워하지 않으면 깨우쳐주지 않는다.
> 또 네 모퉁이 중에서 한 모퉁이를 들어 알려 줄 때,
>
> 남은 세 모퉁이를 알 만큼 반응이 없으면
> 더는 가르쳐 주지 않는다."

21 나는 천재가 아니다

子曰
我非生而知之者라
好古敏以求之者也니라

○<논어, 술이편 19장>

生而知之, 나면서부터 알다

> ○공자께서 말씀하셨다.
> "나는 태어나면서부터 잘 아는 사람이 아니다.
>
> 다만 옛 것을 좋아하여
> 부지런히 찾아 배워 알게 된 사람에 지나지 않는다."

22 스승은 어디에나 있다

子曰
三人行에 必有我師焉이니
擇其善者而從之요
其不善者而改之니라

○<논어, 술이편 21장>
三人, 여러 사람으로 해석함

> ○공자께서 말씀하셨다.
> "여러 사람이 함께하면
> 그 중에는 반드시 나의 스승이 될 만한 사람이 있을 것이니,
>
> 그 중에 좋은 사람을 택하여 따를 것이요,
>
> 좋지 못한 사람을 거울삼아
> 자신의 잘못을 고쳐야 할 것이다."

23 네 가지 교육 요강

子 以四敎하시니
文行忠信이니라

○<논어, 술이편 24장>

> ○공자께서는 네 가지를 가르치셨으니
> 지식, 덕행, 충성, 신의였다.

24 많이 듣고 배운 후에 창작하라

子曰
蓋有不知而作之者아 我無是也니라
多聞하여 擇其善者而從之하며
多見而識(지)之가 知之次也니라

○<논어, 술이편 27장>

> ○공자께서 말씀하셨다.
> "세상에는 잘 알지도 못하면서 행동하는 사람이 있으나 나는 그렇지 않다.
>
> 많이 듣고 그중에서 좋은 것을 가려서 행동하였으며, 많이 보고서 기억하는 것이 아는 것의 다음이 된다."

25 군자의 처세

子曰
篤信好學하며 守死善道니라
危邦不入하고 亂邦不居하며
天下有道則見(현)하고 無道則隱이니라
邦有道에 貧且賤焉이 恥也며
邦無道에 富且貴焉이 恥也니라

○<논어, 태백 13장>
篤信好學, 진리를 깊이 믿고 열심히 학문을 함

○공자께서 말씀하셨다.
"독실하게 믿으면서 배우기를 좋아하고
훌륭한 도를 죽음으로서 지키고 실천하여라.

위태로운 나라에는 들어가지 말고
문란한 나라에서는 살지 말라.

천하에 도가 있으면 나타나고
도가 없으면 나타나지 말아야 한다.

나라에 도가 있는데 가난하고 빈천하면
부끄러운 일이요,

나라에 도가 없는 데도 부하고 고귀하면
부끄러운 일이다."

26 학문을 하는 태도

子曰
學如不及이요 猶恐失之니라

○<논어, 태백편 17장>
猶 오히려 유: 恐 두려울 공

> ○공자께서 말씀하셨다.
> "배우는 일은 이루지 못할까 부지런히 할 것이요,
> 이미 얻은 것이 있으면 잃을까 두려워해야 한다."

27 아는 것은 남김없이 가르치라

子曰
吾有知乎哉아 無知也로라
有鄙夫問於我하되 空空如也라도
我叩其兩端而竭焉하노라

○<논어, 자한편 7장>
鄙夫, 비천한 사람: 空空如, 성실하고 우직하게: 叩 두드릴 고
: 兩端(양단), 두 끝: 竭 다할 갈

○공자께서 말씀하셨다.
"내가 아는 게 있는가? 아는 게 없다.
그러나 이름 없는 비천한 사람이라도

나에게 성실하게 물어왔을 때 아무것도 모른다면,
나는 질문의 시말을 완전하게 파악한 후
그에게 가르쳐 주겠다."

28 한 삼태기의 흙도 중요하다

子曰
譬如爲山에 未成一簣하여 止도 吾止也며
譬如平地에 雖覆(복)一簣나 進도 吾往也니라

○<논어, 자한편 18장>
簣 삼태기 궤: 覆 덮을 복: 往 갈 왕

○공자께서 말씀하셨다.
"학문을 넓히고 덕을 쌓는 것을
산을 쌓는 것에 비유하면,

산을 쌓음에 마지막 흙 한 삼태기를 붓지 않아
산을 못 이루고 중지한다면
그것도 내가 중지하는 것이다.

또 비유컨데 땅을 고르는데 흙 한 삼태기를 쏟아 부어
그만큼 나아간 것이라면
그것도 내가 하여 이룬 것이다."

29 열매를 맺지 못하는 꽃도 있다

子曰
苗而不秀者有矣夫며
秀而不實者有矣夫인저

○<논어, 자한편 21장>
苗 싹 묘, 학문을 배우기 시작함에 비유한 말: 秀 이삭 팰 수

> ○공자께서 말씀하셨다.
> "싹이 났으나 꽃이 피지 못하는 것도 있고
> 꽃이 피었으나 열매를 맺지 못하는 것도 있다."
> (중도에 그만두지 말고 끝까지 노력할 것을 역설 하는 말)

30 학문은 자기 완성을 위하여

子曰
古之學者는 爲己러니
今之學者는 爲人이로다

○<논어, 헌문편 25장>
爲己, 자기 수양을 위해 공부함

○공자께서 말씀하셨다.
"옛날 사람들은 자기 자신을 위하여 공부를 하였는데,
지금 사람들은 남에게 알려지기 위하여 공부를 한다."

31 학문은 사색에 앞선다

子曰
吾嘗終日不食하며 終夜不寢하여
以思하니 無益이라 不如學也로다

○<논어, 위령공편 30장>
嘗 일찍 상

○공자께서 말씀하셨다.
"내가 일찍이 종일 먹지도 않고 밤새 자지도 않고
생각만 해본 적이 있는데 유익함이 없었고
배우는 것만 못하였다."

32 교육에 따라 선도되고 악도 된다

子曰
有敎면 無類니라

○<논어, 위령공편 38장>

> ○공자께서 말씀하셨다.
> "사람이란 교육을 잘하면 선악의 부류가 없어진다."
> (처음부터 착하다 악하다 할 수 있는 것이 아니다.)

33 습관은 제 이의 천성

子曰
性相近也나 習相遠也니라

○<논어, 양화편 2장>

> ○공자께서 말씀하셨다.
> "사람의 천성은 서로 비슷하지만
> 교육과 습관으로 서로가 달라진다."
> (습관과 교육은 제이의 천성이라 할 수 있다.)

34 상지와 하우

子曰
唯上知(智)與下愚는 不移니라

○<논어, 양화편 3장>

> ○공자께서 말씀하셨다.
> "배우기를 좋아하고 선만 행하는 사람을
> 상지라 하고,
>
> 곤궁에 처해도 배울 줄 모르는 어리석은 사람을
> 하우라고 한다.
>
> 상지와 하우는 자신의 생각을 바꾸지 않는다."

35 배움이 모든 것의 바탕이다

子曰
好仁不好學이면 其蔽也愚하고
好知不好學이면 其蔽也蕩하고
好信不好學이면 其蔽也賊하고
好直不好學이면 其蔽也絞하고
好勇不好學이면 其蔽也亂하고
好剛不好學이면 其蔽也狂이니라

○<논어, 양화편 8상>
蔽 가릴 폐: 居 앉을 거: 蕩 방탕할 탕: 賊 해칠 적: 絞 급할 교

> ○공자께서 말씀하셨다.
> "어짐을 좋아하고 배우기를 좋아하지 않으면

그 폐단은 어리석게 되고,

알기는 좋아하되 배우기를 좋아하지 않으면,
그 폐단은 방탕하게 된다.

믿음을 좋아하되 배우기를 좋아하지 않으면,
그 폐단은 자신을 해치게 되고,

정직함을 좋아하되 배우기를 좋아하지 않으면
그 폐는 각박하며 박절하게 된다.

용감하기를 좋아하되 배우기를 좋아하지 않으면
그 폐는 난동에 흐르게 되고,

굳세기를 좋아하되 배우기를 좋아하지 않으면,
그 폐단은 조급하고 가혹해 지게 된다."

36 군자와 학문

子夏曰
日知其所亡(無)하며
月無忘其所能이면
可謂好學也已矣니라

○<논어, 자장편 5장>
子夏(자하), 공자의 제자, 3장(37) 참조

○자하가 말하였다.
"날마다 모르던 바를 배워 알고,
달마다 잘하는 바를 잊어버리지 않으면,
가이 배우기를 좋아 한다고 하겠다."

37 넓게 배우면 인은 가까운 곳에 있다

子夏曰
博學而篤志하며
切問而近思하면
仁在其中矣니라

○<논어, 자장편 6장>
子夏(자하), 공자의 제자, 3장(37) 참조

○자하가 말하였다.
"널리 배워 뜻을 독실하게 하고,
절실하게 묻되 가까운 것(현실에 필요한 것)부터 생각하면,
그러는 가운데에서 인은 저절로 나오게 마련이다."

38 교육은 쉬운 것에서부터

子游曰

子夏之門人小子는
當洒掃應對進退則可矣나
抑末也라
本之則無하니 如之何오
子夏 聞之하고 曰
噫라 言游過矣로다
君子之道 孰先傳焉이며 孰後倦焉이리오
譬諸草木컨대 區以別矣니
君子之道焉可誣也리오
有始有卒者는 其惟聖人乎인저

○<논어, 자장편 12장>
子遊(자유), 공자의 제자, 5장(18) 참조: 洒 물 뿌릴 쇄, 씻을 세: 誣 속일 무

○자유가 말하였다.
"자하의 제자들이 물 뿌리고 청소하며 대응하고 진퇴하는 예절을 배우는 것은 괜찮지만 이는 지엽적인 것이다. 근본적인 것이 없으니 어찌 합니까?"

자하가 이말을 듣고 말하였다.
"아, 자유의 말이 좀 지나치구나!
군자가 도를 가르치는데
어느 것을 것을 먼저라 하여 전수하고,

뒤라 하여 게을리 하겠는가?

이를 초목에 비유하면 하나하나 분류 구별하여
키우고 가꾸듯 가르치는 것과 같으니,

어린 아이에게 알지도 못할
어려운 군자의 도를 가르친다는 것은
아이를 속이는 꼴이 된다.
(가르침이란 다 자기 자질이나 정도에 맞게 해야 한다.)

처음부터 끝까지를 모두 터득하고 완성하는 사람은
오직 성인만이 가능 한 것이다."

39 군자는 직접 자기 자식을 가르치지 않는다

公孫丑曰 君子之不教子는 何也잇고
孟子曰
勢不行也니라 教者는 必以正이니
以正不行이어든 繼之以怒하고
繼之以怒면 則反夷矣니
夫子教我以正하사되 夫子도 未出於正也라하면
則是父子相夷也니 父子相夷면 則惡矣니라
古者 易子而教之하니라
父子之間은 不責善이니 責善則離하나니
離則不祥이 莫大焉이니라

○<맹자, 이루장구 상 18장>
公孫丑(공손추), 맹자의 제자, 2장(10) 참조: 夷 상할 이: 祥 길할 상

○공손추가 말하였다.
"군자가 직접 자기 자식을 가르치지 않는 것은
무엇 때문입니까?"

맹자께서 말씀하셨다.
"힘이 통하지 않기 때문이다. 가르치는 사람은
반드시 바른 것을 가지고 가르치는 것이니 이것이 통하지 않
으면,

그것에 노하게 되는데 노하게 되면 도리어
자식의 마음을 상하게 한다.

아버지는 나를 가르치는데 올바른 것을 가지고 한다지만,
아버지가 하는 행실도 반드시 바르지 않다고 하게 되면

그것은 부자가 서로 의가 상하는 것이다.
부자가 서로 의가 상하면 나쁘다.

그러므로 옛날에는 자식을 서로 바꿔서 가르쳤고,
부자간에는 선하라고 요구하지는 않았으니,

선하라고 요구하면 사이가 멀어지고,
사이가 멀어지면 상서롭지 못하기가 그보다 큰 게 없다."

40 군자는 학문을 함에 스스로 체득할 수 있어야 한다

孟子曰
君子深造之以道는 欲其自得之也니
自得之則居之安하고 居之安則資之深하고

資之深則取之左右에 逢其原이니
故君子는 欲其自得之也니라

○<맹자, 이루장구 하 14장>
造 나아갈 조

○맹자께서 말씀하셨다.
"군자가 학문을 깊이 나아가기를 힘쓰되
반드시 도로서 하는 것은
자신이 스스로 체득하고자 해서이다.

스스로 도를 체득하면 머무는 데에 편안하고,

머무는 데에 편안하게 되면,
이용하는 것이 깊고,

이용하는 것이 깊으면
좌우에서 취하여 씀에 그 근원을 만나게 된다.

그래서 군자는 자신이 스스로 체득하고자 하는 것이다."

41 학문의 요점

孟子曰
博學而詳說之는 將以反說約也니라

○<맹자, 이루장구 하 15장>

○맹자께서 말씀하셨다.
"널리 배워 상세하게 설명하는 것은,

그렇게 함으로서 장차 그것을 돌이켜보고
요약해서 설명하고자 함 이니라."

42 군자의 다섯 가지 교육 방법

孟子曰
君子之所以敎者五니
有如時雨化之者하며
有成德者하며 有達財者하며
有答問者하며
有私淑艾(예)者하니
此五者는 君子之所以敎也니라

○<맹자, 진심장구 상 40>
淑 착할 숙

○맹자께서 말씀하셨다.
"군자는 가르치는 방법이 다섯 가지가 있다,

때 맞추어 내리는 비가
초목에 변화를 가져오게 하는 방식이 있고,

덕을 온전하게 이루는 방식이 있고,

> 재능을 통달하게 발전시켜 주는 방식이 있고,
> 물음에 대답해 주는 방식이 있다.
>
> 직접 가르치지는 않지만,
> 혼자서 덕을 잘 닦아 나아가도록 해 주는 방식이 있다.
> 이 다섯 가지는 군자가 가르치는 방법이다."

43 제자가 겸손하지 않으면 가르치지 않는다

公都子曰 滕更之在門也에 若在所禮而不答은 何也잇고
孟子曰
挾貴而問하며 挾賢而問하며
挾長而問하며 挾有勳勞而問하며
挾故而問이 皆所不答也니
滕更이 有二焉하니라

○<맹자, 진심장구 상 43장>
公都子(공도자), 맹자의 제자로 성은 공도: 滕更(등경), 등(滕)나라 임금의 동생: 挾 낄 협: 勳 공 훈

> ○맹자의 제자 공도자가 물었다.
> "등경(滕更)이 선생님 제자로
> 와 있음에 예로서 대해주실 만한 것이 있을 것 같아온대
> 그의 물음에 답해 주시지 않는 것은 무엇 때문입니까?"

맹자께서 말씀하셨다.
"귀한 신분을 믿고 묻거나,
어진 것을 믿고 묻거나,
나이 많음을 믿고 묻거나,

공훈이 있음을 믿고 묻거나,
연고가 있는 것을 믿고 묻는 경우에는
대답해 주지 않는 것이다.

등경은 그 가운데 두 가지(귀한 신분, 어짊)를 가지고 있었다."

44 배움·생각·분별·실행에 대하여

有弗學이언정 學之인댄 弗能이어든 弗措也하며
有弗問이언정 問之인댄 弗知어든 弗措也하며
有弗思언정 思之인댄 弗得이어든 弗措也하며
有弗辨이언정 辨之인댄 弗明이어든 弗措也하며
有弗行이언정 行之인댄 弗篤이어든 弗措也니라
人一能之어든 己百之하며
人十能之어든 己千之니라
果能此道矣면 雖愚나 必明하며
雖柔나 必强이니라
(공자의 말씀을 인용하여 자사가 기술)

○<중용, 20장>
弗能(불능), 배우는 것을 할 수 없다면: 措 둘 조, 찌를 척: 弗措(불조), 그대로 두지 않고 더욱 배움: 人, 딴 사람, 남: 之, 선을 가리어 굳게 지

키는 것: 柔 부드러울 유

○배우지 않을지언정 배우는 데도 능해지지 않으면
그만 두지 않고,

묻지 않을지언정 묻는데도 알지 못하면
그만 두지 않는다.

생각하지 못할지언정 생각하는데도 터득하지 못하면
그만 두지 않고,

분별하지 못할지언정 분별하는 데도 분명하지 않으면
그만 두지 않는다.

행하지 않을지언정 행하는 데 독실하지 않으면
그만 두지 않는다.

남이 한번해서 그것을 할 수 있다면
나는 백 번이라도 하고,

남이 열 번 해서 그것을 할 수 있다면
나는 천 번이라도 한다.

과연 이러한 방법으로 도를 행할 수 있다면
비록 어리석은 사람이라도 반드시 밝아질 것이며,
비록 유약한 사람이라도 반드시 강해질 것이다.

제8장

신뢰하는 교우관계

> 정직한 사람과 벗하고 성실한 사람과 벗하고 학식과 견문이 많은 사람과 벗하면 유익하고, 편벽한 사람과 벗하거나 부드러운 척 잘하는 사람과 벗하거나 교묘하게 말재주만 잘 부리는 사람과 벗하면 해롭다.
>
> <논어, 계씨편 4장>

<<요지>>

1. 훌륭한 사람은 그 향기가 난초와 같이 아름답다
2. 마음을 알아주는 사람은 극히 드물다
3. 군자의 사귐은 물과 같이 담담하다
4. 오래 사귀어 봐야 그 사람을 알 수 있다
5. 약속·의리·존경·예의

6. 사람을 바로 보는 법
7. 바탕이 없는 사람은 쓸모가 없다
8. 안평중의 교우
9. 지혜로운 사람, 어진 사람, 용감한 사람
10. 참다운 동료를 얻기는 어렵다

11. 벗 사귀는 법, 지나친 충고는 좋지 않다
12. 군자의 교우
13. 신념이 다르면 함께 하지 말라
14. 해로운 벗과 유익한 벗
15. 중인(衆人)도 받아 들여라

16. 진정한 교우는 덕으로 사귀어야 한다
17. 동등한 벗 사귀는 방법

##《본문》

01 훌륭한 사람은 그 향기가 난초와 같이 아름답다

子曰
與善人居면 如入芝蘭之室하여
久而不聞其香이나 卽與之化矣요
與不善人居면 如入鮑魚之肆하여
久而不聞其臭나 亦與之化矣니
丹之所藏者는 赤하고 漆之所藏者는 黑이라
是以로 君子는 必愼其所與處者焉이니라

○<명심보감, 교우편>
與 줄 여, 더불을 여: 居, ~에 살다: 芝 지초 지: 室 방실: 聞, 냄새를 맡다, 소리를 듣다: 化 화할 화: 鮑 절인 물고기 포, 말린 생선은 포(脯): 肆 가게 사, 저자 사: 丹 붉을 단: 漆 옻 칠:

○공자께서 말씀하셨다.
"선한 사람과 함께 있는 것은,
마치 향기로운 지초와 난초가 있는 방안에 들어간 것과 같아서
오래되면 그 향기를 맡지 못하나 곧 그 향기에 동화된다.

선하지 못한 사람과 함께 있으면,
마치 비린내 나는 생선 가게에 들어간 것과 같아서
오래되면 그 냄새는 맡지 못하나 그 냄새에 물들어 버린다.

붉은 단사(丹砂)를 가지고 있는 사람은 붉어지고,
검은 옻을 가지고 있는 사람은 검어지는 것이니,

이런 까닭으로 군자는 그와 함께 더불어 거처하는 것을
반드시 삼가야 하느니라."

02 마음을 알아주는 사람은 극히 드물다

相識이 滿天下하되 知心能幾人고

○<명심보감, 교우편>
滿, ~에 가득하다:幾 몇 기

○서로 알고 지내는 사람은 천하에 가득하되,
마음을 알고 지내는 사람은 과연 몇이나 될 것인가?

03 군자의 사귐은 물과 같이 담담하다

君子之交는 淡如水하고
小人之交는 甘若醴니라

○<명심보감, 교우편>
淡 맑을 담, 淡白(담백): 醴 단술 례

○군자의 사귐은 담담하여 물과 같고,
소인의 사귐은 달아서 단술 같으니라.

04 오래 사귀어 봐야 그 사람을 알 수 있다

路遙知馬力이요 日久見人心이니라

○<명심보감, 교우편>
遙 멀 요, 遙遠(요원): 久 오랠 구, 永久(영구)

○길이 멀어야 말의 힘을 알 수 있고,
날이 오래 지나야 사람의 마음을 알 수 있느니라.

05 약속·의리·존경·예의

有子曰
信近於義면 言可復(복)也며
恭近於禮면 遠恥辱也며
因不失其親이면 亦可宗也니라

○<논어, 학이편 13장>
有子(유자), 공자의 제자, 5장(14) 참조

275

○유자가 말하였다.
"약속한 말이 의에 가까우면 그 말을 실천할 수 있으며,
공손함이 예에 가까우면 치욕을 면할 수 있다.

가까이 지내면서도 친밀감을 잃지 않는다면
그 사람도 역시 본받을 만 하고 모셔도 좋다."

06 사람을 바로 보는 법

子曰
視其所以하며 觀其所由하며
察其所安하면
人焉廋哉리오 人焉廋哉리오

○<논어, 위정편 10장>
廋 숨길 수

○공자께서 말씀하셨다.
"사람을 볼 때에 먼저 그 사람의 행동을 보고,
그가 지나온 바를 살피며,

그가 편안하게 여기는 바를 살펴보면
그 사람을 알 수 있다.

사람이 자신을 어떻게 숨길 수 있겠는가?
숨길 수 없는 것이다."

07 바탕이 없는 사람은 쓸모가 없다

子曰
居上不寬하며 爲禮不敬하며
臨喪不哀면 吾何以觀之哉리오

○<논어, 팔일편 26장>
居上, 윗자리에 있음: 臨喪, 남의 상례에 임함

○공자께서 말씀하셨다.
"높은 자리에 있으면서 관대하지 못하고,
예를 지키되 공경스럽지 못하고,

상례에 임하여 애도하지 않는다면
내 무엇으로 그런 사람의 쓸모를 찾아보겠느냐?"

08 안평중의 교우

子曰
晏平仲은 善與人交로다 久而敬之온여

○<논어, 공야장편 16장>
晏平仲(안평중), 제나라 대부: 善+술어, 잘 ~하다

○공자께서 말씀하셨다.
"안평중은 다른 사람과 더불어 사귀기를 잘하였으니,
오래 되어도 예의를 잃는 일 없이 더욱 벗을 공경하였다."

09 지혜로운 사람, 어진 사람, 용감한 사람

子曰
知(智)者不惑하고 仁者不憂하고 勇者不懼니라

○<논어, 자한편 28>
惑 미혹할 혹: 懼 두려워할 구

○공자께서 말씀하셨다.
"지혜로운 사람은 진리에 밝으므로 미혹되지 않고,
어진 사람은 사욕이 없으므로 근심하지 않고,
진리를 실천하는 용감한 사람은 두려워하지 않는다."

10 참다운 동료를 얻기는 어렵다

子曰
可與共學이라도 未可與適道며
可與適道라도 未可與立이며
可與立이라도 未可與權이니라

○<논어, 자한편 29>
適 갈 적: 權 저울질할 권, 변통하다, 융통하다: 未可與權(미가여권), 아직 함께 융통성을 발휘 할 수 없다

○공자께서 말씀하셨다.
"더불어 함께 배울 수는 있어도,
도를 함께 지켜 나가기는 어렵고,

함께 도를 지켜 나갈 수는 있어도,
함께 일을 성립시킬 수 있는 것은 아니다.

함께 일을 성립시킬 수는 있어도
함께 때에 맞게 바르게 일을 처리할 수 있는 것은 아니다."

11 벗 사귀는 법, 지나친 충고는 좋지 않다

子貢이 問友한데
子曰
忠告而善道(導)之하되 不可則止하여
無自辱焉이니라

○<논어, 안연편 23장>
子貢(자공), 공자의 제자, 4장(3) 참조: 道 인도할 도, 導와 같은 의미로 쓰였음

○공이 벗 사귀는 법에 관한 물음에,

공자께서 말씀하셨다.
"충고하여 좋게 인도해야 하지만
듣지 않으면 그만 두어야 한다.

지나치게 충고하다가
도리어 욕을 당하는 일이 없도록 하여야 한다."

12 군자의 교우

曾子曰
君子는 以文會友하고 以友輔仁이니라

○<논어, 안연편 24장>

○증자가 말하였다.
"군자는 글로서 벗과 사귀고
벗이 됨으로서 서로를 인덕으로서 도와준다."

13 신념이 다르면 함께 하지 말라

子曰
道不同이면 不相爲謀니라

○<논어, 위령공편 39>

> ○공자께서 말씀하셨다.
> "신봉하는 도리가 다르면
> 함께 어울려서 의논하지 않는다."

14 해로운 벗과 유익한 벗

子曰
益者三友요 損者三友니
友直하며 友諒하며 友 多聞이면 益矣요
友便辟하여 友善柔하며
友便佞이면 損矣니라

○<논어, 계씨편 4장>
諒 성실할 량: 便 잘할 편: 辟 편벽될 벽

> ○공자께서 말씀하셨다.
> "유익한 벗이 셋이요 해로운 벗이 셋이 있다.
>
> 정직한 사람과 벗하고 성실한 사람과 벗하고
> 학식과 견문이 많은 사람과 벗하면 유익하고,
>
> 편벽한 사람과 벗하거나
> 부드러운 척 잘하는 사람과 벗하거나
> 교묘하게 말재주만 잘 부리는 사람과 벗하면 해롭다."

15 중인(衆人)도 받아들여라

子張曰
君子는 尊賢而容衆하며 嘉善而矜不能이니
我之大賢與인댄 於人에 何所不容이며
我之不賢與인댄 人將拒我니 如之何其拒人也리오

○<논어, 자장편 3장>
子張(자장), 공자의 제자, 1장(20) 참조: 嘉 아름다울 가, 嘉善 우수하고 능력 있는 사람을 칭찬해 받들다

○자장이 말하였다.
"군자는 어진 사람을 존중하지만
또한 일반 대중(大衆)도 넓게 받아들인다.

잘하는 사람을 아름답게 여기고,
못하는 사람을 불쌍히 여긴다.
남들에 대해 잘못하는 사람도 함께한다.

만약 내가 크게 어질면 남들에 대해
누구인들 포용하지 못할 것이며

내가 어질지 못하면 남들이 장차 나를 거절 할 것이니
어찌 남을 거절 할 수 있겠는가?"

16 진정한 교우는 덕으로 사귀어야 한다

萬章問曰 敢問友하나이다
孟子曰
不挾長하며 不挾貴하며 不挾兄弟而友니
友也者는 友其德也니 不可以有挾也니라

○<맹자, 만장장구 하 3장>
萬章(만장), 공자의 제자로 제(齊)나라 사람, 萬은 성이고 이름은 章: 挾 낄 협

> ○ 맹자의 제자 만장이 친구 사귀는 것에 대하여 묻자, 맹자께서 말씀하셨다.
>
> "나이 많은 것을 내세우지 않고,
> 신분이 귀함을 내세우지 않고,
> 형제의 힘을 내세우지 않고 벗을 사귀어야 한다.
>
> 벗을 사귀는 것이란
> 그 사람의 덕을 벗으로 사귀는 것이므로
> 그 사이에 내세우는 것이 있어서는 안 된다."

17 동등한 벗 사귀는 방법

孟子謂萬章曰
一鄕之善士라야 斯友一鄕之善士하고
一國之善士라야 斯友一國之善士하고

天下之善士라야 斯友天下之善士니라
以友天下之善士로 爲未足하여 又尙論古之人하나니
頌其詩하며 讀其書하되 不知其人이 可乎아
是以로 論其世也니 是尙友也니라

○<맹자, 만장장구 하 8장>

○맹자께서 만장에게 말씀하셨다.
"한 고을의 훌륭한 선비라야
한 고을의 훌륭한 선비와 벗으로 사귈 수 있고,

한 나라의 훌륭한 선비라야
한 나라의 훌륭한 선비를 벗으로 사귈 수 있으며,

천하의 훌륭한 선비라야
천하의 훌륭한 선비를 벗으로 사귈 수 있다.

천하의 선비와 벗하는 것으로도 만족하지 못해서
위로 올라가 옛 사람을 숭상하여 옛 사람을 논하나니,

옛 사람이 지은 시를 낭송하고,
옛 사람이 쓴 글을 읽고서도
그 사람을 몰라서야 되겠는가?

그래서 그들이 살았던 시대에 행한
일의 자취를 논하는 것이니,
이는 위로 올라가서 옛 사람을 벗으로 사귀는 것이다."

제9장

생활의 지혜 <1>

백옥은 진흙땅에 던져 져도 그 색이 시꺼멓게 더럽혀지지 않으며, 군자는 탁지(濁地)에 가더라도 그의 마음이 더럽히거나 어지럽게 되지 않는다. 따라서 송백은 눈과 서리를 견디어 낼 수 있고, 밝은 지혜는 어렵고 위급함을 겪어낼 수 있는 것이다.

<명심보감, 성심편 하>

<<요지>>

1. 하늘은 착한 사람에게 복을 내린다
2. 착한 일은 작은 것도 가벼이 여기지 말라
3. 나쁜 일은 항상 틈새를 엿본다
4. 착한 일을 좋아하고 악한 일을 미워하라
5. 악한 일은 영원히 남게 된다

6. 자식에게는 재산보다 음덕을 물려 주어라
7. 남과 원한을 맺지 말라
8. 먼저 상대방에게 잘하라
9. 복과 화는 천천히 다가온다
10. 하늘의 뜻은 모두 사람 마음속에스스로 있다.

11. 이 세상에 비밀이란 없다
12. 잘못된 명예는 오래가지 못한다
13. 노력하는 사람에게는 반드시 성공이 뒤따른다
14. 욕심이 많으면 근심도 많아진다
15. 행복은 부귀한데 있는 것이 아니다

16. 만족할 줄 알면 종신도록 욕되지 아니한다
17. 겸손하면 이익을 얻는다
18. 분수를 알면 욕됨이 없다
19. 재물은 언젠가는 없어지게 된다
20. 돈은 의리를 상하게 한다

21. 편안할 적에 위태로움을 생각하라
22. 넓은 안목을 가지지 못하면 어려움을 피할 수 없다
23. 자신을 믿는 사람만이 남도 믿어준다
24. 어떤 사람이든 일단 채용하였거든 의심하지 말아라
25. 사람의 마음은 지척 간에 있어도 알기 어렵다

26. 원한을 심는 것이 재앙을 심는 것이다
27. 시비는 듣지 않으면 저절로 없어지게 된다
28. 사람의 훌륭함은 돌에 새긴 것보다 말로 전해진다
29. 권력을 다 쓰면 원한을 맺게 된다
30. 내가 남을 해치면 남도 나를 해친다

31. 영원한 영화도 영원한 가난도 없다
32. 사람을 알려고 한다면 먼저 그 친구를 보라
33. 너무 맑은 물에는 고기가 없다
34. 달빛이 밝아도 도둑은 그것을 싫어한다
35. 대장부는 명분과 절개를 소중히 여긴다

36. 다른 사람의 어려움을 구제해 주어라
37. 자신의 잘못은 모르고 남의 탓 만하지 말라
38. 죄짓는 사람이 많아도 운 없는 사람이 법에 걸린다
39. 정도에서 벗어나면 죽음이 찾아 온다
40. 옳은 말을 받아들일 줄 알아야 훌륭해진다

41. 세월은 무상한 것이다
42. 이유 없는 큰 돈은 복이 아니라 재앙이 된다
43. 남에게 피해를 주면 그것이 곧 재앙을 불러 온다
44. 덕없이 큰일을 하고자 하는 사람은 화를 당한다

45. 처음과 끝을 항상 한결 같이 하여라

46. 아무리 좋은 것도 모든 사람을 전부 만족시킬 수는 없다
47. 지혜로운 사람은 혼탁한 세상을 헤쳐 나간다
48. 조심하는 사람에게는 어떠한 재앙도 오지 않는다.
49. 자기가 원하지 않는 것을 남에게 요구하지 말라
50. 사람이 해야 할 여섯 가지의 근본 도리가 있다

51. 작은 선행도 하찮게 여기지 말라
52. 악연은 하루 아침에 이루어진 것이 아니다
53. 아첨은 인이 아니다
54. 군자의 태도
55. 군자와 소인

56. 아첨과 용감
57. 예의는 형식보다 실질을
58. 이익만 꾀하면 원망을 산다
59. 오직 실력을 기르라
60. 군자는 정의를 밝힌다

61. 선을 보면 따르고 악을 보면 반성하라
62. 두가지 수치

≪본문≫

01 하늘은 착한 사람에게 복을 내린다

子曰
爲善者는 天報之以福하고
爲不善者는 天報之以禍니라

○<명심보감, 계선편>
善 착할 선: 報 갚을 보: 禍 재앙 화

○공자께서 말씀하셨다,
"착한 일을 하는 사람은
하늘이 복으로서 갚아주고,

악한 일을 하는 사람은
하늘이 화로서 갚아 준다."

02 착한 일은 작은 것도 가벼이 여기지 말라

漢昭烈이 將終에
勅後主曰
勿以善小以不爲하고
勿以惡小以爲之니라

○<명심보감, 계선편>
漢昭烈(한소열), 촉한의 초대 군주로 성은 유(劉) 이름은 비(備): 漢 한수 한: 昭 밝을 소: 烈 매울 렬: 將 장차 장: 終 마칠 종: 勅 칙서 칙: 後主, 후계의 군주

> ○한소열이 임종에 이르러 후주에게 칙서를 내려 말하기를,
> "착한 일은 작다고 해서 아니 하지 말며,
> 악한 일은 작다고 해도 하지 말라."

03 나쁜 일은 항상 틈새를 엿본다

莊子曰
一日 不念善이면 諸惡이 皆自起니라

○<명심보감, 계선편>
莊子(장자), 전국(戰國) 시대 송나라 사람, 7장(2) 참조: 莊 엄할 장, 전장 장: 念 생각할 염: 諸 모두 제: 皆 다 개: 起 일어날 기

> ○장자가 말하였다.
> "하루라도 착한 일을 생각하지 않으면,
> 모든 악한 마음이 저절로 일어난다."

04 착한 일을 좋아하고 악한 일을 미워하라

太公曰
見善如渴하고 聞惡如聾하라
又曰
善事는 須貪하고 惡事는 莫樂하라

○<명심보감, 계선편>
太公(태공), 주나라 초기의 현자(賢子), 3장(3) 참조: 渴 목마를 갈: 聾 귀먹을 롱: 須 모름지기 수: 貪 탐할 탐: 樂 즐거울 락: 莫 말 막

○태공이 말하였다.
"착한 것을 보거든 목마를 때 물을 보듯이 하고,
악한 것을 듣거든 귀먹은 것 같이 하여라."

또 말하기를,
"선한 일은 모름지기 탐하고, 악한 일은 즐거워 하지 말라."

05 악한 일은 영원히 남게 된다

馬援曰
終身行善이라도 善猶不足이요
一日行惡이라도 惡自有餘니라

○<명심보감, 계선편>
馬援(마원), 후한 때의 사람, 3장(4) 참조: 馬 말 마: 援 구원할 원: 猶 오

히려 유: 餘 남을 여

○마원이 말하였다.
"종신토록 착한 일을 해도 착한 일은 오히려 부족하고,

단 하루라도 악한 일을 행하여도
악한 일은 저절로 남음이 있느니라."

06 자식에게는 재산보다 음덕을 물려 주어라

司馬溫公曰
積金以遺子孫이라도 未必子孫이 能盡守요
積書以遺子孫이라도 未必子孫이 能盡讀이니
不如積陰德於冥冥之中하여 以爲子孫之計也니라

○<명심보감, 계선편>
司馬溫公(사마온공), 북송(北宋)의 정치가이며 학자: 積 쌓을 적: 遺 남길 유: 能 능할 능: 盡 다할 진: 陰 응달 음: 冥 어두울 명

○사마온공이 말하였다.
"돈을 모아서 자손에게 물려주더라도
반드시 다 지킬 수 없을 것이요,

책을 모아서 자손에게 물려주더라도
반드시 다 읽을 수는 없을 것이다.

> 차라리 남모르는 가운데 음덕을 쌓아서
> 자손을 위한 계책으로 삼느니만 같지 못하니라."

07 남과 원한을 맺지 말라

景行錄曰
恩義를 廣施하라 人生何處不相逢이랴
讐怨을 莫結하라 路逢狹處면 難回避니라

○<명심보감, 계선편>
景行錄(경행록), 송나라 때 만든 책, 3장(2) 참조: 廣 넓을 광: 施 베풀 시: 逢 만날 봉: 讐 원수 수: 怨 원망 원: 狹 좁을 협: 難 어려울 난: 避 피할 피

> ○경행록에 이르기를,
> "은혜로운 일과 의로운 일을 널리 베풀어라.
> 사람이 어느 곳에서든 서로 만나지 않겠는가?
>
> 원수와 원한을 맺지 말라.
> 길이 좁은 곳에서 만나면 피하기 어려우니라."

08 먼저 상대방에게 잘하라

莊子曰
於我善者도 我亦善之하고
於我惡者도 我亦善之니라
我旣於人에 無惡이면
人能於我에 無惡哉인저

○<명심보감, 계선편>
莊子(장자), 전국시대 송(宋)나라 사람, 7장(2) 참조: 旣 이미 기: 哉 어조사 재

> ○장자가 말하였다.
> "나에게 착하게 하는 사람에게
> 나 또한 착하게 하고,
>
> 나에게 악하게 하는 사람에게도
> 나는 또한 착하게 할 것이다.
>
> 내가 남에게 악하게 함이 없으면,
> 남도 능히 나에게 악하게 하는 일이 없을 것이다."

09 복과 화는 천천히 다가온다

東嶽聖帝垂訓曰
一日行善이라도 福雖未至나 禍自遠矣요
一日行惡이라도 禍雖未至나 福自遠矣니라

行善之人은 如春園之草하여
不見其長이라도 日有所增하고
行惡之人은 如磨刀之石하여
不見其損이라도 日有所虧니라

○<명심보감, 계선편>
東岳聖帝(동악성제), 도가에 속하는 인물이나 자세한 것은 미상임: 嶽 큰산 악: 垂 드리울 수: 訓 가르칠 훈: 雖 비록 수: 園 동산 원: 增 더할 증: 磨 갈 마: 損 덜 손: 虧 이지러질 휴

○동악성제 수훈에 이르기를,
"하루 착한 일을 했을 지라도
복은 비록 오지는 않으나 재앙은 저절로 멀어 질 것이요,

하루 악한 일을 했을 지라도
재앙이 곧 오지는 않으나 복은 저절로 멀어질 것이다.

착한 일을 하는 사람은 봄날 정원의 풀과 같아서,
자라는 것이 보이지는 않지만
날마다 커 짐이 있고,

악한 일을 하는 사람은 칼 가는 숫돌과 같아서,
닳는 것이 보이지는 않지만
날로 이지러지는 바가 있을 것이니라.""

10 하늘의 뜻은 모두 사람 마음속에 스스로 있다

康節邵先生曰

天聽이 寂無音하니 蒼蒼何處尋고
非高亦非遠이라 都只在人心이니라

○<명심보감, 천명편>
康節邵(강절소), 북송 때 사람, 3장(5) 참조: 寂 고요할 적: 蒼 푸를 창: 都 모두 도

○강절소선생이 말하였다.
"하늘의 들으심은 고요하여 소리가 없으니,
창창한 하늘 어느 곳에서 찾을까.

높지도 아니하고 또한 멀지도 아니하다.
모두가 다만 사람의 마음속에 있는 것이니라."

11 이 세상에 비밀이란 없다

玄帝垂訓曰
人間私語라도 天聽은 若雷하고
暗室欺心이라도 神目如電이니라

○<명심보감, 천명편>
玄帝(현제), 도가의 한사람: 垂 드리울 수: 訓 가르칠 훈: 欺 속일 기

○현제가 수훈을 내려 이르기를,
"사람간의 사사로운 말이라도
하늘의 들음은 우뢰와 같고,

> 어두운 방에서의 속이는 마음이라도
> 신이 보는 것은 번개와 같으니라."

12 잘못된 명예는 오래가지 못한다

莊子曰
若人作不善하여 得顯名者는
人雖不害나 天必誅之니라

○<명심보감, 천명편>
裝子(장자), 전국시대 송(宋)나라 사람, 7장(2) 참조: 若, 만약 ~한다면:
顯 나타낼 현: 雖 비록 수: 誅 벨 주

> ○장자가 말하였다,
> "만일 사람이 착하지 못한 일을 하고도
> 이름을 드러낼 수 있다면,
>
> 사람이 비록 그를 해하지 못한다 해도
> 하늘이 반드시 죽일 것이다."

13 노력하는 사람에게는 반드시 성공이 뒤따른다

種瓜得瓜요 種豆得豆니
天網이 恢恢하여 疏而不漏니라

○<명심보감, 천명편>
種 심을 종: 瓜 외(오이) 과: 恢 넓을 회: 漏 샐 루

○오이를 심으면 오이를 얻고,
콩을 심으면 콩을 얻는 것이니,

하늘의 그물은 넓고 넓어서,
성기기는 하나 새지는 않는 법이니라.

14 욕심이 많으면 근심도 많아진다

景行錄云
知足可樂이요 務貪則憂니라

○<명심보감, 안분편>
景行錄(경행록), 3장(2) 참조: 足 만족할 족: 務 힘쓸 무: 貪 탐할 탐: 憂 근심할 우

○경행록에 이르기를,
"만족함을 알면 즐거움이 있고,
탐욕이 많으면 근심과 걱정이 생긴다."

15 행복은 부귀한 데 있는 것이 아니다

知足者는 貧賤亦樂하고
不知足者는 富貴亦憂니라

○<명심보감, 안분편>
貧 가난할 빈: 賤 천할 천: 亦 또 역: 富 부할 부: 貴 귀할 귀

○만족할 줄 아는 사람은
가난하고 천하여도 즐거워하고,

만족 할 줄 모르는 사람은
부하고 귀해져도 걱정스럽기만 한다.

16 만족할 줄 알면 종신도록 욕되지 아니한다

知足常足이면 終身不辱하고
知止常止면 終身無恥니라

○<명심보감, 안분편>
終 마칠 종: 辱 욕될 욕: 止 그칠지: 恥 부끄러울 치

○만족할 줄을 알아 늘 만족해하면
종신도록 욕되지 않을 것이요,

> 항상 적당히 그칠 줄 알아 그치면
> 종신토록 부끄러움이 없으리라.

17 겸손하면 이익을 얻는다

書曰
滿招損하고 謙授益이니라

○<명심보감, 안분편>
書(서), 서경(書經), 삼경의 하나로 요순(堯舜) 때부터 주(周)나라 때까지 정사(正史)에 관한 내용을 기록한 책으로 공자가 수집하에 편찬: 滿 찰 만: 謙 겸손할 겸: 滿, 謙 뒤에 則이 생략된 문장임

> ○서경에 이르기를,
> "가득차면 손실을 부르고 겸손하면 이익을 얻는다."

18 분수를 알면 욕됨이 없다

安分吟曰
安分身無辱이요 知機心自閑이라
雖居人世上이나 却是出人間이니라

○<명심보감, 안분편>

安分吟(안분음), 송나라 때의 안분시로 저자는 미상이며, 원본에는 擊
壤詩(격양시)로 표시되어 있음: 機 베틀 기: 却 버릴 각

○안분음에 이르기를,
"편안한 마음으로 분수를 지키면
몸에 욕됨이 없을 것이요,

세상의 기미를 알면
마음은 절로 한가로워 지니,

비록 인간 세상에 산다고 해도
오히려 인간 세상을 벗어난 것이로다."

19 재물은 언젠가는 없어지게 된다

景行錄云
寶貨는 用之有盡이요 忠孝는 享之無窮이니라

○<명심보감, 성심편 상>
寶 보배 보: 貨 재물 화: 盡 다할 진: 享 누릴 향: 窮 다할 궁

○경행록에 이르기를,
"보배와 재물은 쓰면 다함이 있지만,
충성과 효도는 아무리 해도 다함이 없다."

20 돈은 의리를 상하게 한다

父不憂心因子孝요 夫無煩惱是妻賢이라
言多語失皆因酒요 義斷親疎只爲錢이니라

○<명심보감, 성심편 상>
憂 근심할 우: 因 인할 인: 煩 번거로울 번: 惱 괴로워할 뇌: 斷 끊을 단: 錢 돈 전: 爲, 因(인)과 같이 ~ 때문이다

○아버지가 근심하는 마음이 없음은
자식이 효도하기 때문이요,

남편이 번거로운 걱정이 없음은
아내가 어질기 때문이다.

말이 많아 말을 실수함은
모두가 술 때문이요,

의리가 끊어지고 친척이 멀어지는 것은
단지 돈 때문이다.

21 편안할 적에 위태로움을 생각하라

得寵思辱하고 居安慮危니라

○<명심보감, 성심편 상>
寵 사랑할 총: 辱 욕될 욕: 慮 생각할 려

○높은 지위를 얻었으면 욕됨을 생각하고,
편안하게 있을 때는 위태함을 생각할 것이다.

22 넓은 안목을 가지지 못하면 어려움을 피할 수 없다

子曰
不觀高崖면 何以知顚墜之患이며
不臨深淵이면 何以知沒溺之患이며
不觀巨海면 何以知風波之患이리오

○<명심보감, 성심편 상>
崖 언덕 애: 顚 떨어질 전: 墜 덜어질 추: 臨 임할 임: 沒 빠질 몰: 溺 빠질 익: 患 근심 환: 巨 클 거

○공자께서 말씀하셨다.
"높은 낭떠러지를 보지 않으면
어찌 굴러 떨어지는 환난을 알 것이며,

깊은 못에 가지 않으면
어찌 빠져 죽는 환난을 알 것이며,

큰 바다를 보지 않으면 어찌 풍파의 환난을 알 수 있겠는가?"

23 자신을 믿는 사람만이 남도 믿어준다

景行錄云
自信者는 人亦信之하여
吳越이 皆兄弟요
自疑者는 人亦疑之하여
身外에 皆敵國이니라

○<명심보감, 성심편 상>
吳越(오월), 두 나라가 오랜 동안 적대국으로 싸워 온 것을 두고 한 말:
疑 의심할 의

○경행록에 이르기를
"자신을 믿는 사람은 남도 또한 자기를 믿어주니,
오나라와 월나라 같은 적국도 다 형제가 될 수 있고,

자신을 의심하는 사람은
남도 또한 자기를 의심하니,

자기 외에는 모두가 적이 되느니라."

24 어떤 사람이든 일단 채용하였거든 의심하지 말아라

疑人莫用하고 用人勿疑하라

○<명심보감, 성심편 상>
疑 의심할 의

○어떤 사람이든 의심스러우면 쓰지 말 것이요,
일단 썼거든 의심하지 말 것이다.

25 사람의 마음은 지척 간에 있어도 알기 어렵다

諷諫云
水底魚天邊雁은 高可射兮低可釣어니와
惟有人心咫尺間에 咫尺人心不可料니라

○<명심보감, 성심편 상>
諷諫(풍간), 사람을 풍자하여 간하는 내용: 諷 풍자할 풍: 諫 간할 간:
底 밑 저: 低 낮을 저: 邊 가 변: 雁 기러기 안: 釣 낚을 조: 兮 어조사 혜:
咫 지척 지: 尺 자 척: 料 헤아릴 료

○풍간에 이르기를,
"물밑의 물고기와 하늘가의 기러기는
아무리 높아도 활로 쏠 수 있고
아무리 깊어도 낚을 수 있으나,

오직 사람의 마음은 지척 간에 있는데도
그 지척 같은 마음을 헤아릴 수가 없구나."

26 원한을 심는 것이 재앙을 심는 것이다

景行錄云
結怨於人을 謂之種禍요
捨善不爲를 謂之自賊이니라

○<명심보감, 성심편 상>
種 씨 종, 심을 종: 捨 버릴 사: 賊 도적 적

> ○경행록에 이르기를,
> "남에게 원한을 맺는 것을 일러
> 화를 심는 것이라 하고,
>
> 선을 버리고 행하지 않는 것을 일러
> 스스로를 해치는 것이라고 한다."

27 시비는 듣지 않으면 저절로 없어지게 된다

是非終日有라도 不聽自然無니라

○<명심보감, 성심편 상>

> ○시비가 종일 도록 있을지라도 듣지 않으면
> 자연히 없어지게 된다.

28 사람의 훌륭함은 돌에 새긴 것보다 말로 전해진다

擊壤詩云
平生에 不作皺眉事하면 世上에 應無切齒人이니
大名豈有鐫頑石가 路上行人이 口勝碑니라

○<명심보감, 성심편 상>
擊壤詩(격양시), 송(宋) 나라 때 강절소 선생이 지은 시집, 3장(5) 참조:
皺 주름질 추: 眉 눈썹 미: 應, 부사로 응당, 마땅히 의 뜻: 切 끊을 절: 切齒(절치), 몹시 분하여 이를 갈고 있다는 뜻, 切齒腐心(절치부심): 豈 어찌 기: 鐫 새길 전: 頑 완고할 완: 勝 이길 승, 나을 승

○격양시에 이르기를,
"평생에 눈썹 찌푸릴 일을 만들지 않으면,
세상에 응당 이를 가는 사람
즉 원수를 맺는 사람이 없을 것이로다.

유명한 이름을 어찌 단단한 돌의 비석에 새길 것인가?
노상 행인의 입이 비석보다 나으니라."

29 권력을 다 쓰면 원한을 맺게 된다

有福莫享盡하라 福盡身貧窮이요
有勢莫使盡하라 勢盡寃相逢이니라
福兮常自惜하고 勢兮常自恭하라
人生驕與侈는 有始多無終이니라

○<명심보감, 성심편 상>
享 누릴 향: 盡 다할 진: 窮 다할 궁: 冤 원통할 원: 驕 교만할 교: 惜 아낄 석

○복이 있을 때 다 누리지 말라.
복이 다하면 몸이 빈궁해지느니라.

권세가 있어도 다 부리지 말라.
권세가 다하면 원수와 서로 만나게 되느니라.

복이 있거든 항상 스스로 아껴야 하며,
권세가 있거든 항상 공손히 하여야 하느니라.

사람이 살면서 교만과 사치는 시작은 있되
끝이 없는 경우가 많으니라.

30 내가 남을 해치면 남도 나를 해친다

梓潼帝君垂訓曰
妙藥難醫冤債病이요 橫財不富命窮人이라
生事事生君莫怨하고 害人人害汝休嗔하라
天地自然皆有報하니 遠在兒孫近在身이니라

○<명심보감, 성심편 상>
梓潼帝君(재동제군), 도가에 속하는 사람: 妙 묘할 묘: 難+술어, ~하기 어렵다: 醫 고칠 의, 의원 의: 冤 원통할 원: 債 빚 채: 橫 빗길 횡, 橫財(횡재), 橫死(횡사): 汝 너 여: 休, 금지사로 莫(막)과 같음: 嗔 성낼 진

○재동제군수훈에 이르기를,
"신묘한 약이라도 원한에 사무친 병을 고치기는 어렵고,
뜻밖에 생기는 횡재가 궁한 사람을 부자로 만들지는 못한다.

일을 만들면 일이 생기는 것을 그대는 원망하지 말고,
남을 해치면 남도 나를 해치는 것에 그대는 성내지 말라.

천지간의 모든 일은 스스로 갚음이 있나니,
그 보답이 멀면 자식과 손자에게 있을 것이요,
가까우면 자기 자신에 있을 것이다."

31 영원한 영화도 영원한 가난도 없다

花落花開開又落하고 金衣布衣更(경)換着이라
豪家도 未必常當貴요 貧家도 未必長寂寞이라
扶人에 未必上靑霄요 推人에 未必塡溝壑이라
勸君凡事를 莫怨天하라 天意於人에 無厚薄이니라

○<명심보감, 성심편 상>
開, 꽃이피다: 布 배 포: 更 번갈아 경: 換 바꿀 환: 着 입을 착: 寂 고요할 적: 寞 쓸쓸할 막: 扶 붙들(어 줄)부, 扶助金(부조금): 霄 하늘 소: 推 밀 추: 塡 메울 전: 溝 도랑 구: 壑 골 학: 溝壑(구학), 구덩이나 구렁텅이

○ 꽃은 졌다가 피고 피었다가 또 지며
비단옷과 베옷은 다시 바뀐다.

호화로운 집이 반드시 항상 부귀한 것은 아니요,
가난한 집이 반드시 오래 적막하지는 않느니라.

남을 붙들어 올려도 반드시
푸른 하늘에 오르게 할 수 있는 것은 아니요,

남을 밀어 버려도 반드시
깊은 구렁에 떨어지지는 않는다.

그대에게 권하노니 모든 일에 하늘을 원망하지 말라.
하늘의 뜻은 사람에게 후함도 박함도 없느니라.

32 사람을 알려고 한다면 먼저 그 친구를 보라

王良曰
欲知其君인대 先視其臣하고
欲識其人인대 先視其友하고
欲知其父인대 先視其子하고
君聖臣忠하고 父慈子孝니라

○<명심보감, 성심편 하>
王良(왕량), 춘추시대 진(晉)나라 사람: 欲, ~하고자 한다

○왕량이 말하였다.
"그 임금을 알려면 먼저 그의 신하를 보고,
그 사람을 알려면 먼저 그의 친구를 볼 것이며,

그 부모를 알려면 먼저 그의 자식을 살펴보라.

임금이 성스러우면 신하는 충성스러울 것이요,
부모가 자애로우면 아들은 효성스러운 법이다."

33 너무 맑은 물에는 고기가 없다

家語云
水至淸則無魚하고 人至察則無徒니라

○<명심보감, 성심편 하>
家語(가어), "孔子家語"를 말하며 공자의 언행과 세상에 드러나지 않은
사실을 모은 책: 至 이를 지, 지극할 지, 至誠(지성): 徒 무리 도, 한갓 도

○가어에 이르기를,
"물이 너무 맑으면 고기가 없고,
사람이 너무 살피면 따르는 친구가 없느니라."

34 달빛이 밝아도 도둑은 그것을 싫어한다

許敬宗曰
春雨如膏나 行人은 惡(오)其泥濘하고
秋月揚輝나 盜者는 憎其照鑑이니라

○<명심보감, 성심편 하>
許敬宗(허경종), 당나라 때의 정치가: 膏 기름 고: 惡 미워할 오: 泥 진흙 니: 濘 진흙 녕: 揚 날릴 양: 輝 빛날 휘: 憎 미워할 증: 鑑 거울 감, 비칠 감

> ○허경종이 말하였다,
> "봄비는 기름(농작물에 내리는 단비)과 같으나,
> 지나가는 행인은 그 비로 인한 진창길을 좋아하지 않고,
>
> 가을 달은 밝게 비치나,
> 도둑은 그 달의 밝게 비침을 싫어한다."

35 대장부는 명분과 절개를 소중히 여긴다

景行錄云
大丈夫見善明故로 重名節於泰山하고
用心精故로 輕死生於鴻毛니라

○<명심보감, 성심편 하>
重, ~을 중하게 여기다: 精 밝을 정, 깨끗할 정: 輕, ~을 가볍게 여기다: 鴻 기러기 홍: 鴻毛(홍모), 기러기의 털이란 뜻으로 가벼움을 비유 할 때 씀

> ○경행록에 이르기를,
> "대장부는 착한 것을 보는 것이 밝은 까닭에

명분과 절개를 태산보다도 중하게 여기고,

마음을 쓰는 것이 깨끗한 까닭에
죽고 사는 것을 기러기 털 보다도 가볍게 여긴다."

36 다른 사람의 어려움을 구제해 주어라

悶人之凶하고 樂人之善하며
濟人之急하고 救人之危니라

○<명심보감, 성심편 하>
悶 민망할 민: 濟 구제할 제: 救 구원할 구

○남의 흉함을 민망히 여기고 남의 선을 즐거워하며,
남의 급한 것을 구제하고 남의 위험한 것을 구하여야 한다.

37 자신의 잘못은 모르고 남의 탓 만하지 말라

不恨自家蒲繩短하고 只恨他家苦井深이로다

○<명심보감, 성심편 하>
蒲 창포 포: 繩 노끈 승: 蒲繩, 두레박 줄: 苦井(고정), 도달하기 힘든 우물

○자기집 두레박줄이 짧은 것은 탓하지 않고,
남의 우물이 깊다고 한탄 하는구나.

38 죄짓는 사람이 많아도 운 없는 사람이 법에 걸린다

贓濫이 滿天下하되 罪拘薄福人이니라

○<명심보감, 성심편 하>
贓 장물 장: 濫 넘칠 람: 拘 잡을 구: 薄 엷을 박, 薄福(박복): 贓濫(장람), 뇌물을 받고 부정을 저지르는 것

○부정한 재물을 취하는 사람이 천하에 가득하되,
죄에 걸려 구속되는 사람은 박복한 사람뿐이니라.

39 정도에서 벗어나면 죽음이 찾아 온다

天若改常하면 不風則雨요
人若改常이면 不病則死니라

○<명심보감, 성심편 하>
常, 좋은 의미로, 일정한 법칙, 지켜야 할 변치 않는 도리, 즉 常道상도를 가리킴

○하늘이 만약 상도(常道)를 바꾸면
바람이 불지 않으면 비가 오고,

사람이 만약 상도를 바꾸면,
병이 들지 않으면 죽음이 오느니라.

40 옳은 말을 받아들일 줄 알아야 훌륭해진다

子曰
木受繩則直하고 人受諫則聖이니라

○<명심보감, 성심편 하>
繩 먹줄 승: 諫 간할 간, 諫言간언

○공자께서 말씀하셨다.
"나무가 먹줄을 쫓으면 곧아지고
사람이 간언을 받아들이면 성스럽게 된다."

41 세월은 무상한 것이다

一派靑山景色幽러니 前人田土後人收라
後人收得莫歡喜하라 更有收人在後頭니라

○<명심보감, 성심편 하>

派 갈래 파: 景 볕 경: 幽 그윽할 유: 更 다시 갱: 頭, 명사를 구체화 하는 접미사, 街頭(가두), 念頭(염두)

○한 줄기의 청산에 경치가 그윽한데,
앞사람의 밭과 토지를 뒷사람이 거두는 구나.

뒷 사람은 거두어들이는 것을 기뻐하지 말라,
다시 거두어들일 사람이 그 뒤에 있느니라.

42 이유 없는 큰 돈은 복이 아니라 재앙이 된다

蘇東坡曰
無故而得千金이면 不有大福이라 必有大禍니라

○<명심보감, 성심편 하>
蘇東坡(소동파), 북송 때의 문인으로 이름은 식(軾)이고 호는 동파(東坡): 故 연고 고

○소동파가 말하였다,
"아무런 까닭 없이 천금을 얻으면
큰 복이 있는 것이 아니라 반드시 큰 재앙이 있느니라."

43 남에게 피해를 주면 그것이 곧 재앙을 불러 온다

康節邵先生曰
有人來問卜하되 如何是禍福고
我虧人是禍요 人虧我是福이니라

○<명심보감, 성심편 하>
卜 점칠 복: 虧 이지러질 휴

○강절소 선생이 말하였다,
"어떤 사람이 나에게 와서
무엇이 화이고 복인고 하고 묻자,

내가 남에게 손해를 끼치면 화이고,
남이 나에게 손해를 끼치는 것이 복이니라."

44 덕없이 큰일을 하고자 하는 사람은 화를 당한다

易曰
德微而位尊하고 智小而謀大면
無禍者鮮矣니라

○<명심보감, 성심편 하>
易(역), 주역(周易)을 말함, 서주(西周)시대 사물의 변화에 대하여 서술한 책으로 역경(易經)이라고도 함: 微 작을 미: 尊 높을 존: 鮮 드물 선

○주역에 이르기를,
"덕이 적고 지위가 높으며 지혜가 적고 꾀함이 큰 사람들 중에 화가 없는 사람은 드물다."

45 처음과 끝을 항상 한결 같이 하여라

說苑曰
官怠於宦成하고 病加於小愈하며
禍生於懈惰하고 孝衰於妻子니
察此四者하여 愼終如始니라

○<명심보감, 성심편 하>
說苑(설원), 한나라 때 유향(劉向)이 편찬한 책: 宦 벼슬 환: 怠 게으를 태: 愈 나을 유,: 懈 게으를 해: 惰 게으를 타: 愼 삼갈 신

○설원에 이르기를,
"관리는 지위가 높아지는 데서 게을러지고,
병은 조금 나아지는 데서 더하여 지며,

재앙은 게으른 데서 생기고,
효도는 처자를 보살피는 데서 약해진다.

이 네 가지를 살펴서
삼가 처음에 지녔던 본 마음을 간직한 채 마쳐야 할 것이다."

46 아무리 좋은 것도 모든 사람을 전부 만족시킬 수는 없다

羊羹이 雖美나 衆口는 難調니라

○<명심보감, 성심편 하>
羹 국 갱: 雖 비록 수: 調 고를 조

○양고기 국이 비록 맛있으나,
여러 사람의 구미에 고르게 맞추기는 어려우니라.

47 지혜로운 사람은 혼탁한 세상을 헤쳐 나간다

益智書云
白玉은 投於泥塗라도 不能汚穢其色이요
君子行於濁地라도 不能染亂其心하나니
故로 松栢은 可以耐雪霜이요
明智는 可以涉危難이니라

○<명심보감, 성심편 하>
益智書(익지서), 송(宋)나라 때에 만들어진 교양서: 泥 진흙 니: 塗 바를 도: 穢 더러울 예: 濁 흐릴 탁: 染 물들일 염: 栢 측백나무 백: 霜 서리 상: 涉 건널 섭

○익지서에 이르기를,
"백옥은 진흙 속에 던져 져도
그 색이 더럽혀지지 않으며,

군자는 혼탁한 곳에 가더라도
그의 마음이 더럽히거나 어지럽게 되지 않는다.

따라서 송백은 눈과 서리를 견디어 낼 수 있고,
밝은 지혜는 어렵고 위급함을 겪어낼 수 있는 것이다."

48 조심하는 사람에게는 어떠한 재앙도 오지 않는다

太公曰
日月이 雖明이나 不照覆盆之下하고
刀刃이 雖快나 不斬無罪之人하고
非災橫禍는 不入愼家之門이니라

○<명심보감, 성심편 하>
覆 엎을 복, 덮을 부, 여기서는 복: 盆 동이 분, 花盆(화분): 刃 칼날 인: 斬 벨 참, 斬首 참수: 災 재앙 재: 橫 가로 횡, 빗길 횡

○태공이 말하였다.
"해와 달이 비록 밝으나
엎어 놓은 동이 속을 비출 수는 없으며,

칼이 비록 잘 들기는 하지만
죄 없는 사람을 베지는 못한다.

> 그릇된 재앙과 뜻하지 않은 화는
> 항상 조심하는 집의 문에는 들어오지 못한다."

49 자기가 원하지 않는 것을 남에게 요구하지 말라

性理書云
接物之要는
己所不欲을 勿施於人하고
行有不得이어든 反求諸己니라

○<명심보감, 성심편 하>
性理書(성리서), 3장(1) 참조: 接 접할 접: 物 물건 물: 要, 명사로 긴요한 것: 諸 어조사 저

> ○성리서에 이르기를,
> "다른 사람을 대할 때의 요체는,
>
> 자기가 하고 싶지 않는 것을
> 남에게 하도록 하지 않는 것이요,
>
> 행하고도 얻지 못하는 것이 있거든
> 돌이켜 자신에게서 원인을 구해야 한다."

50 사람이 해야 할 여섯 가지의 근본 도리가 있다

子曰
立身有義하니 而孝爲本이요
喪紀有禮하니 而哀爲本이요
戰陣有列하니 而勇爲本이요
治政有理하니 而農爲本이요
居國有道하니 而嗣爲本이요
生財有時하니 而力爲本이니라

○<명심보감, 입교편>
立身(입신), 세상에 출세하여 이름을 높이거나 영달함: 戰陣(전진), 전쟁을 하기 위해 벌여 놓은 진(陣)이나 전쟁터

○공자께서 말씀하셨다.
"입신에는 의가 있으니 효가 근본이 되고,
상과 제사에는 예가 있으니 슬픔이 근본이 되고,

싸움터에는 항렬(行列)이 있으니 용맹이 근본이 되며,
나라를 다스림에는 이치가 있으니 농사가 근본이 되고,

나라를 지키는 데는 도가 있으니 후사가 그 근본이 되며,
재물을 생산하는 데에는 때가 있으니 노력이 근본이 된다."

51 작은 선행도 하찮게 여기지 말라

周易曰
善不積이면 不足以成名이요
惡不積이면 不足以滅身이어늘
小人은 以小善으로 爲无益而弗爲也하고
以小惡으로 爲无傷而弗去也니라
故로 惡積而不可掩이요 罪大而不可解니라

○<명심보감, 증보편>
周易(주역), 역경(易經), 9장(44) 참조: 弗 아니 불: 无, 無의 古字: 去 갈 거, 버릴 거: 掩 가릴 엄

○주역에 이르기를,
"선을 쌓지 않으면
족히 이름을 이룰 수 없을 것이요,

악을 쌓지 않으면
족히 몸을 망치지 않을 것이거늘,

소인은 조그마한 선으로서는 이로움이 없다고 여겨
행하지 않으며,
조그마한 악은 해로움이 없다고 여겨 버리지 않는다.

그러므로 악이 쌓여서 가릴 수 없을 것이며,
죄가 커져서 풀 수 없게 될 것이다."

52 악연은 하루 아침에 이루어진 것이 아니다

履霜하면 堅氷至하나니
臣弑其君하며 子弑其父는 非一朝一夕之事라
其所由來者漸矣니라

○<명심보감, 증보편>
履 신 리, 밟을 리: 弑 웃 사람을 죽일 시, 弑害 시해: 旦 아침 단, 元旦원단: 漸 점점 점

> ○서리를 밟으면 얼음이 된다 하니,
> 신하가 그 임금을 죽이며 자식이 그 아비를 죽이는 것이
> 하루 아침 이나 하루 저녁의 일이 아니라,
> 그 유래한 것은 점차로 그렇게 된 것이다.

53 아첨은 인이 아니다

子曰
巧言令色이 鮮矣仁이니라

○<논어, 학이편 3장>
巧言(교언), 듣기 좋게 꾸민 말: 令色, 아양 떠는 좋은 안색

○공자께서 말씀하셨다.
"남이 듣기 좋게 말을 꾸며하거나,
남이 보기에 좋도록 표정을 꾸며 환심을 사려는 사람은
진실로 어진 사람이 적다."

54 군자의 태도

子曰
君子不重則不威니 學則不固니라
主忠信하며 無友不如己者요
過則勿憚改니라

○<논어, 학이편 8장>
威 위엄 위: 固 견고할 고: 憚 꺼릴 탄

○공자께서 말씀하셨다.
"군자가 인품이나 행동이 후중(厚重)하지 않으면
위엄이 없고 배워도 견고하지 못하다.

충성과 신의를 중히 하여야 하며,

자기만 못한 사람을 벗 삼으려 하지 말고,
잘못한 것이 있으면 꺼리지 말고 고쳐야 한다."

55 군자와 소인

子曰
君子는 周而不比하고
小人은 比而不周니라

○<논어, 위정편 14장>
比 친할 비, 결탁할 비

> ○공자께서 말씀하셨다.
> "군자는 두루 공평하며 사랑하고 편당적이지 않고,
> 소인들은 넓고 공평하지 못하며 두루 사랑하지 못한다"

56 아첨과 용감

子曰
非其鬼而祭之 諂也
見義不爲 無勇也니라

○<논어, 위정편 24장>
鬼 귀신 귀: 祭 제사 제: 諂 아첨할 첨

> ○공자께서 말씀하셨다.
> "내가 모셔야 할 신도 아닌데
> 무턱대고 제사 지내는 것은 아첨이다.

의로운 일을 보고서도
나서서 실천하지 않는 것은 용기가 없는 것이다."

57 예의는 형식보다 실질을

子曰
禮는 與其奢也론 寧儉이요
喪은 與其易也론 寧戚이니라

○<논어, 팔일편 4장>
奢 사치할 사: 戚 슬플 척

○공자께서 말씀하셨다.
"예는 밖으로 화사하게 꾸미는 것보다는
실질적으로 검소하여야 하고,

상례는 형식적으로 잘 갖추기 보다는
진심으로 슬퍼하여야 한다."

58 이익만 꾀하면 원망을 산다

子曰
放於利而行이면 多怨이니라

○<논어, 이인편 12장>
利 이로울 리: 放 따를 방, 의거하다: 怨 원망할 원

> ○공자께서 말씀하셨다.
> "이익만을 바라고 행동하면
> 남에게 원망을 많이 받게 될 것이다."

59 오직 실력을 기르라

子曰
不患無位요 患所以立하며
不患莫己知요 求爲可知也니라

○ <논어, 이인편 14장>
患所以立(충소이립), 서는 방법을 걱정하다

> ○공자께서 말씀하셨다.
> "지위가 없음을 걱정하지 않고
> 지위에 올라설 수 있을 만한 능력을 걱정하여야 한다.
>
> 남이 나를 몰라준다고 걱정하지 말고
> 남에게 알려질 만한 일을 하고자 힘써라."

60 군자는 정의를 밝힌다

子曰
君子는 喩於義하고
小人은 喩於利니라

○<논어, 이인편 16장>
喩 깨달을 유, 밝히다

○공자께서 말씀하셨다.
"군자는 의를 앞세워 밝히고,
소인은 자기의 이익만을 밝힌다."

61 선을 보면 따르고 악을 보면 반성하라

子曰
見賢思齊焉하며 見不賢而內自省也니라

○<논어, 이인편 17장>
齊 가지런할 제, 같음: 內自省(내자성), 자기 마음속으로 스스로 반성함

○공자께서 말씀하셨다.
"훌륭한 사람을 보면
그와 같이 되기를 생각하고,

> 훌륭하지 못한 사람을 보면
> 나도 혹 나쁜 점이 있지 않나 스스로 자신을 돌아본다."

62 두가지 수치

子曰
巧言令色足(주)恭을
左丘明이 恥之러니 丘亦恥之하노라
匿怨而友其人을 左丘明이 恥之러니
丘亦恥之하노라

○<논어, 공야장편 24장>
足 지나칠 주: 左丘明(좌구명), 노(魯)나라의 대사(大史)로 알려짐; 匿 숨을 익, 마음속 깊이 숨기다: 丘, 공자

> ○공자께서 말씀하셨다.
> "겉으로 말을 꾸미고 안색을 부드럽게 하고,
> 지나치게 공손 하는 척하는 태도를
>
> 좌구명이 수치스럽게 여겼거니와
> 나도 또한 수치스럽게 어긴다.
>
> 또 속의 원한을 감추고 다정한 척 하는 것을
> 좌구명이 수치스럽게 여겼는데
> 나도 또한 수치스럽게 여긴다."

제10장

생활의 지혜 <2>

내면적인 면이 겉모양인 형식보다 뛰어나면 야속(野俗)하고, 외형적인 형식미가 내면적인 면보다 뛰어나면 내용은 없고 밖으로 간사하게 된다. 따라서 내면적인 실질과 외면적인 형식이 서로 잘 어울려야 군자답다고 할 수 있다.

<논어, 옹야편 16장>

<<요지>>

1. 내면적과 외형적
2. 넓게 배우되 예로서 예약하라
3. 중용의 실천
4. 나는 옛 것을 전달할 뿐이다
5. 교만보다는 고루함이 낫다

6. 군자는 편하고 소인은 근심한다
7. 예와 군자의 감화
8. 군자가 실천해야 할 사항
9. 어떻게 할 수 없는 사람
10. 공자가 금하고 있는 네 가지 일

11. 공자의 학덕
12. 공자께서 한일
13. 후배를 두려워하라
14. 지조는 뺏을 수 없다
15. 송백의 절개

16. 군자 섬기기 쉽고, 소인 섬기기는 어렵다
17. 군자와 소인
18. 덕은 덕으로 갚으라
19. 군자가 피해야할 네 가지 일
20. 닭을 잡는데 소 잡는 칼을 쓸 필요가 없다

21. 시의 힘
22. 예악의 본질
23. 가식은 도둑과 같다
24. 속(俗)에 아부하면 덕의 도둑이 된다
25. 좋은 말을 들으면 깊이 음미하라

26. 결점도 악화된다
27. 군자가 미워하는 것
28. 무위도식은 사람 구실을 못한다
29. 군자도 미워하는 것이 있다
30. 소인은 잘못하면 반드시 변명하려고 한다

31. 군자의 세가지 변화
32. 덕과 융통성
33. 군자가 잘하고 못하는 것은 남들이 모두 본다
34. 군자는 천명과 예와 말을 알아야 한다
35. 참다운 대장부

36. 옳은 일이면 내일로 미루지 말아라
37. 윗사람의 신임을 얻는 방법
38. 마음이 올바르면 그 눈동자가 맑고 밝다
39. 예와 권도(權道)의 구분
40. 남의 칭찬이나 비방에 개의치 말아라

41. 사람들의 병폐
42. 자기보다 못한 사람을 길러야 한다
43. 대인의 길
44. 대인은 동심을 지킨다
45. 근원이 있는 물은 마르지 않는다

46. 자기를 굽히고는 천하를 곧게 할 수 없다
47. 우환 속에서 단련을 받으면 훌륭해지고 안락 속에서 태만하면 멸망한다
48. 단순한 이치 두 가지
49. 환란과 고초를 겪은 후 사리에 통달할 수 있다
50. 사람의 등급에는 네 가지가 있다

51. 군자의 세 가지 즐거움
52. 위대한 빛은 틈바구니 까지도 비춘다
53. 한 가지 주장을 고집하면 정도를 잃는다
54. 군자는 형식적인 것을 싫어한다
55. 남고 모자라는 것은 따르지 말고 중용을 지켜라

56. 군자가 처세하는 순서와 한계
57. 좋은 책도 사리에 어긋나는 부분이 있다
58. 군자는 명예를 존중한다
59. 남의 비방에 관심을 두지 말라

≪본문≫

01 내면적과 외형적

子曰
質勝文則野요 文勝質則史니
文質이 彬彬然後에 君子니라

○<논어, 옹야편 16장>
史, 실질적인 내용 없이 성실성이 부족 한 것: 君子, 명사가 형용사로 전용됨: 彬彬(빈빈), 문과 질이 잘 어울린 것: 彬 빛날 빈

> ○공자께서 말씀하셨다.
> "내면적인 면이 겉모양인 형식보다 뛰어나면
> 야속(野俗)하고,
>
> 외형적인 형식미가 내면적인 면보다 뛰어나면
> 내용은 없고 밖으로 겉치레만 있게 된다.
>
> 따라서 내면적인 실질과 외면적인 형식이
> 서로 잘 어울려야 군자답다고 할 수 있다."

02 넓게 배우되 예로서 예약하라

子曰
君子博學於文이요 約之以禮면

亦可以弗畔矣夫인저

○<논어, 옹야편 25장>
畔 두둑 반: 不畔(불반), 不背(불배), 어긋나지 않는다

> ○공자께서 말씀하셨다.
> "군자가 학문을 넓게 배우고,
> 예로서 자기의 몸가짐이나 처신을 절제한다면,
>
> 정도에 어긋나지 않을 수 있을 것이다."

03 중용의 실천

子曰
中庸之爲德也 其至矣乎인저 **民鮮**이 **久矣**니라

○<논어, 옹야편 27장>

> ○공자께서 말씀하셨다.
> "치우치지도 지나치지도 않고 모자라지도 않는
> 언제나 한결같이 올바르고 적절한 중용은
>
> 바로 누구나 실천해야 할 최고의 덕이거늘,
> 사람들은 너무나 오래도록 이를 소홀히 하고 있다."

04 나는 옛 것을 전달할 뿐이다

子曰
述而不作하며 信而好古를
竊比於我老彭하노라

○<논어, 술이편 1장>
竊 훔칠 절: 老彭(노팽), 상(商)나라의 대부

○공자께서 말씀하셨다.
"나는 옛 성인들이 창작한 문물과 제도를 전술할 뿐 새로운 것을 지어내지 않았으며,

옛 것을 믿고 좋아했을 뿐이다.
따라서 나를 마음속으로 우리 노팽에 비교해보기도 한다."

05 교만보다는 고루함이 낫다

子曰
奢則不孫하고 儉則固니
與其不孫也론 寧固니라

○<논어, 술이편 35장>
奢 사치할 사: 孫 공손할 손

> ○공자께서 말씀하셨다.
> "사치스러우면 남에게 공손하지 못하고,
> 반대로 지나치게 검소면 고루하기 쉽다.
>
> 그러나 사치스러우며 공손하지 못하기보다는
> 차라리 검소하며 고루한 편이 낫다."

06 군자는 편하고 소인은 근심한다

子曰
君子는 坦蕩蕩이요 小人은 長戚戚이니라

○<논어, 술이편 36장>
坦 평탄할 탄: 蕩 넓을 탕: 戚 근심할 척

> ○공자께서 말씀하셨다,
> "군자는 마음이 편하여 여유가 있고,
> 소인은 늘 근심하고 걱정스럽게 지낸다."

07 예와 군자의 감화

子曰
恭而無禮則勞하고 愼而無禮則葸(시)하고
勇而無禮則亂하고 直而無禮則絞니라

君子 篤於親이면 則民興於仁하고
故舊를 不遺면 則民不偸니라

○<논어, 태백편 2장>
禮, 모든 행동의 효율을 높이기 위하여 문화적으로 미화 한 것: 葸 두려워할 시: 恭 공손할 공: 絞 급할 교: 不遺(불유), 버리지 않음: 偸 박할 투

○공자께서 말씀하셨다,
"공손하기만 하고 예와 절도가 없으면
수고롭고 초라해 보이게 되고,

신중하기만 하고 예가 없으면 두려워하게 되고,
용감하되 예가 없으면 난폭하게 되고,

강직하기만 하고 예가 없으면 너무 급하게 된다.

윗자리에 있는 사람이 몸소 부모에게 몸소 효도하면
백성들 사이에도 인덕의 기풍이 일어나고,

옛날 친구를 잊지 않고 아끼면
백성들의 기풍도 야박해지지 않게 된다."

08 군자가 실천해야 할 사항

曾子曰
以能으로 問於不能하며 以多로 問於寡하며
有若無하며 實若虛하며 犯而不校니라

○<논어, 태백편 5장>
以能, 능력이 있으면서: 問於不能, 자기보다 재능이 없는 사람에게 물음: 多, 학식이 많음: 寡, 과문 함: 校, 報의 뜻

○증자가 말하였다.
"재능이 있는 사람으로서
재능이 없는 사람에게도 물어보고,

학식이 많은 사람이면서도
학식이 적은 사람에게도 물어본다.

도를 지니고 있는 데도 없는 듯 하고,
덕이 있으면서도 텅 빈 듯 겸손하며,

다른 사람이 자신의 마음을 거슬러도 따지고 다투지 않는다."

09 어떻게 할 수 없는 사람

子曰
狂而不直하며 侗而不愿하며
悾悾而不信을 吾不知之矣로다

○<논어, 태백편 16장>
侗 미련할 동: 愿 삼갈 원: 悾 무식할 공

○공자께서 말씀하셨다.
"열광적이면서 정직하지 않고,
무지하면서 성실하지 않고,

무능하면서 신의가 없는 사람은
나로서도 어찌해야 좋을지 모르겠다."

10 공자가 금하고 있는 네 가지 일

子絶四하시니
毋意 毋必 毋固 毋我러시다

○<논어, 자한편 4장>
絶 끊을 절: 毋 없을 무(無)

○공자께서는 철저히 금하고 있는 일이
네 가지 있으니,

사사로이 자기 뜻대로 결정하지 않으셨고,
틀림없이 그렇다고 단언하지 않으셨다.

고집을 세우지 않으시고,
아집을 부리는 일이 없으셨다.

11 공자의 학덕

顔淵이 喟然歎曰
仰之彌高하며 鑽之彌堅하며
瞻之在前이러니 忽焉在後로다
夫子 循循然善誘人하사
博我以文하시고 約我以禮하시니라
欲罷不能하여 旣竭吾才하니
如有所立이 卓爾라
雖欲從之나 末由也已로다

○<논어, 자한편 10장>
顔淵(안연), 공자의 제자, 1장(12) 참조: 喟 한숨 쉴 위: 喟然, 탄식함:
彌 더할 미: 鑽 뚫을 찬: 瞻 볼 첨

○안연이 감탄하며 말했다.
"선생님(공자)의 도는
우러러 보면 더욱 높게 보이고 뚫을수록 더욱 견고하며,
앞에 보이시는 듯하다 홀연히 뒤에 가 계시다.

선생님께서는 사람을 차근차근 잘 이끄셔서
문으로 지식을 넓혀주시고, 예로서 행동을 절제해주시니,
그만두려 해도 그만 둘 수가 없어,

나의 재능을 다 하니 선생님의 도가
마치 앞에 우뚝 솟아 있는 것 같다.

그리하여 비록 그것을 따라 가려 해도 따라 갈 길이 없도다."

12 공자께서 한일

子曰
出則事公卿하고 入則事父兄하며
喪事를 不敢不勉하며
不爲酒困이 何有於我哉오

○<논어, 자한편 15장>
卿 벼슬 경

○공자께서 말씀하셨다.
"조정에 나가서는
공경(公卿)같은 윗사람을 잘 섬기고,

집안에서는 부모와 형제를 섬기며,
장례는 온갖 정성을 다 기울여 치르고,

술로 인하여 문란해지지 않는다.
이중에 어느 것이 나에게 갖추어져 있는가?"

13 후배를 두려워하라

子曰
後生이 可畏니
焉知來者之不如今也리오
四十五十而無聞焉이면 斯亦不足畏也已니라

○<논어, 자한편 22장>
畏 두려워 할 외

> ○공자께서 말씀하셨다.
> "젊은 후배들을 두려워해야 하느니,
> 장래의 그들이 오늘의 우리만 못하리라고 할 수 있겠는가?
> 그러나 40, 50이 되어도 이름이 나지 않으면
> 역시 두려워 할 것이 없느니라."

14 지조는 뺏을 수 없다

子曰
三軍은 可奪帥也어니와 匹夫는 不可奪志也니라

○<논어, 자한편 25장>
三軍, 대군으로 1군은 12,500 명임: 帥 대장, 총 지휘관

> ○공자께서 말씀하셨다.
> "삼군의 대군 가운데 장수는 빼앗을 수 있으나,
> 평범한 사람이라도 그 뜻을 빼앗을 수는 없다."
> (삼군의 용맹은 남에게 달려있고 필부의 뜻은 자신에게 있기 때문임)

15 송백의 절개

子曰
歲寒然後에 知松栢之後彫(凋)也니라

○<논어, 자한편 27장>
歲寒(세한), 大寒之歲(대한지세): 彫 새길 조, 凋 와 같음

○공자께서 말씀하셨다.
"한겨울 날씨가 추워진 뒤에야
소나무와 잣나무가 뒤늦게 시든다는 것을 알 수 있다."
(사람도 어려운 일을 당해봐야 그 사람됨을 알 수 있다.)

16 군자 섬기기는 쉽고, 소인 섬기기는 어렵다

子曰
君子는 易事而難說(열)也니 說之不以道면 不說也요
及其使人也하여는 器之니라
小人은 難事而易說也니 說之雖不以道라도 說也요
及其使人也하여는 求備焉이니라

○<논어, 자로편 25장>
君子(군자), 윗자리에 있는 유덕한 사람: 器之(기지), 기량과 직능에 맞게 사람을 씀: 求備(구비), 모든 재질이 완비되기를 요구함

○공자께서 말씀하셨다.
"군자는 섬기기는 쉬워도 기쁘게 하기는 어려우니,
바른 도리가 아닌 방법으로 기쁘게 해도
기뻐하지 않는다.

그가 사람을 쓸 때에는 재능과 기량에 맞게 쓴다.

소인은 섬기기는 어려워도 기쁘게 하기는 쉽다.
도에 맞지 않는 방법으로 기쁘게 해주어도 그는 기뻐한다.

그가 사람을 쓸 때에 한 사람에게
모든 재질이 갖추어지기를 요구 한다."

17 군자와 소인

子曰
君子는 泰而不驕하고
小人은 驕而不泰니라

○<논어, 자로편 26장>
泰 태연힐 티: 驕 교만할 교

○공자께서 말씀하셨다.
"군자는 태연하되 교만하지 않고,
소인은 교만하되 태연하지 못하다."

18 덕은 덕으로 갚으라

或曰以德報怨이 何如 하니잇고
子曰
何以報德고 以直報怨이요 以德報德이니라

○<논어, 헌문편 36장>

○어떤 사람이
"은덕으로서 원망함(원한) 보답하는 것이 어떻습니까?"라고 묻자, 공자께서 말씀하셨다.
"그렇다면 무엇으로 은덕에 보답하겠느냐?
악함이나 원한에는 강직함으로 갚고,
은덕에는 은덕으로 보답해야 한다."

19 군자가 피해야할 네 가지 일

子曰
賢者는 辟(避)世하고 其次辟地하고
其次는 辟色하고 其次는 辟言이니라

○<논어, 헌문편 39장>
辟 피할 피, 避(피)와 같은 뜻, 피하다

○공자께서 말씀하셨다.
"현명한 사람은
바르지 않은 세상을 피하여 은둔하고,

그 다음 사람은
바르지 않은 지역을 피하여 다른 지역으로 가버린다.

그 다음 사람은
바르지 않은 안색을 피하여 다른 데로 가버리고,

다음 사람은
바르지 않은 말을 피하여 다른 데로 가버린다."

20 닭을 잡는데 소 잡는 칼을 쓸 필요가 없다

子之武城하사 聞弦歌之聲하시다
夫子
莞爾而笑曰 割鷄에 焉用牛刀리오
子游 對曰
昔者에 偃也 聞諸夫子하니 曰君子學道則愛人이요
小人이 學道則易使也라하이다
子曰
二三者아 偃之言이 是也니 前言은 戱之耳니라

○<논어, 양화편 4장>
자유(子游), 공자의 제자, 5장(18) 참조: 莞 웃을 완, 莞爾(완이), 방긋이 미소 짓는다: 偃 쓰러질 언, 자유의 이름: 二三者 너희들: 割鷄焉用牛刀

(할계언용우도), 닭을 잡는데 어찌 소 잡는 칼을 쓰느냐

○공자께서 무성에 가셔서 예악이 울리는 소리를 듣고 빙그레 웃으며
"닭을 잡는데 어찌 소 잡는 큰 칼을 쓰느냐?"
하고 말씀하셨다.

이에 무성의 읍재로 있는 자유가 대답하여 말했다.
"전에 제가 선생님에게 들었습니다.

'군자가 도를 배우면 백성을 사랑하게 되고, 백성이 도를 배우면 온화하게 되므로 부리기 쉽다'
고 하셨습니다.'

그러자 공자께서 말씀하셨다.
"애들아 언의 말이 옳다. 아까 한 말은 농담이었다."
(능력 있는 자유가 무성같은 작은 성읍을 다스리는 것을 개탄하여 말씀한 것임)

21 시의 힘

子曰
小子는 何莫學夫詩오
詩는 可以興이며 可以觀이며
可以群이며 可以怨이며
邇之事父며 遠之事君이요
多識於鳥獸草木之名이니라

○<논어, 양화편 9장>
詩(시), 시경을 말함: 邇 가까울 이

○공자께서 말씀하셨다.
"그대들은 왜 시를 공부하지 않느냐?
시는 사람에게 자연의 변화를 느끼는 감흥을 일으켜
사람의 마음을 감동하게 할 수 있고,

모든 사물을 보게 하고,
대중과 어울려 바르게 화합하게 하여주며,
또한 위정자의 잘못을 노여워하지 않고 비판하는 것이다.

가깝게는 어버이를 섬기고 나아가서는
임금을 섬기는 도리를 시에서 배울 수 있으며,
시로서 새나 짐승 풀 나무들의 이름도 많이 알게 될 것이다"

22 예악의 본질

子曰
禮云禮云이나 玉帛云乎哉아
樂云樂云이나 鐘鼓云乎哉아

○<논어, 양화편 11장>

○공자께서 말씀하셨다.
"사람들이 예라고 말하는 것은

구슬이나 비단 같은 형식적인 도구만을 가리키는 것이겠느냐?
(예의 근본으로 공경과 겸양하는 마음을 가져야 한다)

또 음악이라고 함은 종이나 북 같은 악기만을
두고 하는 말이겠느냐?
(마음속의 화락이 참된 음악일 것이다)

23 가식은 도둑과 같다

子曰
色厲而內荏을 譬諸小人컨대
其猶穿窬(천유)之盜也與인저

○<논어, 양화편 12장>
厲 엄할 려: 荏 유약할 임: 穿 뚫을 천: 窬 넘을 유

○공자께서 말씀하셨다.
"외양은 위엄 있게 꾸몄으나
속이 약하고 비겁한 사람을 소인에 비유하면
남의 벽이나 뚫고 담을 넘는 도둑과 같으니라."

24 속(俗)에 아부하면 덕의 도둑이 된다

子曰 鄕原(愿)德之賊也니라

○<논어, 양화편 13장>
鄕(향), 鄙俗(비속)의 뜻, 鄙 더러울 비: 鄕原(향원), 속인들의 마을

> ○공자께서 말씀하셨다.
> "비속한 사람들 틈에서 의리를 지킨다고 칭송받는 사람은
> 결국 큰 덕을 해치는 사람이다."

25 좋은 말을 들으면 깊이 음미하라

子曰
道聽而塗說이면 德之棄也니라

○<논어, 양화편 14장>
塗 길 도, 途와 같은 자

> ○공자께서 말씀하셨다.
> "바른 도리라 할지라도 길가에서 듣고
> (가슴속에 지니고 깊이 음미하거나 실천함이 없이)
> 그것을 길가에서 떠들고 잊어버리는 것은
> 덕을 버리는 것이다."

26 결점도 악화된다

子曰
古者 民有三疾이러니 今也或是之亡(無)也로다
古之狂也肆러니 今之狂也는 蕩이오
古之矜也廉이러니 今之矜也는 忿戾요
古之愚也直이러니 今之愚也는 詐而已矣로다

○<논어, 양화편 16장>
疾 병 질: 狂 미칠 광: 肆 방자할 사: 蕩 쓸어버릴 탕: 忿 성낼 분: 戾 어그러질 려: 詐 속일 사

○공자께서 말씀하셨다.
"옛 사람들은 세 가지 병폐를 가지고 있었으나
오늘에는 그것마저 없어진 것 같다.

옛날의 경망한 사람은 자유분방 하여
작은 일에 구애되지 않았는데
지금의 경망한 사람은 허랑방탕한다.

옛날의 긍지가 센 사람은 청렴하여 위엄이 있었는데
지금의 긍지가 센 사람은 화를 잘 내고 거세다.

옛날의 어리석은 사람은 우직했는데
지금의 어리석은 사람은 속임수로 그럴 뿐이다."
(옛날 보다 더 못해진 도덕 수준을 개탄한 말)

27 군자가 미워하는 것

子曰
惡(오)紫之奪朱也하며
惡鄭聲之亂雅樂也하며
惡利口之覆(복)邦家者하노라

○<논어, 양화편 18장>
覆 뒤집힐 복

○공자께서 말씀하셨다.
"잡색인 자주 빛이
원색인 붉은 빛을 가려 없애는 것을 미워하며,

정나라의 음란한 음악이
바른 아악을 문란케 하는 것을 미워하며,

말을 교묘하고 민첩하게 잘하는 자의 말이
나라를 뒤엎어 놓는 것을 미워한다."

28 무위도식은 사람 구실을 못한다

子曰
飽食終日하여 無所用心이면 難矣哉라
不有博奕(혁)者乎아 爲之猶賢乎已니라

○<논어, 양화편 22>

博 넓을 박, 노름하다: 奕 클혁: 博奕(박혁), 장기와 바둑

○공자께서 말씀하셨다.
"하루 종일 배불리 먹기만 하고
마음 쓰는 데가 없으면 참으로 딱하다.
장기나 바둑이 있지 않느냐?
차라리 그런 것이라도 하는 것이 안하는 것보다는 낫다."

29 군자도 미워하는 것이 있다

子貢曰
君子亦有惡(오)乎잇가
子曰
君子 有惡(오)하니
惡稱人之惡(악)者하며 惡居下流而訕上者하며
惡勇而無禮者하며 惡果敢而窒者니라

○<논어, 양화편 24장>
子貢(자공), 공자의 제자, 4장(3) 참조: 訕 헐뜯을 산: 謗 비방할 방: 窒 막을 질: 徼 살필 요: 訐 들추어 낼 알

○자공이 묻기를 "군자도 미워함이 있습니까?"
공자께서 말씀하셨다.
"군자도 미워하는 것이 있다.
남의 잘못을 말하는 것을 미워하고,

아랫사람이 윗사람을 비방하는 것을 미워한다.

용기만 있고 예절을 가리지 못하는 것을 미워하고,
과감하기만 하고 융통성이 없는 것을 미워한다."

30 소인은 잘못하면 반드시 변명하려고 한다

子夏曰
小人之過也는 必文이니라

○<논어, 자장편 8장>
子夏(자하), 공자의 제자, 3장(37) 참조: 文 꾸밀 문

○자하가 말하였다.
"소인들은 잘못을 하면
겉으로 그럴 듯하게 꾸며 속이려고 한다."

31 군자의 세가지 변화

子夏曰
君子有三變하니
望之儼然하고 卽之也溫하고
聽其言也厲니라

○<논어, 자장편 9장>
厲 엄할 려

> ○자하가 말하였다.
> "군자의 태도는 세 가지로 다르게 나타난다.
> 외모를 보면 근엄하고, 가까이 하면 온화하고,
> 말을 들어보면 바르고 명확하다."

32 덕과 융통성

子夏曰
大德이 不踰閑이면
小德은 出入이라도 可也니라

○<논어, 자장편 11장>
踰 넘을 유: 閑 울타리 한

> ○자하가 말하였다.
> "기본적인 큰 덕행의 범위를 벗어나지 않으면,
> 사소한 행동은 약간의 융통성이 있어도 무방하다."

33 군자가 잘하고 못하는 것은 남들이 모두 본다

子貢曰
君子之過也는 如日月之食焉이라
過也에 人皆見之하고 更(경)也에 人皆仰之니라

○<논어, 자장편 21장>
食 먹힐 식: 更 고칠 경: 見之, 본다, 눈에 보인다

○자공이 말하였다.
"군자의 잘못은 일식이나 월식 같아
남들의 눈에 뜨이게 된다.

그러나 잘못이 있으면 곧 고치므로
남들이 모두 우러러 보게 된다."

34 군자는 천명과 예와 말을 알아야 한다

子曰
不知命이면 無以爲君子也요
不知禮면 無以立也요
不知言이면 無以知人也니라

○<논어, 요왈편 3장>
命, 天命을 말함: 立 사회에 섬

○공자께서 말씀하셨다.
"천명을 알지 못하면 군자가 될 수 없고,
예를 알지 못하면 세상에 나설 수 없다.

다른 사람의 말을 잘 알아듣지 못하면
그 사람됨을 알 수 없다."

35 참다운 대장부

孟子曰
居天下之廣居하며 立天下之正位하며
行天下之大道하여 得志하여는 與民由志하고
不得志하여는 獨行其道하여
富貴不能淫하며 貧賤不能移하며 威武不能屈이
此之謂大丈夫니라

○<맹자, 등문공장구 하 2장>
 由 행할 유: 淫 음탕할 음

○맹자께서 말씀하셨다.
"천하라는 넓은 집인 인(仁)에 살고,
천하의 올바른 자리인 예(禮)에 서며,

천하의 큰 도리인 의(義)를 실천하여,
뜻을 이루면 백성과 함께 더불어 도를 행하고,

> 뜻을 이루지 못하면 홀로 그 도를 행하며,
> 부귀가 마음을 혼란하게 하지 못하게 하고,
> 가난하고 천해도 자기의 뜻을 바꾸지 않으며,
> 위협과 무력도 그를 굴복시키지 못한다.
> 이런 사람을 대장부라고 한다."

36 옳은 일이면 내일로 미루지 말아라

戴盈之曰 什一과 去關市之征을 今茲未能인대
請輕之하여 以待來年然後에 已하되 何如하니 잇고
孟子曰
今有人이 日攘其鄰之雞者어늘 或告之曰
是非君子之道라한대
曰 請損之하여 月攘一雞하여 以待來年然後에 已로다
如知其非義인댄 斯速已矣니 何待來年이리오

○<맹자, 등문공장구 하 8장>
戴盈之(대영지), 송(宋)나라의 대부: 茲 이 자: 已 그만둘 이: 損 덜 손

> ○대영지가 말하였다.
> 10분의 1을 세금으로 징수하는 정전법(井田法)과
> 관문과 시장에서의 징세를 폐지하는 것은
> 금년에는 시행할 수 없으니, 징세를 경감해서
> 내년까지 기다린 후에 폐지하도록 하면 어떻겠습니까?

맹자께서 이에 대답하여 말씀하셨다.
"이제 어떤 사람이 매일 이웃의 닭을 훔치는데
어떤 사람이 그에게
'그것은 군자가 할 짓이 아니다'
라고 일러 주자,

'그러면 수효를 줄여서 한 달에 닭 한 마리씩 훔치고
내년까지 기다린 후에 그만 두도록 하겠습니다.'

라고 하는 것과 같은 것입니다.
만약에 그것이 옳지 않다면 당장에 빨리 그만둘 것이지
왜 내년까지 기다리겠습니까?"

37 윗사람의 신임을 얻는 방법

孟子曰
居下位而不獲於上이면 民不可得而治也리라
獲於上有道하니 不信於友면 弗獲於上矣리라
信於友有道하니 事親弗悅이면 弗信於友矣리라
悅親이 有道하니 反身不誠이면 不悅於親矣리라
誠身이 有道하니 不明乎善이면 不誠其身矣리라
是故로 誠者는 天之道也요 思誠者는 人之道也니라
至誠而不動者 未之有也니
不誠이면 未有能動者也니라

○<맹자, 이루장구 상 12장>
獲 얻을 획

○맹자께서 말씀하셨다.
"아래 자리에 있으면서 윗사람의 신임을 얻지 못하면
백성을 다스릴 수 없다.

윗 사람의 신임을 얻는 데에 방법이 있으니
벗들에게 신임을 얻지 못하면 윗사람에게 신임을 받지 못한다.

벗들에게 신임을 얻는 데는 방법이 있으니
어버이를 섬겨서 기뻐하지 않으면
벗들에게 신임을 얻지 못한다.

어버이를 기쁘게 하는 데는 방법이 있으니
자신을 반성하여서 정성되게하지 않은 점이 있으면
어버이를 기쁘게 하지 못한다.

자신을 정성되게 하는 데는 방법이 있으니
선을 밝히어 알지 못하면 자신을 정성되게 하지 못한다.

이러한 까닭으로 정성됨은 하늘의 도리 이고
정성되려고 생각하는 것은 사람의 도리이다.

지극히 정성됨에도 그것에 감동되지 않는 사람은
아직 없었고
정성되지 않고서 남을 감동시킨 사람도 없는 것이다."

38 마음이 올바르면 그 눈동자가 맑고 밝다

孟子曰
存乎人者 莫良於眸子하니 眸子不能掩其惡하나니

胸中이 正이면 則眸子瞭焉하고
胸中이 不正이면 則眸子眊焉이니라
聽其言也요 觀其眸子면 人焉廋哉리오

○<맹자, 이루장구 상 15장>
 眸 눈동자 모: 瞭 맑을 료: 眊 흐릴 모: 廋 숨길 수

○맹자께서 말씀하셨다.
"사람을 살피는 데는 눈동자보다 더 좋은 것이 없다.
눈동자는 자기의 악을 숨기지 못한다.

마음이 올바르면 눈동자가 맑고
마음이 올바르지 않으면 눈동자가 흐리다.

그 사람의 말을 듣고 그 눈동자를 보면
사람이 어찌 자기의 마음을 감출 수 있겠는가?

39 예와 권도(權道)의 구분

淳于髡曰 男女授受不親이 禮與잇가
孟子曰 禮也니라
曰 嫂溺이어든 則援之以手乎잇가
曰 嫂溺不援이면 是는 豺狼也니
男女授受不親은 禮也요 嫂溺이어든 援之以手者權也니라
曰 今天下溺矣어늘 夫子之不援은 何也잇고
曰 天下溺이어늘 援之以道요 嫂溺이어든 援之以手니
子欲手援天下乎아

○<맹자, 이루장구 상 17장>

淳于髡(순우곤), 제나라의 辯士(변사), 순우는 姓, 곤은 이름: 髡 머리깍을 곤: 嫂 아주머니 수: 溺 빠질 익: 援 구원할 원

○제나라의 변론가 순우곤이 물였다.
"남자와 여자가 직접 물건을 주고 받지 않는 것이 예입니까?

맹자께서 말씀하셨다.
"예입니다."

순우곤이 물었다.
"그렇다면 제수가 물에 빠지면 손으로 끌어 당겨 줍니까?"

맹자께서 말씀하셨다.
"제수가 물에 빠졌는데 끌어 당겨 주지 않는다면
그것은 이리와 같고,

남녀가 주고 받는데 직접 하지 않는 것은 예이고,
제수가 물에 빠진 것을 손으로 끌어 당겨 주는 것을
권도(임시 변통의 방법)입니다."

순우곤이 말하였다.
"지금 천하가 도탄에 빠졌는데 선생께서
끌어 당겨주시지 않는 것은 무슨 까닭 입니까?"

맹자께서 말씀하셨다.
"천하가 도탄에 빠지면 도로서 구하고,
제수가 물에 빠지면 손으로 구해주는 것이니,
자네는 천하를 손으로 구원하고자 합니까?"

40 남의 칭찬이나 비방에 개의치 말아라

孟子曰
有不虞之譽하며 有求全之毁하니라

○<맹자, 이루장구 상 21장>
虞 헤아릴 우

> ○맹자께서 말씀하셨다.
> "예상치 않은 칭찬이 있을 수도 있고,
> 온전하기를 바라다가 비방을 받을 수도 있다."

41 사람들의 병폐

孟子曰
人之患이 在好爲人師니라

○<맹자, 이루장구 상 23장>

> ○맹자께서 말씀하셨다.
> "사람의 병폐중의 하나는
> 남의 스승 노릇하기를 좋아 하는 것이다."
> (스승 되기를 좋아하면 스스로 만족하여 다시는 진전이 있지 않을 것이다)

42 자기보다 못한 사람을 길러야 한다

孟子曰
中也養不中하며 才也養不才라
故로 人樂有賢父兄也니
如中也棄不中하며 才也棄不才면
則賢不肖之相去가 其間이 不能以寸이니라

○<맹자, 이루장구 하 7장>
肖 어질 초, 닮을 초

○맹자께서 말씀하셨다.
"중용의 도를 갖춘 사람은
그렇지 못한 사람을 길러주고,

재능 있는 사람은
그렇지 못한 사람을 길러 준다.

그래서 사람들은 훌륭한 부형이 있음을 즐거워한다.

만약 중용의 도를 실천하는 사람이
그렇지 못한 사람을 길러주지 않고 버리고,

재능 있는 사람이
재능 없는 사람을 길러주지 않고 버린다면

현명한 사람과 그렇지 못한 사람의 차이가
한 치도 못될 것이다."

43 대인의 길

孟子曰
大人者는 言不必信이며
行不必果요 惟義所在니라

○<맹자, 이루장구 하 11장>
必 기필할 필: 果 결행할 과

> ○맹자께서 말씀하셨다.
> "대인은 말을 함에 반드시 믿게 하지는 않으며,
> 행한다고 반드시 과단성 있게 하지는 않는다.
> 오직 의가 있는 곳으로 따라갈 뿐이다."

44 대인은 동심을 지킨다

孟子曰
大人者는 不失其赤子之心者也니라

○<맹자, 이루장구 하 12장>

> ○맹자께서 말씀하셨다.
> "대인이란 어린 아이 때의 마음을 잃지 않은 사람이다."

45 근원이 있는 물은 마르지 않는다

徐子曰
仲尼亟(기)稱於水 曰 水哉水哉여 하시니
何取於水也시니잇고
孟子曰
原泉이 混混하야 不舍晝夜하여 盈科而後에 進하여
放乎四海하나니 有本者如是라 是之取爾시니라
苟爲無本이면 七八月之間에 雨集하여 溝澮皆盈이나
其涸也는 可立而待也니
故로 聲聞過情을 君子恥之니라

○<맹자, 이루장구 하 18장>
徐子(서자), 맹자의 제자인 서벽(徐辟), 성은 서(徐), 이름은 벽(辟): 亟 자주 기: 科 구덩이 과: 澮 도랑 회: 涸 마를 학: 聲聞(성문), 명예: 情(정), 실제

○맹자의 제자 서자가 말하였다.
"공자께서는 자주 물을 칭송하시어
물이어! 물이어! 하셨는데 물에서
어떤 점을 높이 사신 것입니까?

맹자께서 말씀하셨다.
"근원이 좋은 물은 졸졸 밤낮 없이 흘러
구덩이를 채우고 난후에 나아가 사해(四海) 도달한다.

행실에 근본이 있는 사람은 이와 같으므로
그 점을 높이 사신 것이다.

만일 근원이 없으면 7, 8월에 빗물이 모여서
크고 작은 도랑이 모두 차지만,
그물이 말라 버리는 것은 서서 기다릴 수 있을 정도로 짧다.

그래서 명성이 실제보다 지나치는 것을
군자는 부끄러워하는 것이다."

46 자기를 굽히고는 천하를 곧게 할 수 없다

(孟子曰)
吾未聞枉己而正人者也로니
況辱己以正天下者乎아
聖人之行이 不同也라
或遠或近하며 或去或不去나
歸는 潔其身而已矣니라

○<맹자, 만장장구 상 7장>
潔 깨끗할 결

○(맹자께서 말씀하셨다.)
"나는 아직 자신을 굽히고서
남을 바로잡았다는 말은 들어본 일이 없다.
하물며 자신을 욕되게 하여서 천하를 바로 잡음에는 있어서랴.

성인들의 행동은 같지 않아서,

혹은 멀리 떠나 은둔해 있기도 하고,

혹은 벼슬하여 가까이서 임금을 받들기도 하고,
떠나가 버리기도 하고, 떠나지 않고 견디기도 하지마는,

결국은 다 자기의 몸을 깨끗이 한다는데 귀결될 따름이다."

47 우환 속에서 단련을 받으면 훌륭해지고 안락 속에서 태만하면 멸망한다

(孟子曰)
人恒過然後에 能改하나니
困於心하며 衡於慮而後에 作하며 徵於色하며
發於聲而後에 喩니라
入則無法家拂士하고 出則無敵國外患者는
國恒亡이니라
然後에 知生於憂患而死於安樂也니라

○<맹자, 고자장구 하 15장>
徵 부를 징, 징험할 징: 喩 깨달을 유: 拂 떨 불, 도울 필(弼과 같음)

○(맹자께서 말씀하셨다.)
"사람들은 언제나
과오를 저지르고 난후에야 고칠 수 있고,

마음속으로 고달프고
생각에 순조롭지 못한 것이 있은 후에야 분발하며,
안색과 음성에 나타난 후에야 깨닫는다.

나라 안에서는
법도 있는 대신의 집안과 보필하는 선비가 없고,

나라 밖에서는
적국(敵國)과 외환(外患)이 없는 나라는 언제나 멸망한다.

이러한 모든 것을 살펴보면 사람은
우환 속에서 살아남고
안락한 가운데서는 멸망한다는 것을 알게 된다."

48 단순한 이치 두 가지

孟子曰
無爲其所不爲하며 無欲其所不欲이니 如此而已矣니라

○<맹자, 진심장구 상17>

○맹자께서 말씀하셨다.
"군자답게 올바르게 살아 나아가는 길은
자기가 하지 않아야 할 것을 하지 않고,

바라지 말아야 할 것을 바라지 않아야 하며,
이와 같으면 될 뿐이다."

49 환란과 고초를 겪은 후 사리에 통달할 수 있다

孟子曰
人之有德慧術知(智)者는 恒存乎疢疾이니라
獨孤臣孼子는 其操心也危하며
其慮患也深이라 故로 達이니라

○<맹자, 진심장구 상 18장>
孼 서자 얼: 疢 열병 진, 재앙 진: 疾 병 질

○맹자께서 말씀하셨다.
"덕행과 지혜와 기술과 지식이 있는 사람은
언제나 어려움 속에 있게 마련이다.

유독 외로운 신하와 서자들은
마음가짐이 편안 하지 않고 위태로우며

환난을 깊이 염려하기 때문에
지혜가 늘어 사리에 통달하게 된다."

50 사람의 등급에는 네 가지가 있다

孟子曰
有事君人者하니 事是君이면 則為容悅者也니라
有安社稷臣者하니 以安社稷為悅者也니라
有天民者하니 達可行於天下而後에 行之者也니라
有大人者하니 正己而物正者也니라

○<맹자, 진심장구 상 19장>
稷 피 직

> ○맹자께서 말씀하셨다.
> "임금을 잘 섬기는 사람이 있으니
> 임금에게 안색을 부드럽게 하고 기쁘게 해주는 사람이다.
>
> 사직을 편안하게 하는 신하가 있으니
> 사직을 편안하게 하는 것을 기쁨으로 하는 사람이다.
>
> 천하의 도리를 온전하게 하는 하늘의 백성이 있으니,
> 자기가 도달한 지위에서 자기의 소신을 행할 수 있으면
> 그것을 행하는 사람이다.
>
> 대인이 있으니 자기를 바로잡아
> 온갖 사물이 바로 되게 하는 사람이다."

51 군자의 세 가지 즐거움

孟子曰
君子有三樂이나 而王天下不與(예)存焉이니라
父母俱存하며 兄弟無故一樂也요
仰不愧於天하며 俯不怍於人이 二樂也요
得天下英才而教育之三樂也니
君子有三樂이나 而王天下는 不與存焉이니라

○<맹자, 진심장구 상 20장>
俱 함께 구, 갖출 구: 俯 구부릴 부: 愧 부끄러울 괴: 怍 부끄러울 작

○맹자께서 말씀하셨다.
"군자에게는 세 가지 즐거움이 있는데
천하에 왕이 되는 것은 들어 있지 않다.

부모가 모두 생존해 계시고 형제들이 무고 한 것이
첫 번째 즐거움이요,

위로 하늘을 우러러 보아
하늘에 부끄러움이 없고 굽어보아
사람에게 부끄럽지 않은 것이
두 번째의 즐거움이요,

천하의 뛰어난 인재를 얻어 교육하는 것이
세 번째의 즐거움이다.

군자에게는 이 세 가지 즐거움이 있는데,
천하에 왕이 되는 것은 거기에 들어 있지 않다."

52 위대한 빛은 틈바구니 까지도 비춘다

孟子曰
孔子登東山而小魯하시고
登太山而小天下하시니
故로 觀於海者엔 難爲水요
遊於聖人之門者엔 難爲言이니라
觀水有術하니 必觀其瀾이니라
日月이 有明하니 容光에 必照焉이니라
流水之爲物也 不盈科면 不行하나니

君子之志於道也에도
不成章이면 不達이니라
○<맹자, 진심장구 상 24장>
瀾 여울 란: 照 비출 조

> ○맹자께서 말씀하셨다.
> "공자께서 노나라 동산(東山)에 올라가서는
> 노나라가 작다고 하셨고,
> 태산(太山)에 올라가서는 천하가 작다고 하셨다.
>
> 그러므로 바다를 보는 사람에게는
> 다른 물로 끌어들여 이야기를 하기 어렵고,
>
> 성인의 문하에서 공부한 사람은
> 다른 논의로 끌어 들여 말하기를 어려워한다.
>
> 물을 보는 데는 방법이 있으니
> 반드시 여울목을 보아야 한다.
>
> 해와 달은 밝은 빛을 지니고 있어
> 작은 틈바구니에도 다 비치고.
>
> 흐르는 물은 웅덩이를 채우지 않으면 흐르지 않는다.
>
> 군자가 도에 뜻을 두어 추구함에도
> 일정한 문채를 이루지 않으면 경지에 도달하지 않는다."

53 한 가지 주장을 고집하면 정도를 잃는다

(孟子曰)

所惡執一者는 爲其賊道也니
擧一而廢百也니라

○<맹자, 진심장구 상 26장>

○(맹자께서 말씀하셨다.)
"한 가지를 고집하는 것을 미워하는 것은

그렇게 하는 것이 도를 해치고,
한 가지를 내걸고 백가지를 폐기하기 때문이다."

54 군자는 형식적인 것을 싫어한다

孟子曰
食(사)而弗愛면 豕交之也요
愛而不敬면 獸畜(휵)之也니라
恭敬者는 幣之未將者也니라
恭敬而無實이면 君子不可虛拘니라

○<맹자, 진심장구 상 37장>

○맹자께서 말씀하셨다.
"먹이기만하고 사랑하지 않는 것은
돼지로 대하는 것이고,

사랑하기만 하고 공경하지 않는다면

짐승으로 기르는 것이다.
공경이라는 것은 예물을 보내기 전부터 갖는 마음이다.

공경하면서 그 진실성이 없으면
군자는 그것에 헛되이 얽매이지 않는다."

55 남고 모자라는 것은 따르지 말고 중용을 지켜라

孟子曰
於不可已而已者는 無所不已요
於所厚者에 薄이면 無所不薄也니라
其進이 銳者는 其退速이니라

○<맹자, 진심장구 상 44장>

○맹자께서 말씀하셨다.
"그만 두어서는 안 될 경우에
그만 두어 버리는 사람은
무엇 하나 이루는 일이 없을 것이다,

후하게 하여야 할 경우에
박하게 하는 사람은
박하게 하지 못할 것이 없을 것이다.

앞으로 나아가는 것이 빠른 사람은
뒤로 물러나는 것도 빠르다."

56 군자가 처세하는 순서와 한계

孟子曰
君子之於物也에 愛之而弗仁하고
於民也에 仁之而弗親하나니
親親而仁民하고 仁民而愛物하니라

○<맹자, 진심장구 상 45장>

○맹자께서 말씀하셨다.
"군자는 만물을 사랑하기는 하지만
사람같이 인자해 하지는 않고,

백성들에게 인자하게 해주기는 하나
어버이처럼 친애 하지는 않는다.

군자는 어버이를 친애하고 나서,
백성들에게 인자하게 대해주고,
백성들에게 인자하게 대해주고 나서 사물을 아껴준다."

57 좋은 책도 사리에 어긋나는 부분이 있다

孟子曰
盡信書에 則不如無書니라
吾於武成에 取二三策而已矣로라
仁人은 無敵於天下니
以至仁으로 伐至不仁이어니

而何其血之流杵也리오

○<맹자, 진심장구 하 3장>
杵 절구공이 저

> ○맹자께서 말씀하셨다.
> "〈서경〉을 그대로 다 믿는다면
> 서경이 없느니만 못하다.
> 나는 〈서경,무성〉편의 글을 두서너 쪽을 취할 따름이다.
>
> 인자한 사람은 천하에 대적할 사람이 없는 법인데,
> 지극히 인자한 사람이
> 인자하지 못한 사람을 정벌하였으니,
>
> 어찌 그렇게 피가 흘러
> 절구공이를 표류하게 까지 하는 일이 있었겠는가?"

58 군자는 명예를 존중한다

孟子曰
好名之人은 能讓千乘之國하나니
苟非其人이면 簞食豆羹에 見(현)於色하나니라

○<맹자, 진심장구 하 11장>

○맹자께서 말씀하셨다.
"명예를 좋아하는 사람은
천승의 나라도 사양할 수 있다.

만일 그런 사람이 아니라면
한 대그릇의 밥과 한 나무 그릇의 국에도
진정성이 얼굴빛에 나타난다."

59 남의 비방에 관심을 두지 말라

貊稽曰
稽大不理於口하나이다
孟子曰
無傷也라 士憎兹多口하니라
詩云 憂心悄悄이어늘 慍于群小라하니
孔子也시고 肆不殄厥慍하시나
亦不隕厥問이라하니 文王也시니라

○<맹자, 진심장구 하 19장>
貊稽(맥계), 성은 맥(貊) 이름은 계(稽), 벼슬 살던 사람: 貊 오랑캐 맥: 稽 조아릴 계, 머무를 계: 詩(시)는 시경, 패풍 백주: 悄 근심할 초: 慍 성낼 온: 殄 끊을 진: 隕 떨어질 운: 肆 마침내 사

○맥계가 말하기를,
저는 남들의 비방을 많이 듣습니다.

이에 맹자께서 대답하여 말씀하셨다.
"문제될 것이 없습니다.
선비는 더욱 구설이 많은 법입니다.

〈시경〉에 이르기를
'마음에 걱정이 많거늘
여러 소인들에게 노여움을 사는 도다.' 하였으니,
공자의 경우가 그러하였고,

'그들의 노여움을 없애지는 못했으나 그 명성을 잃지 않았다.'
하였으니 문왕의 경우가 그러하였읍니다."

제11장

국민을 위하는 정치 <1>

법으로 이끌고 형벌로 다스리면 백성들이 형벌만 면하려 하고 부끄러워함이 없을 것이며, 덕으로 이끌고 예로서 다루면 백성들이 부끄러워함을 알아 올바르게 행동하여 선에 이르게 될 것이다.

<논어, 위정편 3장>

<<요지>>

1. 관리가 깨끗하면 백성은 편안해 진다
2. 나라를 다스리는데 중요한 것은 공평과 청렴이다
3. 관리는 모든 사물을 사랑하는 마음이 있어야 한다
4. 그대들이 받는 봉급은 모두 백성들의 피와 땀이다
5. 나라를 다스림에 청렴, 신중, 근면해야 한다

6. 관직에 있는 사람은 화를 내지 말고 일을 순리대로 해야 한다
7. 관직에 있는 사람의 태도
8. 위정자의 태도
9. 덕은 정치의 근본
10. 법치보다 덕치를

11. 백성이 따르게 하려면
12. 웃 사람이 먼저 선량해야
13. 예를 다함은 아첨이 아니다
14. 임금이 예의를 지키면 신하는 충성한다.
15. 겸양과 정치

16. 충고에도 한도가 있다
17. 자산의 네가지 덕
18. 선비의 도는 무겁고 멀다
19. 너무 미워하면 반란을 일으킨다
20. 학문과 벼슬

21. 분수를 넘지 말라
22. 믿음은 나라의 근본
23. 임금은 임금다워야 한다
24. 송사(訟事)가 없는 나라를 만들자
25. 위정자의 성실성

26. 위정자는 솔선수범하여야 한다
27. 윗사람이 바르면 상을 주어도 도둑질을 하지 않는다
28. 백성의 덕은 풀과 같다
29. 인이란 사람을 사랑하는 것
30. 정치하는 사람은 솔선하고 부지런해야 한다

31. 인재를 등용하려면
32. 위정자가 올바르면 법이 없어도 백성이 따른다
33. 선인정치에 사형은 없다
34. 먼저 자신을 바로 잡아라
35. 혜택을 베풀고 덕으로 모이게 하라

36. 작은 것을 꾀하면 큰 것을 이루지 못한다
37. 훌륭한 선비의 자격
38. 차라리 과격하거나 고집쟁이를 택하겠다
39. 선비가 취해야 할 태도
40. 백성을 전장(戰場)에 내보내려면

41. 백성을 교화한 후에 전장에

≪본문≫

01 관리가 깨끗하면 백성은 편안해진다

壯元詩云
國正天心順이요 官淸民自安이라
妻賢夫禍少요 子孝父心寬이니라

○ <명심보감, 성심편 하>
壯元詩(장원시), 송(宋) 나라때 대과(大科)인 장원에 급제한 시를 편집한 것으로 추측됨: 寬 너그러울 관, 寬大(관대)

○장원시에 이르기를,
"나라가 바르면 천심이 순하고,
관리가 청렴하면 백성은 절로 편안할 것이다.

아내가 어질면 남편의 화가 적을 것이요,
자식이 효도하면 아버지의 마음이 너그러워 지느니라."

02 나라를 다스리는 데 중요한 것은 공평과 청렴이다

景行錄云
爲政之要는 曰公與淸이여
成家之道는 曰儉與勤이니라

○<명심보감, 입교편 >
淸 청렴할 청: 勤부지런할 근

> ○경행록에 이르기를,
> "나라를 다스리는 핵심은
> 공평과 청렴이라 할 것이요,
> 집안을 이루는 방법은
> 근검과 근면이라 할 것이다."

03 관리는 모든 사물을 사랑하는 마음이 있어야 한다

明道先生曰
一命之士 苟有存心於愛物이면
於人에 必有所濟니라

○<명심보감, 치정편>
明道(명도), 북송의 유학자로 성은 정(程)이고 이름은 호(顥)이며, 字는 백순(伯淳)이고 명도는 그의 호임: 一命之士, 처음 벼슬하는 선비: 苟 진실로 구: 濟 건널 제, 구제할 제

> ○명도선생이 말하였다.
> "처음 벼슬하는 선비라도
> 진실로 사물을 사랑하는 마음을 지닌다면
> 사람들에게 반드시 도움을 주는 바가 있으리라."

04 그대들이 받는 봉급은 모두 백성들의 피와 땀이다

唐太宗御製에 云하되
上有麾之하고 中有乘之하고 下有附之하여
幣帛衣之요 倉廩食之하니
爾俸爾祿이 民膏民脂니라
下民은 易虐이어니와 上蒼은 難欺니라

○<명심보감, 치정편>
唐太宗御製(당태종어제), 당(唐)나라 태종 임금이 지은 글: 麾 기 휘: 乘 탈 승: 附 더할 부, 의지할 부: 幣 폐백 폐: 帛 면 백: 倉 곳간 창: 膏 기름 고: 脂 기름 지: 下民, 아랫 백성: 易+술어, ~하기 쉽다: 難+술어, ~하기 어렵다: 蒼 푸를 창: 上蒼, 하늘

○당나라 태종의 어제에 이르기를,
"위에는 지휘하는 사람이 있고,
중간에는 관리하는 사람이 있으며 아래에는 따르는 백성이 있다.

백성이 바친 폐백으로는 옷을 해 입고
백성이 바친 곳간의 쌀로는 음식을 해 먹으니

너의 봉록은 모두다 백성의 피와 살이다.
백성을 학대하기는 쉬워도 하늘을 속이기는 어려우니라."

05 나라를 다스림에 청렴, 신중, 근면해야 한다

童蒙訓曰
當官之法이 唯有三事하니
曰淸曰愼曰勤이니
知此三者면 則知所以持身矣니라

○<명심보감, 치정편>
童蒙訓(동몽훈), 송나라 때 여본중(呂本中)이 지은 책: 當 마땅 당: 淸 맑을 청, 흔히 청렴하다는 뜻

○동몽훈에 이르기를,
"관직에 임해야 하는 법에는 오직 세 가지 일이 있으니,
청렴, 신중, 근면이라 할 것이다.
이 세 가지를 알면 어떻게 처신해야 할지 알 것이다."

06 관직에 있는 사람은 화를 내지 말고 일을 순리대로 해야 한다

童蒙訓曰
當官者는 必以暴怒爲戒하여
事有不可어든 當詳處之면 必無不中이어니와
若先暴怒면 只能自害라 豈能害人이리오

○<명심보감, 치정편>
戒 경계 계: 詳 자세할 상

> 관직을 맡은 사람은 반드시
> 사납게 화를 내는 것을 경계로 삼아야 한다.
>
> 일에 불가한 것이 있거든
> 마땅히 상세히 순리대로 처리하면
> 반드시 들어맞지 않는 것이 없으리라.
>
> 먼저 사납게 화를 내면 스스로를 해칠 뿐이니,
> 어찌 남을 해치겠는가?

07 관직에 있는 사람의 태도

童蒙訓曰
事君을 如事親하며 事官長을 如事兄하며
與同僚를 如家人하며 待群吏를 如奴僕하며
愛百姓을 如妻子하며
處官事를 如家事然後에야
能盡吾之心이니
如有毫末不至면 皆吾心에 有所未盡也니라

○<명심보감, 치정편>
親 어버이 친: 僚 동관 료: 待 기다릴 대: 群 무리 군: 吏 벼슬아치 리: 僕 종 복: 然後, ~한 연후에: 豪 터럭 호, 毫末 터럭 끝

○임금 섬기기를 어버이 섬기는 것 같이 하며,
윗자리에 있는 사람 섬기기를 형 섬기는 것 같이 하며,

동료를 대하기를 자기 집 사람같이 해야한다.
아래 자리에 있는 사람을 자기집 노복(奴僕)같이 아끼며,
백성 사랑하기를 처자같이 해야한다.

나랏일 처리하기를 내 집안일처럼 해야 하니,
그런 뒤에야 능히 내 마음을 다했다 할 수 있을 것이니라.

만약 털끝만치라도 지극하지 못함이 있으면,
모두 내 마음에 미진한 바가 있는 것 이니라."

08 위정자의 태도

子曰
道千乘之國하되 敬事而信하며
節用而愛人하며 使民以時니라

○<논어, 학이편 5장>
千乘之國(천승지국), 천대의 4두마를 가질 수 있는 제후의 나라: 道, 다스리다, 導 와 같음

○공자께서 말씀하셨다.
"천승의 나라를 다스림 에는
모든 일을 공경하고 믿음이 있게 해야 하고,

> 나라의 비용은 잘 조절하여 절도 있게 써야 하며,
> 항상 백성을 사랑하고,
>
> 백성을 국가의 공역(公役)에 부릴 때는,
> 생업에 지장이 없도록 때에 맞추어 하여야 한다."

09 덕은 정치의 근본

子曰
爲政以德이 譬如北辰(신)이
居其所어든 而衆星이 共(拱)之니라

○<논어, 위정편 1장>
爲 다스릴 위: 譬 비유할 비: 辰 별 신: 居 머무를 거:
共 향할 공: 衆星(중성), 북극성을 둘러싸고 있는 여러 별들

> ○공자께서 말씀하셨다.
> "정치를 덕으로 하는 것은,
> 비유하자면 북극성이 제자리에 머물러 있으되,
>
> 뭇 별들이 한결같이 그를 향해 따르게 하는 것과 같다."

10 법치보다 덕치를

子曰
道之以政하고 齊之以刑이면 民免而無恥니라
道之以德하고 齊之以禮면 有恥且格이니라

○<논어, 위정편 3장>
齊 가지런할 제: 恥 부끄러울 치: 格, 바르게 되다

> ○공자께서 말씀하셨다.
> "법으로 이끌고 형벌로 다스리면
> 백성들이 형벌만 면하려 하고 부끄러워함이 없을 것이요,
>
> 덕으로 이끌고 예로서 다루면
> 백성들이 부끄러워함을 알아 올바르게 행동하여
> 선에 이르게 될 것이다."

11 백성이 따르게 하려면

哀公이 問曰 何爲則民服이니잇고
孔子對曰
擧直錯(조)諸枉則民服하고
擧枉錯諸直則民不服이니이다

○<논어, 위정편 19장>
哀公(애공), 노나라 임금: 錯 버려둘 조, 섞일 착: 諸 모든 제, 之於의

395

뜻: 枉 굽을 왕

○애공이 묻기를,
"백성이 따르게 하려면 어떻게 해야 합니까?"

공자께서 말씀하셨다.
"바르고 정직한 사람을 등용하고,
곧지 못한 사람을 쓰지 않으면 백성이 따를 것이다.

그와 반대로 곧지 않은 사람을 등용하고
정직한 사람을 버려두면 백성이 따르지 않을 것이다."

12 윗 사람이 먼저 선량해야

季康子問 使民敬忠以勤하되 如之何잇고
子曰
臨之以莊則敬하고 孝慈則忠하고
擧善而敎不能則勸이니라

○<논어, 위정편 20장>
季康子(계강자), 노나라의 대부: 臨 임할 임: 慈 사랑할 자: 莊 장엄할 장

○계강자가 묻기를,
"백성들로 하여금 윗사람에게 경건하고 충성스러우며,
선행을 권하려면 어찌해야 되겠습니까?"

공자께서 말씀하셨다.

"백성들 앞에 임할 때에 장엄하고
엄숙하게 하면 백성들이 경건해 지고,

효도와 자비로 임하면 충성스러워지고,
선인을 등용하고 부족한 사람을 가르쳐 주면
선행을 권면하는 것이다."

13 예를 다함은 아첨이 아니다

子曰
事君盡禮를 人以爲諂也로다

○<논어, 팔일편 18장>
諂 아첨할 첨

○공자께서 말씀하셨다.
"임금을 섬기는데 예를 다하는 것은 당연한 일이거늘,
남들은 아첨한다고 한다."

14 임금이 예의를 지키면 신하는 충성한다

定公이 問 君使臣하며 臣事君하되 如之何잇고

孔子對曰
君使臣以禮하며 臣事君以忠이니라

○<논어, 팔일편 19장>
定公(정공), 노(魯)나라의 임금으로 이름은 송(宋): 禮 예도 예

> ○정공이 물었다.
> "임금이 신하를 대하고 신하가 임금을 섬기는 데는
> 어떻게 해야 합니까?"
>
> 공자께서 대답하여 말씀하셨다.
> "임금은 신하를 쓰되 예를 지키고,
> 신하는 임금을 섬기되 충성으로 해야 한다."

15 겸양과 정치

子曰
能以禮讓이면 爲國乎에 何有며
不能以禮讓爲國이면 如禮何리오

○<논어, 이인편 13장>
爲國, 나라를 다스림: 何有, 문제가 없음

> ○공자께서 말씀하셨다.
> "예와 겸양으로써 나라를 다스릴 수만 있다면

> 무슨 어려움이 있겠느냐?
>
> 예와 겸양으로 나라를 다스리지 못한다면
> 예는 있어 무엇 하겠느냐?"

16 충고에도 한도가 있다

子游曰
事君數(삭)이면 斯辱矣요
朋友數이면 斯疏矣니라

○<논어, 이인편 26장>
子游(자유), 공자의 제자, 5장(18) 참조: 疏 소원할 소: 數 잦을 삭, 자주 한다는 뜻

> ○자유가 말하였다.
> "임금을 섬기는데 지나치게 자주 간언을 하면
> 미움을 받게 되고,
>
> 친구에게도 지나치게 자주 충고를 하면
> 사이가 소원하게 된다."

17 자산의 네가지 덕

子謂 子産
有君子之道四焉하니
其行己也恭하며 其事上也敬하며
其養民也惠하며 其使民也義니라

○<논어, 공야장편 15장>
子産(자산), 정나라 대부: 謂, 특정인이나 사물에 대하여 이야기함

○공자께서 자산을 평하여 말씀하셨다.
"자산은 군자로서 네 가지 덕행이 있었으니,

몸가짐을 공손하게 하였고,
윗사람을 섬김에 공경을 다했고,

백성들을 보양함에 은혜롭게 했으며,
백성들을 부림에 법도에 맞게 의롭게 했다."

18 선비의 도는 무겁고 멀다

曾子曰
士不可以不弘毅니 任重而道遠이니라
仁以爲己任이니 不亦重乎아
死而後已니 不亦遠乎아

○<논어, 태백편 7장>

曾子(증자), 공자의 제자, 2장(6) 참조: 不可以不, ~하지 않을 수 없다:
弘 클 홍: 毅 굳셀 의: 弘毅, 넓으면서 의지가 굳고 강함

> ○증자가 말하였다.
> "선비는 마음이 넓고 뜻이 굳세지 않으면 안 되니,
> 책임이 무겁고 갈 길이 멀기 때문이다.
>
> 인으로써 자신의 임무를 삼으니 중하지 않은가!
> 죽은 후에야 끝나니 멀지 않은가!"

19 너무 미워하면 반란을 일으킨다

子曰
好勇疾貧이 亂也요
人而不仁을 疾之已甚이 亂也니라

○<논어, 태백편 10장>

> ○공자께서 말씀하셨다.
> "용맹스러운 것을 좋아하면서 가난을 싫어하면
> 난을 일으키기 쉽고,
>
> 사람이 어질지 못하다고 해서 지나치게 미워하게 되도
> 난을 일으키기 쉽다."

20 학문과 벼슬

子曰
三年學에 不至(志)於穀을 不易(이)得也니라

○<논어, 태백편 12장>

○공자께서 말씀하셨다.
"삼년(여러 해) 동안이나 학문을 하고
벼슬에 나아가 녹을 받으려고 하지 않는 사람은 흔하지 않다."

21 분수를 넘지 말라

子曰
不在其位하여는 不謀其政이니라

○<논어, 태백편 14장>

○공자께서 말씀하셨다.
"내가 현재 그 자리에 있지 않다면
그 자리에 속하는 정사나 직무에 대하여는
논의하지 말아야 한다."

22 믿음은 나라의 근본

子貢이 問政한대
子曰
足食 足兵이면 民이 信之矣리라
子貢曰 必不得而已去인댄 於斯三者에 何先이리잇고
曰
去兵이니라
子貢曰 必不得而已去인댄 於斯二者에 何先이리잇고
曰
去食이니 自古로 皆有死어니와 民無信不立이니라

○<논어, 안연편 7장>
子貢(자공), 공자의 제자, 4장(3) 참조: 不得已而去(부득이이거), 어쩔 수 없이 버림

○자공이 정치에 대해서 묻자,
공자께서 말씀하셨다.
"식량을 풍족하게 하고 군대를 충분이 하며
백성들이 믿게 하는 것이다."

자공이 말하였다.
"부득이 한 가지를 버린다면
이 세 가지 중에 무엇을 먼저 버려야 합니까?"

공자께서 말씀하셨다.
"군대를 버려야 한다."

자공이 말하였다.
"부득이해서 한 가지를 또 버린다면
이 두 가지 중에서 무엇을 버려야 합니까."

공자께서 말씀하셨다.
"식량을 버려야 한다.

옛날부터 누구에게나 다 죽음은 있거니와
백성들이 믿지 않으면 국가는 존립할 수 없다."

23 임금은 임금다워야 한다

齊景公이
問政於孔子한대
孔子對曰
君君 臣臣 父父 子子니이다
公曰 善哉라 信如君不君하며
臣不臣하며 父不父하며 子不子면
雖有粟이나 吾得而食諸아

○<논어, 안연편 11장>
齊景公(제경공), 제나라의 임금으로 성은 강(姜) 이름은 저구(杵臼): 君君, 임금이 임금답다, 臣臣 父父 子子, 자기 본분을 지키고 신분을 넘지 않게 행동하며 계급 질서를 문란하지 않는 것: 粟 곡식 속: 信如, 진실로 만약

○제경공이 공자에게 정사에 대해서 묻자,
공자께서 대답하셨다.

"임금은 임금다워야 하고 신하는 신하다워야 하며
아버지는 아버지다워야 하고
자식은 자식다워야 하는 것입니다."

이에 경공이 말하였다.
"좋은 말씀입니다.
진실로 만일 임금이 임금답지 못하고
신하가 신하답지 못하며

아버지가 아버지답지 못하고
자식이 자식답지 못한다면

비록 곡식이 창고에 가득한들
내가 그것을 먹을 수 있겠습니까?"

24 송사(訟事)가 없는 나라를 만들자

子曰
聽訟이 吾猶人也나 必也使無訟乎인저

○<논어, 안연편 13장>

○공자께서 말씀하셨다.
"송사를 듣고 처리하는 것은

나도 남과 다를 것이 없으나,
내가 원하는 것은 사람들로 하여금
송사를 일으키지 않는 데 있다."

25 위정자의 성실성

子張이 問政한대
子曰
居之無倦이요 行之以忠이니라

○<논어, 안연편 14장>
倦 게으를 권: 無倦(무권), 게을리 하지 않음

○자장이 정치에 대해서 묻자,
공자께서 말씀하셨다.
"위정자의 자리에 있으면 게을리 하지 말고
일을 행함에 항상 충성으로 하여야 한다."

26 위정자는 솔선수범하여야 한다

季康子 問政於孔子한대
孔子對曰
政者는 正也니 子帥(솔)以正이면 孰敢不正이리오

○<논어, 안연편 17장>
季康子(계강자), 노나라 대부: 帥 장수 수, 거느릴 솔

> ○계강자가 정치에 대하여 묻자,
> 공자께서 말씀하셨다.
> "정치는 바로 잡는다는 뜻이니,
> 선생께서 바름으로써 솔선한다면
> 누가 감히 바르지 않을 수 있겠습니까?"

27 윗사람이 바르면 상을 주어도 도둑질을 하지 않는다

季康子 患盜하여 問於孔子한대
孔子對曰
苟子之不欲이면 雖賞之라도 不竊하리라

○<논어, 안연편 18장>
季康子(계강자), 노나라의 대부: 賞 상줄 상, 도둑질 하면 상을 준다는 뜻

> ○계강자가 도둑에 대한 걱정을 하면서 묻자,
> 공자께서 말씀하셨다.
> "진실로 그대가(윗사람이) 욕심을 부리지 않으면
> 백성들은 상을 주면서 하라고 해도 도둑질을 안 할 것입니다."

28 백성의 덕은 풀과 같다

季康子問政於孔子 曰 如殺無道하여 以就有道인댄 何如하니잇고
孔子對曰
子爲政에 焉用殺이리오 子欲善이면 而民이 善矣리니
君子之德은 風이요 小人之德은 草라
草上(尙)之風이면 必偃하나니라

○<논어, 안연편 19장>
季康子(계강자), 노나라의 대부: 偃 누울 언

○계강자가 공자께 정치에 대하여 묻기를
"만일 무도한 자를 죽여서 도가 있는데로 나아가게하면
어떻습니까?" 하자,

공자께서 말씀하셨다.
"그대가 정치를 함에 어찌 사람을 죽이려 하십니까?
그대가 선하고자 하면 백성들이 선해질 것입니다.

비유하면 군자의 덕은 바람이요
백성들의 덕은 풀과 같은 것이니,

바람이 불면 풀은 바람이 부는 쪽으로
누워 쓰러지는 법입니다."

29 인이란 사람을 사랑하는 것

樊遲問仁한대
子曰 愛人이니라
問知(智)한대
子曰 知人이니라
樊遲未達이어늘
子曰 擧直錯(조)諸枉이면 能使枉者直이니라

○<논어, 안연편 22>
樊遲(번지). 공자의 제자: 錯 버릴 조: 諸 모두 제: 枉 굽을 왕

○번지가 인에 대하여 묻자,
공자께서 말씀하셨다.
"사람을 사랑하는 것이다."

다시 아는 것에 대하여 묻자,
공자께서 말씀하셨다.
"사람을 알아보는 것이다."
그러나 번지가 뜻을 이해하지 못하자,

공자께서 다시 말씀하셨다.
"곧은 사람을 등용하여 굽은 사람위에 쓰면
굽은 사람도 곧은 사람으로 변하게 할수 있다."

30 정치하는 사람은 솔선하고 부지런해야 한다

子路問政한대
子曰 先之勞之니라
請益한대
曰
無倦이니라

○<논어, 자로편 1장>
子路(자로), 공자의 제자, 1장(21) 참조: 倦 게으를 권

○자로가 정치에 대하여 묻자,
공자께서 말씀하셨다.
"백성들에 앞서서 솔선해서 먼저하고
부지런해야 한다."

더 말씀해 주실 것을 청하자,
공자께서 말씀하셨다.
"게을리 하지 말아야 한다."

31 인재를 등용하려면

仲弓 爲季氏宰라 問政한대
子曰
先有司요 赦小過하며 擧賢才니라
曰 焉知 賢才而擧之리잇고

曰
擧爾所知면 爾所不知를 人其舍諸아

○<논어, 자로편 2장>
仲弓(중궁), 공자의 제자, 1장(13) 참조: 赦 용서할 사: 舍 버릴 사

○중궁이 정치에 대하여 묻자,
공자께서 말씀하셨다.
"먼저 밑의 관원들에게 일을 맡겨서 처리하게 하고,
작은 허물을 용서해주며, 현명한 인재를 등용해야 한다."

중궁이 다시 물었다.
"어떻게 하면 현명한 인재를 알아서 등용할 수 있습니까?"

공자께서 말씀하셨다.
"네가 잘 아는 인재를 우선 등용하면
네가 모르는 인재를 남들이 그대로 버려 두겠느냐?"

32 위정자가 올바르면 법이 없어도 백성이 따른다

子曰
其身이 正이면 不令而行하고
其身이 不正이면 雖令不從이니라

○<논어, 자로편 6장>
不令而行, 명령을 내리지 않아도 만사가 잘 행해짐

○공자께서 말씀하셨다.
"위정자 자신이 바르면 명령하지 않아도
백성들이 복종하여 만사가 행해지고,

위정자 자신이 바르지 못하면 비록 명령하더라도
백성들이 따르지 않는다."

33 선인정치에 사형은 없다

子曰
善人이 爲邦百年이면 亦可以勝殘去殺矣라하니
誠哉라 是言也여

○<논어, 자로편 11장>

○공자께서 말씀하셨다.
"착한 사람이 나라 다스리기를 백년동안 하면
잔인 포악한 자를 교화 시키고
사형을 없앨 수 있다고 했거늘,

이 말은 참으로 옳은 말이로구나."

34 먼저 자신을 바로 잡아라

子曰
苟正其身矣면 於從政乎에 何有며
不能正其身이면 如正人何오

○<논어, 자로편 13장>
苟 진실로 구, 만약~ 한다면: 何有, 무슨 어려움이 있겠는가?:
如正人何, 어찌 사람을 바르게 하겠는가?

> ○공자께서 말씀하셨다.
> "참으로 위정자 자신이 바르다면
> 정치하는 데에 무슨 어려움이 있으며,
>
> 위정자 자신이 바르게 하지 못한다면
> 어찌 남을 바르게 다스릴 수 있겠는가?"

35 혜택을 베풀고 덕으로 모이게 하라

葉(섭)公이 問政한대
子曰
近者說(열)하며 遠者來니라

○<논어, 자로편 16장>
葉公(섭공), 초나라 섭지방의 수장 심제량(沈諸梁): 說 기뻐할 열, 悅 과 같은 자임

○섭공이 정치에 대하여 묻자,
공자께서 말씀하셨다.
"가까운 곳에 있는 사람들이 기뻐하며 따르고,
먼 곳에 있는 사람들이 찾아오게 하는 것입니다."

36 작은 것을 꾀하면 큰 것을 이루지 못한다

子夏爲莒父(거보)宰하여 問政한대
子曰
無欲速하며 無見小利니
欲速則不達하고 見小利則大事不成이니라

○<논어, 자로편 17장>
子夏(자하), 공자의 제자, 3장(37) 참조: 莒 땅이름 거: 父 아비 부, 남자 이름 보: 過 지날 과

○자하가 거보의 읍재가 되어 정사에 대하여 묻자,
공자께서 말씀하셨다.
"급히 서둘지 말고,
작은 이득을 넘보지 말라.

급하게 서두르면
목적한 일을 달성하지 못하고,

작은 이득을 넘보고자 하면
큰일을 이루지 못한다."

37 훌륭한 선비의 자격

子貢이 問曰 何如라야 斯可謂之士矣잇고
子曰
行己有恥하며 使(시)於四方하여
不辱君命이면 可謂士矣니라
敢問其次하노이다
曰宗族이 稱孝焉하며 鄕黨이 稱弟焉이니라
敢問其次하노이다
曰言必信하며 行必果가 硜硜然小人哉나
抑亦可以爲次矣니라

○<논어, 자로편 20>
子貢(자공), 공자의 제자, 4장(3) 참조: 辱 욕될 욕: 硜 단단할 갱

○자공이 묻기를
"어떻게 해야 선비라고 할 수 있습니까?"라고 하자,
공자께서 말씀하셨다.
"행동을 할 때 부끄러움을 느낄 줄 알고,
사방에 사절로 가서 임금의 명을 욕되게 하지 않아야 한다."

"감히 그 다음을 묻겠습니다." 하자,

"일가 친족들이 효성스럽다고 일컫고,
마을 사람들로부터 우애롭다고 칭찬받는 사람이다."
라고 하셨다.

"감히 그 다음을 묻겠습니다." 하자,

"말에 믿음이 있고 행함에 반드시 과단성이 있는 사람으로,
이러한 사람은 융통성 없는 소인이라고 할 수도 있으나,
그래도 그 다음은 될 수 있는 사람이다."

38 차라리 과격하거나 고집쟁이를 택하겠다

子曰
不得中行(항)而與之인댄 必也狂狷(견)乎인저
狂者는 進取요 狷者는 有所不爲也니라

○<논어, 자로편 21장>
狂 미칠 광: 狷 고집스러울 견

○공자께서 말씀하셨다.
"중용의 도를 행하는 사람을 택하여 함께 하지 못할 바에는
열성적인 사람과 고지식한 사람을 택하겠다.
열성적인 사람은 진취적이어서 선을 행할 것이요,
고지식한 사람은 절대로 나쁜 일은 하지 않는 바가 있다."

39 선비가 취해야 할 태도

子路 問曰 何如라야 斯可謂之士矣잇고
子曰

切切偲偲하며 怡怡如也면 可謂士矣니
朋友엔 切切偲偲요 兄弟엔 怡怡니라

○<논어, 자로편 28장>
子路(자로), 공자의 제자, 1장(21) 참조: 偲 자세히 힘쓸 시: 怡 화할 이

> ○자로가 물었다.
> "어떻게 하면 선비라 하겠습니까?
> 공자께서 말씀하셨다.
> "간곡하게 서로 선을 권하고 잘못을 고치도록 힘쓰며
> 화기애애하면 선비라 할 수 있다.
>
> 즉 친구에게는 간곡하게 선을 권하고
> 잘못을 고치도록 힘쓰며
> 형제간에는 화기애애하여야 한다."

40 백성을 전장(戰場)에 내보내려면

子曰
善人이 敎民七年이면 亦可以卽戎矣니라

○<논어, 자로편 29>
戎 전쟁 융

○공자께서 말씀하셨다.
"훌륭한 위정자가 백성을 칠 년간 가르치면
백성들을 전장에 나가게 할 수 있다."

41 백성을 교화한 후에 전장에

子曰
以不敎民戰이면 是謂棄之니라

○<논어, 자로편 30>
棄 버릴 기

○공자께서 말씀하셨다.
"백성을 가르치지 않고 전쟁에 내보내는 것은
그들을 내버리는 것이다."

제12장

국민을 위하는 정치 <2>

백성을 잃은 것은 백성들의 마음을 잃는 것이다. 천하를 얻는 데는 방법이 있으니 백성들을 얻으면 곧 천하를 얻게 되는 것이다. 백성들을 얻는데 방법이 있으니 그들의 마음을 얻으면 백성들을 얻게 되는 것이다. 마음을 얻는 데에 방법이 있으니 원하는 것은 그들을 위해 모아주고 싫어하는 것은 시행하지 않는 것이다. 백성들이 인자한 데로 돌아가는 것은 마치 물고기가 아래로 흘러가고 짐승이 넓은 들로 달려 나가는 것과 같다.

<맹자, 이루장구 상 9장>

<<요지>>

1. 군자의 치욕
2. 임금 섬기는 도리
3. 백성은 오직 예로 다스려라
4. 근심은 가까운 곳에 있다
5. 비루한 사람들과는 함께 임금을 섬길 수 없다

6. 신임을 얻은 다음에 간하라
7. 다섯 가지 미덕과 네 가지 악덕
8. 인자와 재물의 관계
9. 소인은 국가에 재앙과 해악이다
10. 이(利)보다는 인의(仁義)

11. 흉년을 탓하지 말라. 왕도정치를 하면 백성이 모인다
12. 칼로나 정치로나 사람을 죽이기는 마찬가지
13. 인자한 사람에게는 적이 없다
14. 천하를 움직이는 법
15. 백성들의 여론을 존중하라

16. 인과 의를 해치는 임금은 하나의 필부
17. 옥은 옥 다듬는 사람에게 맡겨야 한다
18. 왕도정치와 패도정치
19. 인정을 베풀면 큰 나라도 두려워 한다
20. 인화(人和)는 천시(天時)와 지리(地利)에 앞선다

21. 정치는 민생을 안정시키는 데서부터
22. 윗사람과 아랫사람이 법도를 지키면 천하가 태평하다
23. 인은 천하와 국가와 자신을 보전한다
24. 먼저 그 근본을 올바르게 하라
25. 인정에는 천하에 대적할 자가 없다

26. 천재(天災)는 도피해도 자신이 저지른 일은 피하지 못한다
27. 백성들의 마음을 잃으면 천하도 잃는다
28. 공손하고 검소한 신하를 얻으려면 군주가 먼저 공검하라
29. 임금이 올바르면 온 백성이 올바르게 된다
30. 임금이 신하를 대하는 도리

31. 임금이 인의로우면 온 백성이 인의롭게 된다
32. 왕도정치의 위력
33. 왕도정치의 요체는 민심을 얻는 것이다
34. 전쟁이란 있어서는 안된다
35. 정치의 세 가지 중요성

36. 오직 인자해야 천하를 얻을 수 있다
37. 백성은 나라의 근본이다
38. 정치란 사람이 하는 것으로 갈대와 같다
39. 모든 일은 비리 하라
40. 믿음의 존재이유

≪본문≫

01 군자의 치욕

憲이 問恥한대
子曰
邦有道에 穀하되 邦無道에 穀이 恥也니라

○<논어, 헌문편 1장>
原憲(원헌), 공자의 제자, 성은 원(原) 이름은 헌(憲)이고 字는 자사(子思): 憲 법 헌: 穀 녹봉 곡: 克 남을 이기는 것

○원헌이 수치에 대하여 묻자,
공자께서 말씀하셨다,
"나라에 도가 있으면 벼슬에 나아가 녹을 받지만,
나라에 도가 없는데도 벼슬에 나아가 녹을 받는 것은
수치이니라."

02 임금 섬기는 도리

子路問 事君한대
子曰
勿欺也요 而犯之니라

○<논어, 헌문편 23>
子路(자로), 공자의 제자, 1장(21) 참조: 犯, 임금 앞에서 굽히지 않고 간언함

○자로가 임금의 섬김에 대하여 묻자,
공자께서 말씀하셨다.
"속이지 말고 임금에게 잘못이 있으면
면전에서도 간언하라."

03 백성은 오직 예로 다스려라

子曰
知(智)及之라도 仁不能守之면
雖得之나 必失之니라
知及之하며
仁能守之라도 不莊以涖之면 則民不敬이니라
知及之하며 仁能守之하며 莊以涖之라도
動之不以禮면 未善也니라

○<논어, 위령공편 32>
涖 임할 리: 動之, 백성들을 동원함

○공자께서 말씀하셨다.
"지혜로서 나라를 얻었다 해도
인으로서 지키지 않으면 반드시 잃게 마련이며,

지혜로서 나라를 얻고 인으로서 지킨다 하더라도
근엄한 태도로 임하지 않으면 백성들이 존경하지 않게 된다.

지혜로 얻고 인으로 지키고 근엄하게 임하더라도
백성을 부리는 데에 예로서 하지 않으면
역시 완전하다고 할 수 없다."

04 근심은 가까운 곳에 있다

孔子曰
求야 君子는 疾夫舍曰欲之요 而必爲之辭니라
丘也聞하니 有國有家者는 不患寡而患不均하며
不患貧而患不安이라하니
蓋均이면 無貧이요 和면 無寡요 安이면 無傾이니라
夫如是라 故로 遠人이 不服이면 則修文德以來之하고
旣來之면 則安之니라

○<논어, 계씨편 1장>
求(구), 공자의 제자로 이름은 염구(冉求), 字는 자유(子有): 疾 미워할 질: 寡, 토지나 인구가 적다: 修文德, 예악 같은 문화적 덕치를 잘 수행하다

○공자께서 말씀하셨다.
"구야! 군자는 겉으로는 탐내지 않는 척하고
굳이 변명하는 것을 싫어한다.

내가 들은 바 국가를 다스리고 집을 소유한 사람은
백성이 적음을 걱정하지 않고 소유가 고르지 못함을 걱정하
며, 가난을 걱정하지 않고 나라가 불안함을 걱정한다 했다.

대체로 소유가 고르면 가난하지 않고 화락하면
백성이 적지 않을 것이고 평안하면 기울지 않을 것이다.

그러므로 먼 곳 사람이 복종하지 않으면
문화와 덕치로 교화시켜 저절로 오게 할 것이고,
오게 되면 이들을 편안하게 해주어야 한다."

05 비루한 사람들과는 함께 임금을 섬길 수 없다

子曰
鄙夫는 可與事君也與哉아
其未得之也엔 患得之하고
旣得之하얀 患失之하나니
苟患失之면 無所不至矣니라

○<논어, 양화편 15장>
無所不至, 이루지 않는 바가 없다

○공자께서 말씀하셨다.
"비루한 사람들과 함께 임금을
섬길 수는 없느니라.

> 그들은 부귀를 얻기 전에는 얻지 못할까 걱정하고,
> 일단 얻으면 잃을까 걱정하며,
>
> 잃을까 걱정하다 보면
> 잃지 않기 위하여 무엇이든 하지 않는 바가 없다."

06 신임을 얻은 다음에 간하라

子夏曰
君子는 信而後에 勞其民이니
未信則以爲厲己也니라
信而後에 諫이니
未信則以爲謗己也니라

○<논어, 자장편 10장>
子夏(자하), 공자의 제자, 3장(37) 참조: 厲 해칠 려: 謗 비방할 방

> ○자하가 말하였다.
> "군자는 백성들에게 신임을 받은 다음에
> 백성을 다스려야 한다.
> 신임을 받지 못하고 백성을 다스리면
> 백성들이 자기를 괴롭히는 줄로 생각한다.
>
> 또 신임을 받은 다음에 간해야 한다.
> 신임을 받지 못하고 간하면
> 자기를 비방하는 줄로 생각한다."

07 다섯 가지 미덕과 네 가지 악덕

子張이 問於孔子 曰 何如라야 斯可以從政矣니잇고
子曰
尊五美하며 屛四惡이면 斯可以從政矣리라
子張曰 何謂五美니잇고
子曰
君子惠而不費하며 勞而不怨하며
欲而不貪하며 泰而不驕하며
威而不猛이니라
子張曰 何謂惠而不費니잇고
子曰
因民之所利而利之니 斯不亦惠而不費乎아
擇可勞而勞之니 又誰怨이리오
欲仁而得仁이어니 又焉貪이리오
君子는 無衆寡하며 無小大히 無敢慢하나니
斯不亦泰而不驕乎아
君子는 正其衣冠하며 尊其瞻視하여
儼然人望而畏之하나니
斯不亦威而不猛乎아
子張曰 何謂四惡이닛고
子曰
不教而殺을 謂之虐이요
不戒視成을 謂之暴이요
慢令致期를 謂之賊이요
猶之與人也로되 出納之吝을 謂之有司니라

○<논어, 요왈편 2장>

子張(자장), 공자의 제자, 1장(20) 참조: 屛 물리칠 병: 慢 게으를 만: 儼 근엄할 엄: 吝 아낄 인: 猶之 어차피, 똑같이

○자장이 공자에게 묻기를,
"어떻게 하면 바른 정치를 할 수 있습니까?"

공자께서 말씀하셨다.
"다섯 가지 미덕을 존중하고 네 가지 악덕을 물리치면
바른 정치를 쫓아 할 수 있다."

자장이 물었다.
"다섯 가지 미덕은 무엇입니까?"

공자께서 말씀하셨다.
"백성들에게 혜택을 베풀어 주되 낭비하지 않게 하고,
백성들을 노역에 부리되 원망하지 않게 하고,

좋은 것을 원하되 탐욕하지 않게 하고,
태연하되 교만하지 않고,
위엄이 있으되 사납지 않은 것이다."

자장이 묻기를,
"무엇을 혜택을 주되 낭비하지 않는 것이라 합니까?"

공자께서 말씀하셨다.
"백성들이 이득을 얻을 수 있는 곳에서
이득을 얻게끔 해주니
혜택을 주되 낭비하지 않는다고 하지 않겠느냐?

또 백성들을 노역할 만한 일에 택하여 부리니
그 누구를 원망 하겠는가?
인을 하고자 하여 인을 얻으니 왜 탐욕을 내겠는가?

군자는 많거나 적거나 지위가 낮거나 높거나 간에
교만하지 않으니 이것이 태연하면서도
교만하지 않음이 아니겠는가?

군자는 의관을 바르게 하고 용모를 존귀하게 하고
외양을 엄숙하게 하여
사람들이 우러러 보면 위엄을 느끼게 되니 이것이 바로
위엄이 있으되 사납지 않음이 아니겠느냐?"

자장이 물었다.
"무엇을 가지고 네 가지 악덕이라고 합니까?"

공자께서 말씀하셨다.
"백성들에게 예의를 가르치지 않고 어겼다고 죽이는 것을
잔학(殘虐)하다고 하고,

미리 훈계시키지 않고 잘못된
결과만을 따지는 것을 포악(暴惡)이라 한다.

명령을 태만히 하고 실천하기를 독촉하는 것을
적해(賊害)라 하고

똑같이 남에게 줄 물건의 출납을 인색하게 구는 태도를
창고지기 같다고 한다."

08 인재 등용의 원칙

見賢而不能擧하며 擧而不能先은 命(慢)也요
見不善而不能退하며 退而不能遠이 過也니라

好人之所惡(오)하며 惡人之所好를
是謂拂人之性이니 災必逮夫身이니라
是故로 君子有大道하니
必忠信以得之하고 驕泰以失之니라
(증자의 뜻을 문인이 기록)

○<대학, 전문 10장>
拂 어길 불: 災 재앙 재: 逮 미칠 체: 驕 교만할 교

○어진이를 보고도 등용하지 못하며,
등용하되 먼저 하지 못하는 것은 태만함이고,

착하지 못한 이를 보고도 물리치지 못하고
물리치되 멀리하지 못하는 것은 잘못인 것이다.

남이 싫어하는 바를 좋아하며
남이 좋아하는 바를 싫어하는 것
이것을 사람의 본성을 거스르는 것이라 하는 것이니,

재앙이 반드시 자신에게 미치고야 말 것이다.
그러므로 군자에게는 큰 도가 있으니

반드시 충성과 믿음으로서 그것을 얻고,
교만함과 방자함으로서 그것을 잃게 된다.

09 소인은 국가에 재앙과 해악이다

長國家而務財用者는 必自小人矣니

彼爲善之하야 小人之使爲國家면 菑害並至리라
雖有善者라도 亦無如之何矣리니
此謂國은 不以利爲利요 以義爲利也니라
(증자의 뜻을 문인이 기록)

○<대학, 전문 10장>
並 아우를 병: 彼 저 피

○국가의 우두머리가 되어 재물을 씀에 힘쓰는 자는
반드시 소인들로 말미암을 것이다.

그가 하는 것을 잘하는 것이라 하여
소인들로 하여금 국가 일을 하게 하면
재해가 아울러 이를 것이다.

비록 잘하는 사람이 있다 하더라도
또한 그것을 어찌할 수가 없을 것이니.

이것을 일러
"나라는 이로서 이로움을 삼지 아니하고
의로서 이로움을 삼아야 한다"
고 말하는 것이다.

10 이(利)보다는 인의(仁義)

孟子見梁惠王하신대 王曰
叟不遠千里而來하시니 亦將有以利吾國乎아

孟子對曰

王은 何必曰利잇고 亦有仁義而已矣니이다.

王曰 何以利吾國고하시면

大夫曰 何以利吾家오하며

士庶人曰 何以利吾身고하여

上下交征利면 而國이 危矣리이다

○<맹자, 양혜왕장구 상 1장>
梁惠王(양혜왕), 魏(위)나라 제후인 罃(앵), 大梁(대양)에 도읍을 하였고 왕을 僭稱(참칭,참람하게 칭함)하였으며 시호를 惠(혜)라 함, 혜왕 35년에 예를 낮추고 폐백을 후히하여 현자를 초청하자 孟軻(맹가)가 양 땅에 이르렀음: 叟 늙은이 수: 何以, 무엇을 가지고, 어떻게: 交 서로 교: 征 취할 정

○맹자가 양혜왕을 만났는데, 왕이 말하였다.
"어른께서 천리를 멀다 않고 오셨으니
또한 장차 우리나라를 이롭게 해주실 것이 있겠읍니까?"

맹자께서 대답하셨다.
"왕은 하필 이를 말씀하십니까?
오직 인과 의가 있을 뿐입니다.

왕께서 어떻게 하면 내 나라를 이롭게 할까 하시면
대부들은 어떻게 하면 내 집안을 이롭게 할까 하며,

선비나 백성들은
어떻게 하면 내 몸을 이롭게 할까 할 것이니,
윗사람과 아랫사람이 서로 이를 취한다면
나라가 위태로워 질 것입니다"

11 흉년을 탓하지 말라. 왕도정치를 하면 백성이 모인다

梁惠王曰 寡人之於國也에 盡心焉耳矣로니
河內凶則이어든 移其民於河東하고 移其粟於河內하며
河東凶이어든 亦然하노니 察鄰國之政컨대
無如寡人之用心者로대
鄰國之民이 不加少하며 寡人之民이 不加多는 何也잇고
孟子對曰
王好戰하시니 請以戰喩하리이다
塡然鼓之하여 兵刃旣接이어든 棄甲曳兵而走하되
或百步而後止하며 或五十步而後止하여
以五十步로 笑百步면 則何如하니잇고
曰 不可하니 直不百步耳언정 是亦走也니이다
曰 王如知此시면 則無望民之多於鄰國也하소서

○<맹자, 양혜왕장구 상 3장>
寡 적을 과: 粟 곡식 속: 鄰 이웃 린: 喩 비유할 유: 塡 북소리 전: 鼓 북
고: 刃 칼날 인: 曳 끌 예: 直 다만 직

○양혜왕이 말하였다.
"과인은 나라에 대하여 마음을 다할 뿐입니다.
하내에 흉년이 들면 그 백성을 하동에 옮기고
하동의 곡식을 하내에 옮기며
하동에 흉년이 들면 역시 그렇게 합니다.

**이웃 나라의 정치를 살펴보면
과인처럼 이러한 마음을 쓰는 자가 없는데도**

이웃나라의 백성은 더 줄지 않고
과인의 백성은 더 늘지 않는 것은 무엇 때문 입니까?"

맹자께서 말씀하셨다.
"왕께서 전쟁을 좋아하시니
청컨대 전쟁으로서 비유하겠습니다.

둥둥하고 북이 울려 병기와 칼날이 접하게 되자
갑옷을 버리고 병기를 끌고서 달아나되,

어떤 자는 100보를 달아난 후에 멈추고
어떤 자는 50보를 달아난 후에 멈췄습니다.

이때 50보를 달아났다 하여
100보를 달아난 것을 비웃는다면 어떻겠습니까?"

양혜왕이 말하였다.
"안됩니다. 단지 100보가 아닐 뿐이지
그것 역시 달아난 것입니다."

맹자께서 말씀하셨다.
"왕께서 만약 그것을 아신다면
백성이 이웃 나라보다 많아지기를 바랄 수는 없는 일입니다."

12 칼로나 정치로나 사람을 죽이기는 마찬가지

梁惠王曰 寡人이 願安承教하노이다
孟子對曰 殺人以梃與刃이 有以異乎잇가
曰 無以異也니이다 以刃與政이 有以異乎잇가
曰 無以異也니이다
曰 庖有肥肉하며 廄有肥馬요
民有飢色하며 野有餓莩면 此는 率獸而食人也니이다
獸相食을 且人이 惡(오)之하나니
爲民父母라 行政하되
不免於率獸而食人이면 惡(오)在其爲民父母也리잇고

○<맹자, 양혜왕장구 상 4장>
梃 몽둥이 정: 刃 칼날 인; 庖 푸주간 포: 廄 마구간 구

○양혜왕이 말하였다.
"과인이 마음을 편안히 하여 가르치심을 받기를 원합니다."

맹자께서 말씀하셨다.
"사람을 몽둥이로 죽이는 것과
칼로 죽이는 것이 차이가 있습니까."

양혜왕이 말하였다.
"다른 점이 없습니다."

맹자께서 말씀하셨다.
"칼로 죽이는 것과 정치로 죽이는 것이 다른 점이 있습니까."

양혜왕이 말하였다.
"다른 점이 없습니다."

맹자께서 말씀하셨다.
"임금의 주방에는 살찐 고기가 있고
마구간에는 살찐 말이 있는데
백성들은 굶주린 기색이 있고,

들에는 굶어 죽은 시체가 있다면
이것은 짐승을 몰아다 사람을 잡아먹게 한 것과
같은 것입니다.

사람들은 짐승들이 서로 잡아먹는 것조차도 싫어하는데
백성의 부모가 되어 가지고 정치를 하면서

짐승을 몰아다가
사람을 잡아먹게 하는 것을 면하지 못한다면
백성의 부모 노릇을 한다고 할 수 있겠습니까?"

13 인자한 사람에게는 적이 없다

梁惠王曰
晉國이 天下莫強焉은 叟之所知也라
及寡人之身하여 東敗於齊에 長子死焉하고
西喪地於秦七百里하고
南辱於楚하니 寡人이 恥之하여
願比死者하여 一洒之하나니 如之何則
孟子對曰

地方百里而可以王이니이다
王如施仁政於民하사 省(생)刑罰하시며 薄稅斂하시면
深耕易(이)耨하고 壯者以暇日로 修其孝悌忠信하여
入以事其父兄하며 出以事其長上하리니
可使制梃하여 以撻秦楚之堅甲利兵矣리이다
彼奪其民時하여 使不得耕耨하여 以養其父母하면
父母凍餓하며 兄弟妻子離散하리니
彼陷溺其民이어든 王往而征之하시면
夫誰與王敵이리잇고
故로 曰
仁者는 無敵이라하니 王請勿疑하소서

○<맹자, 양혜왕장구 상 5장>
洒 씻을 세: 耨 김맬 누: 撻 종아리칠 달:凍 얼 동: 陷 함정에 빠질 함

○양혜왕이 말하였다.
"진나라는 천하에 그보다 더 막강한 상대가 없었음은
어른께서도 아시는 바입니다.

그러나 과인의 대에 내려와서는
동쪽으로는 제나라에 패하여 거기서 큰 아들을 죽였고

서쪽으로는 땅을 진나라에 700리나 잃어 버렸고
남쪽으로는 초나라에 모욕을 당하였습니다.

과인은 이것을 부끄럽게 여기고 죽은 사람을 위해서
그 치욕을 한번 씻어 버리고 싶사온대
어떻게 하였으면 좋겠습니까?"

맹자께서 대답하여 말씀하셨다.
"땅이 사방 100리가 되면 그것으로도
왕 노릇을 할 수 있습니다.

왕께서 만약에 백성들에게 인자한 정치를 베푸셔서
형벌을 줄이고 세금 징수를 적게 하고
백성들이 밭을 깊이 갈고 김 잘 매게 하며,

장정들이 한가하고 일 없는 날에는
효성과 우애와 충성과 신의를 배워
집에 들어가서는 부형을 섬기고
밖에 나와서는 연장자와 윗사람을 잘 섬긴다면,

이들로 하여금 몽둥이를 만들어 가지고
진나라와 초나라의
견고한 갑옷과 예리한 무기를 칠 수 있을 것입니다.

저들이 자기네 백성들 일할 시기를 빼앗아 밭을 갈고
김을 매지 못하게 되어 부모를 봉양하지 못하게 되면
부모는 춥고 굶주리며 형제와 처자는 흩어져 버릴 것입니다.

저들이 자기네 백성을 곤경에 빠뜨리거든
왕께서 가셔서 그네들을 바로 잡으신다면 대체 누가 왕께
대적하겠습니까?

그래서
'인자한 사람에게는 적이 없다'고 하는 것입니다.
왕께서는 청하건대 내말을 의심하지 마십시오."

14 천하를 움직이는 법

(孟子曰)
老吾老하여 以及人之老하며
幼吾幼하여 以及人之幼면
天下를 可運於掌이니
詩云 刑于寡妻하여 至于兄弟하여
以御于家邦이라하니
言擧斯心하여 加諸彼而已라
故로 推恩이면 足以保四海요
不推恩이면 無以保妻子니
古之人이 所以大過人者는 無他焉이라
善推其所爲而已矣라

○<맹자, 양혜왕장구 상 7장>
詩(시), 시경(詩經)을 말함, 대아사제편

○(맹자께서 말씀하셨다.)
"내 노인을 공경하여
그 마음을 남의 노인에게까지 미쳐가게 하고

내 어린이를 사랑하여
그 마음을 남의 어린이들에게까지 미치게 하면
천하는 손바닥위에서 움직일 수 있습니다.

〈시경〉에 이르기를
'내 아내에게 법도대로 하여
형제에까지 이르러

집안과 나라를 다스린다.'라 한 것은 이 마음을 가져다가
저들에게 쓸 따름임을 의미합니다.

그러므로 은혜를 널리 펴나가면
넉넉히 온 세상을 편안하게 해줄 수 있고

은혜를 널리 펴 나가지 않으면
처자 조차도 편안하게 해줄 길이 없습니다.

옛날 사람들이 지금 사람들 보다 뛰어난 까닭은,
별다른 이유는 없고,
그들이 하는 바를 잘 펼쳐 나갔다는 것뿐입니다."

15 백성들의 여론을 존중하라

孟子見齊宣王曰
左右皆曰賢이라도 未可也하며
諸大夫皆曰賢이라도 未可也하고
國人皆曰賢然後에 察之하여
見賢焉然後에 用之하며
左右皆曰不可라도 勿聽하며
諸大夫皆曰不可라도 勿聽하고
國人皆曰不可然後에 察之하여
見不可焉然後에 去之하며
左右皆曰可殺이라도 勿聽하며
諸大夫皆曰可殺이라도 勿聽하고
國人皆曰可殺然後에 察之하여

見可殺焉然後에 殺之니
故로 曰國人殺之也라 하나이다
如此然後에 可以爲民父母니이다

○<맹자, 양혜왕장구 하 7장>
齊宣王(제선왕), 성은 전(田), 이름은 벽강(辟彊), 선(宣)은 시(諡), 제(齊)는 후작국(侯爵國)이었으나 왕(王)을 참칭함: 踰 넘을 유: 疏 트일 소

○맹자께서 제선왕을 보고 말씀하셨다.
"좌우의 신하들이 모두 그를 현명하다고 말해도
그를 등용하지 마시고,

여러 대부들이 모두 그를 현명하다고 말해도
등용하지 마십시오.

나라 사람들이 모두 현명하다고 말한 후에
그를 살펴서 현명한 점을 발견한 후에 그를 등용하십시오.

좌우의 신하들이 모두 불가하다고 말하더라도 듣지 마시고
여러 대부들이 모두 불가하다고 말하더라도 듣지 마십시오.

나라 사람들이 모두 불가하다고 말한 뒤에
그를 살펴보아서 불가한 점을 알게 된 연후에
그를 그만두게 해야 합니다.

좌우의 신하들이 모두 그를 죽여야 된다고 말하더라도
듣지 마시고,

여러 대부들이 모두 그를 죽여야 한다고 말하더라도
듣지 마십시오.

나라 사람들이 모두 그를 죽여야 한다고 말한 뒤에
그 사람을 살펴보아서 그에게서
죽일 만한 점을 발견한 후에 그를 죽이십시오.

그래야 나라 사람들이 그를 죽였다고 말하는 것이며,
그렇게 한 후에야
백성들의 부모가 될 수 있는 것입니다."

16 인과 의를 해치는 임금은 하나의 필부

齊宣王이 問曰
湯이 放桀하시고
武王이 伐紂라하니 有諸잇가
孟子對曰 於傳에 有之하니이다
曰 臣弑其君이 可乎잇가
曰
賊仁者를 謂之賊이요
賊義者를 謂之殘이요
殘賊之人을 謂之一夫니
聞誅一夫紂矣요 未聞弑君也니이다

○<맹자, 양혜왕장구 하 8장>
賊 해칠 적: 殘 해칠 잔

○제선왕이 물었다.
"탕 임금이 걸을 쫓아내고 무왕이 주를
정벌했다는데 그런 일이 있었습니까?"
라고 묻자,

맹자께서 말씀하셨다.
"전해 내려오는 글에 그러한 기록이 실려 있습니다."
라고 대답하셨다.

왕이 말하였다.
"신하가 자기의 임금을 시해해도 괜찮습니까?"
맹자께서 말씀하셨다.

"인을 해치는 자를 적(賊), 즉 흉폭하다고 하고,
의를 해치는 자를 잔(殘), 즉 잔학하다고 합니다.
흉폭하고 잔학한 사람은 일부(一夫)라고 합니다.

일부인 주(紂)왕을 죽였다는 말은 들었어도
임금을 살해했다는 말은 듣지 못했습니다."

17 옥은 옥 다듬는 사람에게 맡겨야 한다

孟子見齊宣王曰
爲巨室인댄 則必使工師로 求大木하시러니
工師得大木이면 則王喜하여
以爲能勝其任也라하시고
匠人이 斲而小之면 則王 怒하여
以爲不勝其任矣라하시리니

夫人이 幼而學之는 壯而欲行之니
王曰 姑舍女(汝)所學하고 而從我라하시면
則何如하니잇고
今有璞玉於此하면 雖萬鎰이라도
必使玉人彫琢之하시리니
至於治國家하여는
則曰 姑舍女所學하고 而從我라하시면
則何以異於敎玉人彫琢玉哉잇고

○<맹자, 양혜왕장구 하 9장>
匠 목수 장: 斲 깎을 착: 姑 우선 고: 舍 버릴 사: 璞 옥덩어리 박: 鎰 스물 네냥 일

○맹자께서 제선왕을 만나 이렇게 말씀하셨다.
"큰 궁전을 지으시려면 반드시
도목수를 시켜서 큰 나무를 구해 오실 것입니다.

도목수가 큰 나무를 얻게 되면
왕께서는 기뻐하시고 그 나무가
제구실을 해낼 수 있다고 생각하실 것입니다.

목수가 그 나무를 깎아서 작게 만들면
왕께서는 성을 내시고 그 나무가
제구실을 해내지 못한다고 생각하실 것입니다.

사람이 어려서 배워가지고 장성해서
그 배운 것을 실행하려고 하는데 왕께서
'잠시 네가 배운 것을 버려두고 나를 따르라.'
라고 말씀하신다면 어떻겠습니까?

이제 여기에 박옥이 있다면
그것이 만일(萬鎰)이나 된다 하더라도
반드시 옥 다루는 사람을 시켜서 다듬게 하실 것입니다.

국가를 다스리는 데 이르러서

'잠시 네가 배운 것을 버려두고서 나를 따르라.'

고 하신다면 옥을 다룰 줄 모르는 왕이 옥 다루는 사람에게
옥 다듬는 것을 가르쳐 주는 것과
무엇이 다르겠습니까?"

18 왕도정치와 패도정치

孟子曰
以力假仁者는 霸니 霸必有大國이요
以德行仁者는 王이니 王이니 不待大라
湯以七十里하시고 文王以百里하시니라
以力服人者는 非心服也라 力不贍也요
以德服人者는 中心悅而誠服也니라

○<맹자, 공손추장구 상 3장>
贍 넉넉할 섬

○맹자께서 말씀하셨다.
"힘으로 인의 행위를 빌린 자는 패자이니,
패자는 반드시 큰 나라를 지니고 있어야 한다.

덕으로 인을 행하는 자는 왕자이니,
왕자는 큰 나라를 필요로 하지 않는다.
탕왕(湯王)은 70리를 가지고 왕도정치를 해냈고,
문왕(文王)은 100리를 가지고 그것을 해냈다.

힘으로 남을 복종시킨다면
그것은 마음속으로 복종하는 것이 아니고 힘이 모자라서이다.
덕으로 남을 복종시킨다면 그것은 마음속으로부터 기뻐하여
진실로 복종하는 것이다."

19 인정을 베풀면 큰 나라도 두려워 한다

孟子曰
仁則榮하고 不仁則辱하나니
今에 惡(오)辱而居不仁이
是猶惡濕而居下也니라
如惡之인댄 莫如貴德而尊士니
賢者在位하며 能者在職하여
國家閒暇어든 及是時하여
明其政刑이면 雖大國이라도
必畏之矣리라

○<맹자, 공손추장구 상 4장>
猶 같을 유: 濕 습할 습: 閒 한가할 한: 暇 한가할 가

○맹자께서 말씀하셨다.
"어진 정치를 하면 번영하고
어진 정치를 펴지 않으면 치욕을 당한다.

치욕을 당하는 것을 싫어하면서도
어진 정치를 펴지 않는 것은
마치 습한 것을 싫어하면서도 낮은 곳에 있는 것과 같다.

만약 치욕을 싫어한다면
덕을 귀하게 여기고 선비를 존중해야하니

현자가 벼슬자리에 있고
유능한 인재가 직책을 맡게 되면
국가가 태평하게 된다.

그렇게 된 때에 이르러
그 나라의 정사와 형벌을 명백히 한다면
큰 나라라 할지라도 반드시 그 나라를 두려워 할 것이다."

20 인화(人和)는 천시(天時)와 지리(地利)에 앞선다

孟子曰
天時不如地利요 地利不如人和니라
三里之城과 七里之郭을 環而攻之而不勝하나니
夫環而攻之에 必有得天時者矣언마는
然而不勝者는 是天時不如地利也니라
城非不高也며 池非不深也며
兵革이 非不堅利也며 米粟이 非不多也로되

委而去之하나니 是地利不如人和也니라

○<맹자, 공손추장구 하 1장>
郭 성곽: 環 포위할 환: 革 갑옷 혁: 粟 곡식 속: 委 버릴 위

○맹자께서 말씀하셨다.
"천시는 지리적 이로움만 못하고,
지리적 이로움이 인화만 못하다.

3리 되는 내성과 7리 되는 외성의 외곽을
완전히 포위하고 공격하여도 이기지 못하는 경우가 있다.

완전히 포위하고 공격하게 되면
반드시 천시를 얻은 점이 있게 마련이지만

그리고서도 이기지 못하는 것은
천시가 지리적인 이로움만 못해서이다.

성이 높지 않은 것도 아니고,
해자(垓字)가 깊지 않은 것도 아니며,

무기와 갑옷이가 견고하고 예리하지 않은 것도 아니고,
곡식이 많지 않은 것은 아니지만 이것을 내버리고 가는 것은

지리적 이로움이 인화(人和)만 못해서이다."

21 정치는 민생을 안정시키는 데서부터

滕文公이 問爲國한대
孟子曰

民事는 不可緩也니
詩云 晝爾于茅요 宵爾索綯(삭도)하여
亟(극)其乘屋이오사 其始播百穀이라 하나이다
民之爲道也 有恆産者는 有恆心이요
無恆産者는 無恆心이니
苟無恆心이면 放辟邪侈를 無不爲已니
及陷乎罪然後에 從而刑之면 是는 罔民也니
焉有仁人在位하여 罔民을 而可爲也리오
是故로 賢君이 必恭儉하여 禮下하며
取於民이 有制니이다
陽虎曰 爲富면 不仁矣요
爲仁이면 不富矣라 하나이다

○<맹자, 등문공장구 상 3장>
滕文公(등문공), 등나라의 군주 문공(文公): 陽虎(양호), 노나라 계씨의 가신: 緩 늦출 완: 詩經(시경), 빈풍칠월편: 于 가서 취할 우: 茅 띠풀 모: 宵 밤 소: 索 쌔끼줄 삭: 綯 새끼꼴 도: 亟 빠를 극: 播 뿌릴 파: 恒 항상 항: 辟 간사할 벽: 侈 사치할 치: 罔 속일 망

○등문공이 나라를 다스리는 데 대하여 묻자,
맹자께서 대답하셨다.
"백성들의 일은 늦추어서는 안 됩니다.

〈시경〉에 이르기를
'낮에는 가서 띠풀을 베어오고
밤에는 새끼를 꼬아서 빨리 지붕을 이어라
그리고서 온갖 곡식을 뿌려라'
라고 하였습니다.

백성들이 사는 방법은
일정한 생업이 있는 사람은
변하지 않는 떳떳한 마음을 지니고,

일정한 생업이 없는 사람은
변치않는 떳떳한 마음이 없습니다.

변치 않는 떳떳한 마음이 없게 되면
방탕, 편벽, 사악, 사치 등 못하는 일이 없습니다.

죄에 빠진 후에 따라가서 처벌한다면
그것은 백성들을 그물로 잡는 것입니다.

어찌 인자한 사람이 임금의 자리에 있으면서
백성들을 그물로 잡는 일을 할 수 있겠습니까?

그렇기 때문에 현명한 임금은 반드시 공손하고 검소하며
아랫사람을 예우하고 백성들로부터 세금을 취함에
절제가 있는 것입니다.

양호가 말하기를,
'부를 이루려면 인자하지 않게 되고
인자하게 살면 부유해지지 않는다.' 라고 하였습니다."

22 윗사람과 아랫사람이 법도를 지키면 천하가 태평하다

孟子曰
爲高하되 必因丘陵하며 爲下하되 必因川澤이라 하니

爲政하되 不因先王之道면 可謂智乎아
是以로 惟仁者아 宜在高位니 不仁而在高位면
是는 播其惡於衆也니라
上無道揆也하며 下無法守也하여
朝不信道하며
工不信度하여 君子犯義요
小人이 犯刑이면 國之所存者幸也니라

○<맹자, 이루장구 상 1장>
揆 헤아릴 규: 度 헤아릴 탁, 법도 도

○맹자께서 말씀하셨다.
"높은 것을 만들려면 반드시 언덕으로 올라가야 쉽고, 낮은 것을 만들 때는
반드시 개울과 못으로 내려가야 한다고 말하는 것이다.

정치를 하는데 선왕의 도를 따르지 않는다면
지혜롭다고 할 수 있겠는가?

이러한 까닭으로
오직 인자한 사람만이 높은 지위에 있어야한다.

인자하지 않으면서 높은 지위에 있다면,
그것은 그의 악을 여러 사람에게 퍼뜨리는 것이다.

위에 있는 사람이
도로서 하늘의 뜻을 헤아리는 일을 하지 않고,
아래에 있는 백성들이 법도를 지키는 일을 하지 않고,
조정에서는 도를 믿지 않고,

관리들은 법도를 믿지 않고 군자는 의를 어기고,
소인이 법을 어기면서 나라가
존속되는 것은 요행일 뿐이다."

23 인은 천하와 국가와 자신을 보전한다

孟子曰
三代之得天下也는 以仁이요
其失天下也는 以不仁이니라
國之所以廢興存亡者도 亦然하니라
天子不仁이면 不保四海하고
諸侯不仁이면 不保社稷하고
卿大夫不仁이면 不保宗廟하고
士庶人不仁이면 不保四體니라
今에 惡(오)死亡而樂不仁하나니
是猶惡醉而强酒니라

○<맹자, 이루장구 상 3장>

○맹자께서 말씀 하셨다.
"하(夏)·은(殷)·주(周) 삼대 때에 천하를 얻은 것은
인으로써였고
천하를 잃은 것은 불인으로서였다.

제후국이 피폐하고 흥성하고 존속하고 멸망하는 것
역시 그러하다.

천자가 불인하면 천하를 보존하지 못하고,
제후가 불인하면 나라를 보존하지 못하며,

경대부가 불인하면 종묘를 보존하지 못하고
사(士)와 서인(庶人)이 불인하면 한 몸을 보전하지 못한다.

죽고 멸망하는 것을 싫어하면서 불인하는 것을 좋아한다면,
그것은 취하는 것을 싫어하면서
억지로 술을 마시는 것과 같은 것이다."

24 먼저 그 근본을 올바르게 하라

孟子曰
人有恆言하되 皆曰天下國家라 하나니
天下之本은 在國하고 國之本은 在家하고
家之本은 在身하니라

○<맹자, 이루장구 상 5장>
恒 항상 항

○맹자께서 말씀하셨다.
"사람들은 항상 하는 말이 있는데,
모두들 천하(天下)·국(國)·가(家)라고 한다.

천하의 근본은 나라에 있고,
나라의 근본은 가정에 있고,
가정의 근본은 자신에 있다.

25 인정에는 천하에 대적할 자가 없다

孟子曰
天下有道에는 小德이 役大德하며
小賢이 役大賢하고
天下無道에는 小役大하며 弱役强하나니
斯二者는 天也니
順天者는 存하고 逆天者는 亡이니라

○<맹자, 이루장구 상 7장>

○맹자께서 말씀하셨다.
"천하에 도가 있을 때에는
덕이 적은 사람이 덕이 높은 사람에게 부림을 당하며,
현명하지 못한 사람이 현명한 사람에게 부림을 당한다.

천하에 도가 없을 때에는
작은 나라가 큰 나라에게 부림을 당하고
약한 나라가 강한 나라에게 부림을 당한다.

이 두 가지는 하늘의 이치이니
하늘에 순종하는 자는 보존되고
하늘에 거역하는 자는 망한다."

26 천재(天災)는 도피해도 자신이 저지른 일은 피하지 못한다

孟子曰
不仁者는 可與言哉아
安其危而利其菑(災)하여 樂其所以亡者하나니
不仁而可與言이면 則何亡國敗家之有리오
有孺子歌曰 滄浪之水淸兮어든
可以濯我纓이요
滄浪之水濁兮어든 可以濯我足이라 하여늘
孔子曰
小子아 聽之하라 淸斯濯纓이요
濁斯濯足矣로소니 自取之也라 하시니라
夫人必自侮然後에 人侮之하며
家必自毀而後에 人毀之하며
國必自伐而後에 人伐之하나니라
太甲曰 天作孼은 猶可違어니와

自作孼은 不可活이라 하니 此之謂也니라

○<맹자, 이루장구 상 8장>
太甲(태갑), 서경(書經)의 편(篇)명: 災 재앙 재: 孺 어릴 유: 滄 물이름 창: 浪 물결 랑: 纓 갓끈 영: 毁 훼방할 훼: 自毁, 스스로 없신 여김: 孼 재앙 얼: 違 피할 위: 活 살 활

○맹자께서 말씀하셨다.
"인자하지 않은 사람과 함께 이야기 할 수야 있겠는가?
위태로워질 일을 편안하게 여기고
재앙이 될 것을 이롭게 여기고
망하게 될 일을 좋아한다,

인자하지 않은 데도 함께 이야기를 하여
선으로 지향할 수 있다면 어떻게 나라를 멸망시키고
가문을 패망하게 하는 일이 생기겠는가?

어떤 어린아이가 노래하기를
'창랑의 물 맑으면 내 갓끈 담글 것이고 창랑의 물 흐리면
내발을 담그리로다.' 하였다.

공자께서 말씀하셨다.
'소자들아 저 노래를 들어 보아라.
물이 맑으면 나의 소중한 갓끈을 담글 것이고
물이 흐리면 내발을 담그는 것이니
이는 물이 스스로 가려낸 것이다.' 하셨다.

사람은 반드시 그 자신을 업신여긴 후에야
남이 그를 업신여기게 마련이다.

한 가문은 반드시 스스로 훼손한 후에야
남이 그 가문을 훼손한다.
나라는 반드시 스스로를 공격한 후에야 남이 그 나라를
공격한다.

〈서경,태갑〉에 '하늘이 지어낸 재앙은 그래도 피할 수 있으나 자기가 지어낸 재앙은 피하며 살 수 없다.'고 하였는데 이런 점을 두고 한말이다."

27 백성들의 마음을 잃으면 천하도 잃는다

孟子曰
桀紂之失天下也는 失其民者니 失其心也라
得天下有道하니 得其民이면 斯得天下矣리라
得其民이 有道하니 得其心이면 斯得民矣리라
得其心이 有道하니 所欲을 與之聚之요 所惡(오)를 勿施爾也니라
民之歸仁也 猶水之就下며 獸之走壙也니라

○〈맹자, 이루장구 상 9장〉
聚 모을 취: 壙 들 광

○맹자께서 말씀하셨다.
"걸(桀)과 주(紂)가 천하를 잃은 것은
그들의 백성을 잃은 것이며,
백성을 잃은 것은 백성들의 마음을 잃는 것이다.

천하를 얻는 데는 길이 있으니
백성들을 얻으면 곧 천하를 얻게 되는 것이다.

백성들을 얻는데 길이 있으니
그들의 마음을 얻으면 백성들을 얻게 되는 것이다.

마음을 얻는 데에 길이 있으니
원하는 것은 그들을 위해 모아주고
싫어하는 것은 시행하지 않는 것이다.

백성들이 인자한데로 돌아가는 것은
마치 물이 아래로 흘러가고
짐승이 넓은 들로 달려 나가는 것과 같다."

28 공손하고 검소한 신하를 얻으려면 군주가 먼저 공검하라

孟子曰
恭者는 不侮人하고 儉者는 不奪人하나니
侮奪人之君은 惟恐不順焉이어니
惡(오)得爲恭儉이리오
恭儉을 豈可以聲音笑貌爲哉아

○<맹자, 이루장구 상 16장>
侮 업신여길 모: 聲 소리 성: 貌 모양 모

○맹자께서 말씀하셨다.
"공손한 사람은 남을 업신여기지 않고
검소한 사람은 남의 것을 빼앗지 않는다.

남을 업신여기고 남의 것을 빼앗는 임금은
오직 사람들이 자기에게 순종하지 않을 가 두려워하니,
어떻게 공손하고 검소하게 할 수 있겠는가?

공손함과 검소함을
어찌 목소리와 웃는 모습으로 꾸며서 할 수 있겠는가?"

29 임금이 올바르면 온 백성이 올바르게 된다

孟子曰
人不足與適也며 政不足(與)間也라
惟大人이아 爲能格君心之非니
君仁이면 莫不仁이요 君義면 莫不義요
君正이면 莫不正이니 一正君而國定矣니라

○<맹자, 이루장구 상 20장>
適 허물할 적: 間 흠잡을 간: 格 바로잡을 격

○맹자께서 말씀하셨다.
"등용된 사람들은 군주와 더불어
일일이 허물을 지적할 수도 없고,
잘못된 정사를 일일이 흠잡을 수도 없다.

다만 큰 덕을 지닌 사람만이
군주의 마음속의 잘못된 것을 바로 잡을 수 있으니,

군주가 인자하면 모두 인자하지 않음이 없고
군주가 의로우면 모두 의롭지 않음이 없다.

군주가 바르면 모두 바르지 않음이 없으니,
일단 바른 마음의 군주가 있고서 나라는 안정 된다."

30 임금이 신하를 대하는 도리

孟子告齊宣王曰
君之視臣이 如手足이면 則臣視君을 如腹心하고
君之視臣이 如犬馬면 則臣視君을 如國人하고
君之視臣이 如土芥면 則臣視君을 如寇讎니이다

○<맹자, 이루장구 하 3장>
齊宣王(제선왕), 제나라 선왕, 12장(15) 참조: 芥 지푸라기 개: 寇 도적 구: 讎 원수 수

○맹자께서 제나라 선왕에게 말씀하셨다.
"임금이 신하 보기를
자기의 수족과 같이 한몸으로 여기면
신하는 임금보기를 자기의 복심(腹心,배나 심장)처럼
소중히 여긴다.

임금이 신하 보기를 개나 말처럼 하찮게 보면,
신하는 임금 보기를 자신과 아무 상관 없는
길 가는 사람처럼 여긴다.

임금이 신하보기를 흙이나 지푸라기처럼 천하게 보면
신하는 임금을 원수처럼 여길 것입니다."

31 임금이 인의로우면 온 백성이 인의롭게 된다

孟子曰
君仁이면 莫不仁이오
君義면 莫不義니라

○<맹자, 이루장구 하 5장>

○맹자께서 말씀하셨다.
"임금이 인하면 모두 인자하여 지고
임금이 의로우면 모두 의로워 진다."

32 왕도정치의 위력

孟子曰
霸者之民은 驩虞如也요
王者之民은 皞皞如也니라
殺之而不怨하며 利之而不庸이라
民日遷善而不知爲之者니라
夫君子는 所過者化하며 所存者神이라
上下與天地同流하나니
豈曰小補之哉리오

○<맹자, 진심장구 상 13장>
驩 기뻐할 환: 虞 기쁠 우: 皞 밝을 호

○맹자께서 말씀하셨다.
"패도로서 다스리는 자의 백성들은
환희에 차 즐거워 하는 듯하고,
왕도로서 다스리는 자의 백성들은 스스로 만족해한다.

왕도의 경우 죽여도 원망하지 않고,
이롭게 해주어도 공을 내세우지 않으므로
임금의 공으로 여기지 않는다.

그러므로 백성들은 날로 선으로 옮겨가면서도
누가 그렇게 하는지를 모른다.

군자가 지나가는 곳은 교화(敎化)되고
머물러있는 곳은 신묘(神妙)해진다.

그러므로 아래위로 천지와 흐름을 같이 하여
올바로 되어나가게 하는데
패도의 경우 처럼 어찌 임시적이고 부분적인 보탬이 된다고
하겠는가?"

33 왕도정치의 요체는 민심을 얻는 것이다

孟子曰
仁言이 不如仁聲之入人深也니라
善政이 不如善敎之得民也니라
善政은 民이 畏之하고 善敎는 民이 愛之하나니
善政은 得民財하고 善敎는 得民心이니라

○<맹자, 진심장구 상 14장>

○맹자께서 말씀하셨다.
"어질다는 말은
어질다는 소리가 사람에게 깊이 드는 것만 못하고,
잘하는 정치는 잘 가르쳐 민심을 얻는 것만 못하다.

훌륭한 정치는 백성들이 그것을 두려워하고
훌륭한 가르침은 백성들이 그것을 사랑한다.

훌륭한 정치로는 백성들의 재산을 얻고,
훌륭한 가르침은 민심을 얻는다."

34 전쟁이란 있어서는 안된다

孟子曰
春秋에 無義戰하니 彼善於此는 則有之矣니라
征者는 上伐下也니 敵國은 不相征也니라

○ <맹자, 진심장구 하 2장>
春秋(춘추), 공자가 노나라 사관이 저작한 역사서에 자신의 글을 적어서 다시 편찬한 노나라의 역사서

> ○맹자께서 말씀하셨다.
> "〈춘추〉에 실려 있는 것 중에 의로운 전쟁은 없으니
> 저 나라가 이 나라보다 선 했다는 예는 있었다.
>
> 정벌이라는 것은 위의 사람이 아래 사람을 치는 것이고,
> 대등한 나라간에는 서로 정벌하지 않는 것이다."

35 정치의 세 가지 중요성

孟子曰
不信仁賢則國空虛하고
無禮義則上下亂하고
無政事則財用不足이니라

○<맹자, 진심장구 하 12장>

○맹자께서 말씀하셨다.
"인자하고 현량한 인물을 신임하지 않으면
나라가 공허해지고,

예와 의가 없으면 상하의 질서가 혼란해지고,
정사를 소홀히 하면 재정이 넉넉하지 못하다"

36 오직 인자해야 천하를 얻을 수 있다

孟子曰
不仁而得國者는 有之矣어니와
不仁而得天下는 未之有也니라

○<맹자, 진심장구 하 13장>

○맹자께서 말씀하셨다.
"인자하지 않고서
나라를 얻은 자는 있었지만,

인자하지 않고서
천하를 얻은 자는 아직 있어 본 일이 없다."

37 백성은 나라의 근본이다

孟子曰
民이 爲貴하고 社稷이 次之하고 君이 爲輕하니라
是故로 得乎丘民이 而爲天子요
得乎天子爲諸侯요 得乎諸侯爲大夫니라
諸侯危社稷이면 則變置하나니라
犧牲이 旣成하며 粢盛이 旣潔하여
祭祀以時하되
然而旱乾(간)水溢이면 則變置社稷하나니라

○<맹자, 진심장구 하 14장>

○맹자께서 말씀하셨다.
"백성이 가장 귀중하고 사직이 그 다음이며,
군주는 가벼운 존재이다.

그러므로 백성의 마음을 얻으면 천자가 되고,
천자에게 신임을 얻으면 제후가 되고,
제후에게 신임을 얻으면 대부가 된다.

제후가 사직을 위태롭게 하면 제후를 바꾸어 버린다.

희생의 제물이 준비되고
제물로 바칠 곡식이 정결하게 준비되어
제사를 제때에 지냈는데도
한발과 수해가 나면 사직을 바꾸어 설치한다."

38 정치란 사람이 하는 것으로 갈대와 같다

子曰
人道는 敏政하고 地道는 敏樹하니
夫政也者는 蒲盧也니이다
故로 爲政이 在人하니 取人以身이요
修身以道요 修道以仁이니이다

○<중용, 20장>
策 책 책: 方策 나무나 대쪽으로 만든 책: 敏 빠를 민: 蒲 부들 포: 蘆 갈대 로

○공자께서 말씀하셨다.
"사람의 도는 정치에 민감하게 나타나고,
땅의 도는 나무에 민감하게 나타나니,

무릇 정치라는 것은 창포나 갈대 같이
교화의 효험이 빠른 것이다.

따라서 정치를 하는 것은 사람에게 달려 있으니
사람을 등용함엔 자신의 몸을 닦아
어진 이들이 오도록 해야 할 것이요,

몸을 닦을 때엔 도로서 해야 할 것이요,
도를 닦을 때엔 인으로서 해야 할 것이다."

39 모든 일은 미리하라

子曰
凡事는 豫則立하고 不豫則廢하나니
言前定則不跲하고 事前定則不困하고
行前定則不疚하고 道前定則不窮이니라

○<중용, 20장>
豫 미리 예: 跲 넘어질 겁: 疚 병들 구

○공자께서 말씀하셨다.
"모든 일은 미리 대비하면 이루어지고,
대비 하지 않으면 실패한다.

말을 미리 그런 말을 할 만한 준비를 하였으면
어긋나지 아니하고,
일을 미리 준비를 하였으면 막히지 아니한다.

행동을 그 일을 할 만한 소지(素地)를 준비 하였으면
결함이 없고,
도를 미리 정해져 준비가 있으면 궁색해지지 않게 된다."

40 믿음의 존재이유

子曰
在下位하여 不獲乎上이면
民不可得而治矣리라

獲乎上이 有道하니
不信乎朋友면 不獲乎上矣리라
信乎朋友有道하니
不順乎親이면 不信乎朋友矣리라
順乎親이 有道하니
反諸身不誠이면 不順乎親矣리라
誠身이 有道하니
不明乎善이면 不誠乎身矣리라

○<중용, 20장>
獲 얻을 획: 順 따를 순: 反 도리킬 반

○공자께서 말씀하셨다.
"아랫자리에 있으면서 윗사람의 신임을 얻지 못하면
백성을 다스릴 수 없게 될 것이며,

윗사람의 신임을 얻는 데에는 방법이 있으니,
벗의 믿음을 얻지 못하면
윗사람의 신임을 얻지 못할 것이며,

벗의 믿음을 얻는 데에는 방법이 있으니,
어버이에게 효순하지 않으면
벗에게 신임을 받지 못할 것이며

어버이에게 효순하는 데에는 방법 있으니,
자신을 도리켜 보아 정성되지 않으면
어버이에게 효순하지 못하게 될 것이다.

자신이 정성되게 되는 데에는 방법이 있으니,
선을 밝게 알지 못하면 몸을 정성되게 하지 못할 것이다."

부록

1. 사자성어

1. 가

加減乘除 가감승제 : 덧셈, 뺄셈, 곱셈, 나눗셈
街談巷說 가담항설 : 길거리나 마을에 근거 없이 떠도는 말
苛斂誅求 가렴주구 : 세금을 가혹하게 거두고 물품을 강제로 요구함
家書萬金 가서만금 : 자기집에서 온 편지의 반갑고 소중함
佳人薄命 가인박명 : 아름다운 여자는 수명이 짧고 운명이 기구함
刻骨難忘 각골난망 : 뼈에 새겨두고 잊혀지지 아니함
刻骨痛恨 각골통한 : 뼈에 사무처 마음속 깊이 맺힌 원한
角者無齒 각자무치 : 뿔이 있는 짐승은 이가 없음, 한 사람이 여러 가지 재주나 복을 다 가질 수 없음
各自爲政 각자위정 : 자기 멋대로 행동 하고 조화나 협력을 하지 않음
刻舟求劍 각주구검 : 물에 빠뜨린 칼을 뱃전에 새겨 그 자리를 표시 했다가 강을 건너후 그 자리에서 칼을 찾으려 함, 미련해서 융통성이 없음
肝膽相照 간담상조 : 서로의 간과 쓸개를 꺼내 보임, 서로 속마음을 털어놓고 친하게 사귐
肝膽楚越 간담초월 : 간과 쓸개의 거리가 초나라와 월나라의 관계처럼 멂, 서로 가까이 있더라도 관계가 매우 멂
感慨無量 감개무량 : 마음속에서 느끼는 감동이나 느낌이 끝이 없음
敢不生心 감불생심 : 감히 엄두도 내지 못함
甘言利說 감언이설 : 남의 비위에 맞도록 꾸민 달콤한 말

甘井先渴 감정선갈 : 물맛이 좋은 물은 빨리 마름, 재주가 뛰어난 사람은 일찍이 쇠함
感之德之 감지덕지 : 분에 넘치는 듯싶어 매우 고맙게 여기는 모양
甘呑苦吐 감탄고토 : 달면 삼키고 쓰면 뱉음
甲男乙女 갑남을녀 : 평범한 사람들, 장삼이사(張三李四), 필부필부(匹夫匹夫)도 같은 뜻임
甲論乙駁 갑론을박 : 여러 사람이 자신의 주장을 내세우며 상대 편의 주장을 반박함
康衢煙月 강구연월 : 태평한 세상의 평화로운 풍경
強近之親 강근지친 : 도움을 줄만한 가까운 친척
江湖煙波 강호연파 : 강이나 호수위에 안개처럼 하얗게 어린 기운, 자연풍경
改過遷善 개과천선 : 지난 날의 잘못이나 허물을 고쳐 올바르고 착하게 됨
蓋棺事定 개관사정 : 관의 뚜껑을 덮어야 일이 정해짐, 사람의 공과 허물은 죽은 후라야 정해짐
開卷有益 개권유익 : 책을 읽으면 유익함
改善匡正 개선광정 : 좋게 고치고 잘못을 바로잡음
蓋世之才 개세지재 : 세상을 덮을 만한 뛰어난 재주
去頭截尾 거두절미 : 머리와 꼬리를 잘라버림, 요점만 간단히 말함
居安思危 거안사위 : 편안할 때 앞으로 닥칠 위험을 생각함
擧案齋眉 기안제미 : 밥상을 눈높이 들어 남편을 섬김
去者日疎 거자일소 : 서로 멀리 떨어져 있으면 점점 사이가 멀어짐
車載斗量 거재두량 : 물건이나 인재 등이 많아서 그다지 귀하지 않음
乞人憐天 걸인인천 : 거지가 하늘을 걱정함, 격에 맞지 않는 걱정
格物致知 격물치지 : 사물의 이치를 연구하여 자기의 지식을 확고하게 함
乾坤一擲 건곤일척 : 하늘이냐 땅이냐를 걸고 단판걸이로 승부를

겨룸

隔世之感 격세지감 : 오랫동안 몰라보게 변하여 아주 다른 세상이 된 것 같음

隔靴搔癢 격화소양 : 신발을 신고 가려운 데를 긁음, 마음으로 애써 하려하나 실제효과를 얻지 못함

牽强附會 견강부회 : 이치에 맞지 않는 말을 끌어다가 억지로 붙여서 맞춤

見機而作 견기이작 : 낌새를 알아채고 미리 조치함

見利忘義 견리망의 : 눈앞의 이익만 보고 의리를 생각하지 않음

見利思義 견리사의 : 눈앞의 이익을 보면 의로운 일인가를 생각함

犬馬之勞 견마지로 : 개나 말 정도의 하찮은 힘, 자기의 노력을 낮추는 말

犬馬之誠 견마지성 : 임금이나 나라에 바치는 충성(정성)을 낮추는말

犬馬之養 견마지양 : 부모를 봉양만 하고 경의가 없음, 봉양만 하는 것은 효도가 아님

見聞一致 견문일치 : 보고 들은 바가 꼭 같음

見物生心 견물생심 : 물건을 보게 되면 그것을 가지고 싶은 욕심이 생김

犬猿之間 견원지간 : 개와 원숭이의 사이, 매우 나쁜 사이

見危授命 견위수명 : 나라가 위급해지는 경우에 자신의 목숨을 나라에 바침

堅忍不拔 견인불발 : 굳게 참고 견디어 마음이 흔들리지 않음

犬兔之爭 견토지쟁 : 두사람의 싸움으로 제 삼자가 이익을 봄

結者解之 결자해지 : 맺은 사람이 풀어야 함, 자기가 저질은 일은 자기가 해결해야 함

結草報恩 결초보은 : 풀을 묶어서 상대방을 넘어 뜨려 은혜를 갚는다는 뜻, 죽어 혼령이 되어서라도 은혜에 보답함

兼人之勇 겸인지용 : 혼자서 몇 사람을 당할 만한 용기
輕擧妄動 경거망동 : 경솔하여 생각 없이 망령되게 행동함
敬老孝親 경노효친 : 노인을 공경하고 부모에게 효도함
經世濟民 경세제민 : 세상을 다스리고 백성을 구제함
敬天勤民 경천근민 : 하느님을 공경하고 백성을 다스리기에 부지
런함
經國濟世 경국제세 : 나라를 잘 다스려 세상을 구제함
傾國之色 경국지색 : 나라의 형세를 기울어지게 할만한 뛰어나게
아름다운 여인
敬而遠之 경이원지 : 공경하기는 하나 가까워 하지는 아니함
驚天動地 경천동지 : 하늘을 놀라게 하고 땅을 움직이게 함
敬天愛人 경천애인 : 하늘을 공경하고 사람을 사랑함
經天緯地 경천위지 : 하늘을 날줄로 삼고 땅을 씨줄로 삼아 천하를
다스림, 일을 계획적으로 준비하고 다스림
鷄口牛後 계구우후 : 큰 단체의 말단보다는 작은 단체의 우두 머리
가 되는 것이 나음
群鷄一鶴 군계일학 : 여러 평범한 사람 중에 뛰어난 사람
鷄卵有骨 계란유골 : 계란에도 뼈가 있다는 뜻, 운수가 나쁜 사람은
좋은 기회를 만나도 공교롭게 일이 잘 안됨
鷄鳴狗盜 계명구도 : 닭처럼 울거나 개 시늉을 하여 도둑질 하는
사람, 비천한 행동을 하는 사람
孤軍奮鬪 고고분투 : 외로운 군력으로 분발하여 싸움
高臺廣室 고대광실 : 높은 대와 넓은 집, 굉장이 크고 좋은 집
股肱之臣 고굉지신 : 임금이 가장 가까이 하며 신임하는 신하
高談放言 고담방언 : 거리낌 없이 멋대로 소리를 높혀 말함
孤立無援 고립무원 : 고립되어 구원을 받을 데가 없음
鼓腹擊壤 고복격양 : 배를 두드리면서 흙덩이를 침, 태평 세월을 일
컫는 말

高山流水 고산유수 : 높은 산과 흐르는 물, 자기의 마음과 가치를
잘 알아주는 참다운 친구
孤城落日 고성낙일 : 외딴성과 서산에 지는 해, 세력이 다 하고 남
의 도움이 없는 외로운 처지
姑息之計 고식지계 : 근본적인 해결책이 아닌 임시변통의 계책
苦肉之策 고육지책 : 적을 속이거나 어려운 사태에서 벗어나기 위
해 제 몸을 돌보지 않고 쓰는 계책
孤掌難鳴 고장난명 : 한쪽 손바닥으로는 소리내기 어려움, 혼자의
힘으로는 어떤 일을 이루기 어려움
固定觀念 고정관념 : 잘 변하지 않는 행동을 주로 하여 결정하는
확고한 의식이나 관념
固定不變 고정불변 : 고정되어 변함이 없음
苦盡甘來 고진감래 : 고생이 끝나면 즐거운 일이 닥쳐옴
固執不通 고집불통 : 고집이 세어 조금도 융통성이 없음
高枕安眠 고침안면 : 베개를 높이 하여 편하게 잠, 근심 없이 편안
히 지냄
曲學阿世 곡학아세 : 학문을 왜곡하여 세상에 아첨함
骨肉相殘 골육상잔 : 가까운 혈족끼리 서로 해치고 죽임
空山明月 공산명월 : 보름달이 비추는 한밤 산속의 정경
空前絕後 공전절후 : 전에도 없었고 앞으로도 없을 일
空中樓閣 공중누각 : 아무런 근거나 토대가 없는 가공의 사물
誇大妄想 과대망상 : 자기의 능력이나 용모 등을 과대하게 평가하
여 사실인 것처럼 믿음
過猶不及 과유불급 : 정도를 지나침은 미치지 못함과 같음
瓜田李下 과전이하 : 오이 밭에서는 갓을 고쳐쓰지 말라는 뜻으로
의심받기 쉬운 행동은 하지 말아야 함
管鮑之交 관포지교 : 관중과 포숙의 의리, 친밀한 교제
冠婚喪祭 관혼상제 : 관례, 혼례, 상례, 제례를 통털어 이름

刮目相待 괄목상대 : 눈을 비비고 서로 대함, 남의 학식이나 재주가 갑자기 늘어난 데에 놀라 인식을 새롭게 함

矯角殺牛 교각살우 : 소의 뿔을 바로 잡으려다 소를 죽임, 잘못된 점을 고치려다 그 방법이나 정도가 지나쳐 오히려 일을 그르침

巧言令色 교언영색 : 남의 환심을 사려고 아첨하는 교묘한 말과 보기좋게 꾸미는 얼굴빛

交友以信 교우이신 : 세속오계의 하나로, 벗을 사귐에는 믿음으로 하여야 함

膠柱鼓瑟 교주고슬 : 거문고의 발을 아교로 붙여 음조를 바꾸지 못하게 함, 융통성이 없고 고집스런 사람

膠漆之交 교칠지교 : 아교와 옻의 사귐, 매우 친밀한 사귐을

敎學相長 교학상장 : 남을 가르치는 일과 배우는 일은 다함께 학업을 증진시킴

九曲肝腸 구곡간장 : 굽이굽이 서린 창자, 시름이 쌓인 마음속

口蜜腹劍 구밀복검 : 입에는 꿀이 있고 배 속에는 칼이 있음, 말로는 친한 체 하나 속으로는 해칠 생각이 있음

九死一生 구사일생 : 여러 차례 죽을 고비를 넘기고 살아남

口尙乳臭 구상유취 : 입에서 젖내가 난다는 뜻으로 언행이 유치함

九牛一毛 구우일모 : 아홉 마리 소 가운데 하나의 털, 많은 것 가운데 극히 적은 것

口耳之學 구이지학 : 들은 것을 남에게 전하는 것이 고작인 학문

九折羊腸 구절양장 : 아홉번 꺾인 양의 창자, 세상살이가 복잡하여 살기가 어려움

口禍之門 구화지문 : 입은 재앙을 불러들이는 문임

國士無雙 국사무쌍 : 나라에서 견줄 사람이 없을 정도로 빼어난 인재

群鷄一鶴 군계일학 : 많은 사람들 가운데서 뛰어난 인물

君臣有義 군신유의 : 임금과 신하사이의 도리는 의리에 있음
群雄割據 군웅할거 : 여러 영웅이 각기 한 지방씩 차지하고 위세를 부림
君爲臣綱 군위신강 : 임금은 신하의 근본(모범)이 되어야 함
窮餘之策 궁여지책 : 생각다 못해 해내는 계책
君子不器 군자불기 : 군자는 일정한 용도로 쓰이는 그릇과 같은 것이 아님, 한 가지 재능에만 얽매이지 않고 두루 살피고 원만함
君子三樂 군자삼락 : 군자의 세 가지 즐거움으로 부모가 살아 계시고 형제가 무고한 것, 하늘을 우르러 부끄러움이 없는 것, 천하의 수재를 얻어 교육하는 것
窮餘之策 궁여지책 : 궁하다 못하여 짜낸 계책
權謀術數 권모술수 : 목적달성을 위하여 수단과 방법을 가리지 않는 온갖 모략이나 술책
權不十年 권불십년 : 권세는 십년을 가지 못함, 아무리 높은 권세라도 오래 가지 못함
勸善懲惡 권선징악 : 착한 행실을 권장하고 악한 행실을 징계 함
捲土重來 권토중래 : 땅을 말아 일으킬 것 같은 기세로 다시 옴, 한 번 실패에 굴하지 않고 다시 일어남
克己復禮 극기복례 : 자기의 욕심을 누르고 예의 범절을 따름
極惡無道 극악무도 : 지극히 약하고 도의심이 없음
近墨者黑 근묵자흑 : 먹을 가까이하면 검어짐, 나쁜 사람을 가까이하면 그 버릇에 물들기 쉬움
近朱者赤 근주자적 : 붉은 색을 가까이 하는 사람은 붉어짐
金科玉條 금과옥조 : 금이나 옥처럼 귀중히 여겨 꼭 지켜야 할 법칙이나 규정
金蘭之交(契) 금란지교(계) : 쇠처럼 단단하고 난초처럼 향기로운 친구 사이의 매우 두터운 사귐

錦上添花 금상첨화 : 비단 위에 꽃을 더함, 좋은 일에 또 좋은 일이 더하여짐
金石盟約 금석맹약 : 쇠나 돌처럼 굳은 약속
今昔之感 금석지감 : 요즘현실과 옛날을 비교할 때 차이가 너무 심함
金石之交 금석지교 : 쇠나 돌처럼 굳고 변함없는 교제
金城湯池 금성탕지 : 쇠로 만든 성과 뜨거운 물로 가득찬 못, 방어 시설이 견고한 성
今時初聞 금시초문 : 바로 지금 처음으로 들음
錦衣夜行 금의야행 : 비단옷을 입고 밤길을 감, 아무 보람 없는 행동
錦衣玉食 금의옥식 : 비단옷과 흰 쌀밥, 사치스럽고 부유한 생활
錦衣還鄕 금의환향 : 성공하여 비단옷을 입고 고향에 돌아감
金枝玉葉 금지옥엽 : 금으로 된 가지와 옥으로 된 잎사귀, 귀한 자손
氣高萬丈 기고만장 : 기운이 만장이나 뻗치었음, 펄펄 뛸 만큼 크게 성이 남
起死回生 기사회생 : 거의 죽을 뻔하다가 살아남
奇想天外 기상천외 : 보통 사람으로는 짐작할 수 없을 만큼 기발하고 엉뚱한 생각
起承轉結 기승전결 : 문학작품의 서술체계를 구성하는 형식, 시작, 전개, 전환, 끝맺음
奇巖怪石 기암괴석 : 기이하게 생긴 바위와 괴이하게 생긴 돌
奇巖絶壁 기암절벽 : 기이하게 생긴 바위와 깎아지른 듯한 낭떠러지
氣盡脈盡 기진맥진 : 기력이 다하고 맥이 풀림, 기진 역진(氣盡力盡)
吉凶禍福 길흉화복 : 길흉과 화복을 아울러 이름
騎虎之勢 기호지세 : 호랑이를 타고 달리는 기세, 시작한 일을 중도에 그만 둘 수 없는 경우
奇貨可居 기화가거 : 진기한 물건은 사서 잘 보관해두면 장차 큰 이득을 봄, 좋은 기회로 이용하기에 알맞음

2. 나

落落長松 낙락장송 : 가지가 축축 길게 늘어지고 키가 큰 소나무
落木寒天 낙목한천 : 낙엽진 나무와 차가운 하늘, 추운 겨울철
落花流水 낙화유수 : 떨어지는 꽃과 흐르는 물, 가는 봄의 경치 또는 남녀가 서로 그리워 함
落穽下石 낙정하석 : 함정에 빠진 사람에게 돌을 떨어뜨림, 어지러운 처지에 놓인 사람을 도와주기는 커녕 도리어 괴롭힘
難攻不落 난공불락 : 공격하기 어려워 쉽사리 함락되지 아니함
亂臣賊子 난신적자 : 나라를 어지럽게 하는 신하와 부모에게 거역하는 자식
暖衣飽食 난의포식 : 따뜻하게 입고 배불리 먹음
難兄難弟 난형난제 : 누구를 형이라 아우라 하기는 어려움, 누가 더 낫다고 할 수 없을 정도로 서로 비슷하거나 사물의 우열이 없음
南柯一夢 남가일몽 : 남가의 한 꿈, 꿈과 같은 한때의 부귀와 권세
南橘北枳 남귤북지 : 남쪽의 귤이 북쪽에서는 탱자가 됨, 사람은 처한 환경에 따라 성품이 변함
男負女戴 남부여대 : 남자는 짐을 등에 지고 여자는 짐을 머리에 임, 가난이나 재난을 당한 사람들이 살 곳을 찾아 이리저리 떠돌아다님
囊中之錐 낭중지추 : 주머니 속의 송곳, 유능한 사람은 숨어있어도 자연히 그 존재가 들어남
內柔外剛 내유외강 : 안으로 마음이 약한데도 외부에는 강하게 나타남
怒甲移乙 노갑이을 : 어떠한 사람에게 당한 노여움을 애꿎은 다른 사람에게 화풀이함
怒氣衝天 노기충천 : 성난 기색이 하늘을 찌를 정도로 잔뜩 성이 나 있음
老馬之智 노마지지 : 늙은 말의 지혜, 연륜이 깊으면 나름의 장점과 특기가 있음

怒發大發 노발대발 : 몹시 노하여 크게 성을 냄
勞心焦思 노심초사 : 마음을 수고롭게 하고 생각을 너무 깊게 하거나 애쓰면서 속을 태움
勞而無功 노이무공 : 애는 썼으나 보람이 없음
綠林豪傑 녹림호걸 : 푸른 숲속의 호걸, 도둑이나 불한당을 부르는 별칭
綠楊芳草 녹양방초 : 푸른 버들과 아름다운 풀
綠衣紅裳 녹의홍상 : 연두 저고리에 다홍치마, 젊은 여자의 고운 옷차림
論功行賞 논공행상 : 세운 공을 논정하여 상을 줌
累卵之勢 누란지세 : 달걀을 쌓아 놓은 것과 같은 몹시 위태로운 형세
累卵之危 누란지위 : 달걀을 쌓아 놓은 것과 같은 몹시 아슬아슬한 위기
能小能大 능소능대 : 모든 일에 두루 능함

3. 다

多岐亡羊 다기망양 : 달아난 양을 찾으러 할때 갈림길이 많아 끝내 양을 잃음, 학문의 길이 다방면이어서 진리를 깨치기 어려움
多多益善 다다익선 : 많으면 많을수록 좋음
多聞博識 다문박식 : 보고 들은 것이 많고 학식이 넓음
多事多難 다사다난 : 여러 가지 일도 많고 어려움이나 탈도 많음
多才多能 다재다능 : 재주와 능력이 많음
多情多感 다정다감 : 정이 많고 느낌이 많음, 감수성이 예민하여 감동하기 쉬움
斷金之交 단금지교 : 쇠라도 자를 만큼 강한 교분, 매우 두터운 우정
斷機之敎 단기지교 : 짜던 베도 도중에 짜르면 쓸모없음, 학업을 중지하는 것은 짜던 베의 날을 끊는 것과 같음, 단기지계

(斷機之戒)

單刀直入 단도직입 : 혼자 칼자루를 들고 적진으로 쳐들어감, 여러 말을 늘어놓지 아니하고 요점이나 문제를 중점적으로 말함

簞食瓢飮 단사표음 : 대그릇의 밥과 표주박의 물, 청빈한 생활

丹脣皓齒 단순호치 : 붉은 입술과 흰 이, 아름다운 여자

膽大心小 담대심소 : 담대하면서도 치밀한 주의력을 가져야 함, 문장을 지을 때의 마음가짐

堂狗風月 당구풍월 : 서당개 삼년이면 풍월을 읊음, 한 분야에 오래 있으면 얼마간의 경험과 지식을 갖춤

黨同伐異 당동벌이 : 일의 옳고 그름을 따지지 않고 뜻이 같은 무리끼리는 서로 돕고 다른 무리는 배척함

螳螂拒轍 당랑거철 : 사마귀가 수레바퀴를 막음, 제 분수도 모르고 강한 적에 반항하고 덤벼 듦

大姦似忠 대간사충 : 아주 간사한 사람은 아첨하는 수단을 교묘히 부려 마치 충성하는 사람 같음

大驚失色 대경실색 : 몹시 놀라 얼굴빛이 하얗게 변함

大公無私 대공무사 : 매우 공평하여 사사로움이 없음

大器晩成 대기만성 : 큰 그릇은 늦게 이루어짐, 크게 될 인물은 오랜 공적을 쌓아 늦게 이루어짐

大膽無雙 대담무쌍 : 대담한 것으로 봤을 때 상대할 만한 사람이 없음

大同小異 대동소이 : 거의 다를 것이 없고 비슷 비슷함

大聲痛哭 대성통곡 : 큰 소리로 슬피 움

對牛彈琴 대우탄금 : 소 귀에 거문고 소리, 어리석은 사람은 깊은 이치를 말해도 알아듣지 못함

大義滅親 대의멸친 : 큰 도리를 지키기 위해 부모나 형제도 돌보지 않음

大義名分 대의명분 : 사람으로 당연히 지켜야할 도리와 본분

道傍苦李 도방고이 : 길가의 쓰디쓴 자두, 아무도 따는 사람 없이 버림받은 것

桃園結義 도원결의 : 유비, 관우, 장비가 도원에서 의형제를 맺은 것 같이 의형제를 맺음

道聽塗說 도청도설 : 길거리에서 들은 이야기를 곧 그 길에 서 다른 사람에게 말함, 길거리에 떠돌아다니는 뜬 소문

德必有隣 덕필유린 : 덕이 있으면 반드시 따르는 사람이 있어 외롭지 않음

塗炭之苦 도탄지고 : 진흙이나 숯불 속에 떨어진 것 같은 괴로움

獨不將軍 독불장군 : 남의 의견은 무시하고 저 혼자 모든 일을 처리함

讀書亡羊 독서망양 : 책을 읽느라 양을 잃어버림, 하는 일에 뜻이 없고 다른 생각만하다가 낭패를 봄

讀書尙友 독서상우 : 책을 읽어 옛 현인들과 벗함

獨也靑靑 독야청청 : 홀로 푸르름, 혼탁한 세상에서 홀로 높은 절개를 드러냄

同價紅裳 동가홍상 : 같은 값이면 다홍치마, 같은 값이면 좋은 물건을 골라 가짐

同苦同樂 동고동락 : 같이 고생하고 같이 즐김, 괴로움과 즐거움을 함께 함

同工異曲 동공이곡 : 재주나 솜씨는 같지만 표현된 내용이나 맛이 다름

同門修學 동문수학 : 한 스승 밑에서 함께 학문을 닦음

東問西答 동문서답 : 묻는 말에 전혀 딴 대답을 함

同病相憐 동병상련 : 같은 병자끼리 가엾게 여김, 어려운 처지에 있는 사람끼리 서로 불쌍히 여겨 동정하고 서로 도움

東奔西走 동분서주 : 사방으로 이리저리 바삐 돌아다님

同床異夢 동상이몽 : 같은 잠자리에서 다른 꿈을 꿈

凍足放尿 동족방뇨 : 언 발에 오줌 누기, 잠시의 효력이 있을 뿐 곧 효력이 없어져 더 나쁘게 됨

杜門不出 두문불출 : 문을 닫고 나오지 않음, 세상과의 인연을 끊고 은거함

斗酒不辭 두주불사 : 말술도 사양하지 않음, 술을 매우 잘 마심

得隴望蜀 득롱망촉 : 농 나라를 얻고 나니 촉나라를 갖고 싶음, 인간의 욕심은 한이 없음

登高自卑 등고자비 : 높은 곳에 이르려면 낮은 곳으로부터 밟아야 함

燈下不明 등하불명 : 등잔 밑이 어두움

燈火可親 등화가친 : 가을밤은 시원하고 상쾌하므로 등불을 가까이 하여 글 읽기에 좋음

4. 마

磨斧爲針 마부위침 : 도끼를 갈아서 바늘을 만듦, 중도에 그만두지 않고 끊임없는 노력과 인내로 성공함

馬耳東風 마이동풍 : 남의 말을 귀담아 듣지 아니하고 흘려 버림

莫上莫下 막상막하 : 위도 아니고 아래도 아님, 우열의 차이가 없음

莫逆之友 막역지우 : 허물없이 아주 친한 친구

萬頃蒼波 만경창파 : 한없이 넓고 푸른 바다

萬古不變 만고불변 : 오랜 세월을 두고 변하지 않음

萬古風霜 만고풍상 : 오랫동안 겪은 수많은 쓰라린 경험

萬機親覽 만기친람 : 임금이 온갖 정사를 친히 다스림

萬死無惜 만사무석 : 만 번 죽이도 아까울 것이 없을 정도로 죄가 매우 무거움

萬事亨通 만사형통 : 모든 일이 뜻대로 잘 이루어짐

萬事休矣 만사휴의 : 모든 일이 헛수고로 돌아감

萬壽無疆 만수무강 : 장수를 빌 때 쓰는 말, 수명이 끝이 없음

晩時之歎 만시지탄 : 시기가 늦었음을 원통해 하는 탄식

萬全之策 만전지책 : 실패의 위험이 없는 아주 안전하고 완전한 계책
萬彙群象 만휘군상 : 세상의 온갖 사물
亡國之音 망국지음 : 나라를 망하게 할 음악, 저속하고 잡스러운 음악
罔極之恩 망극지은 : 끝업이 베풀어 주는 혜택이나 고마움
忘年之友(交) 망년지우(교) : 나이에 꺼리지 않고 사귀는 벗
望梅解渴 망매해갈 : 매실은 보기만 해도 침이나와 갈증이 해소 됨, 매실 맛이 아주 신 것을 의미함, 공상으로 잠시 평안과 위안을 얻음
亡羊補牢 망양보뢰 : 양 잃고 우리를 고침, 일을 그르친 후에 뉘우쳐도 소용없음
亡羊之歎 망양지탄 : 달아난 양을 찾다가 여러 갈래 길에 이르러 길을 잃음, 학문의 길이 여러 갈래여서 한 갈래의 진리도 얻기 어려움
望洋之歎 망양지탄 : 넓은 바다를 보고 탄식함, 어떤 일에 자기 자신의 힘이 미치지 못하여 탄식함
茫然自失 망연자실 : 정신을 잃고 어리둥절한 모양
望雲之情 망운지정 : 타향에서 고향쪽으로 구름을 바라보며 부모를 그리는 심정
亡子計齒 망자계치 : 죽은 자식 나이 세기, 이미 지나간 일을 다시 생각해 봐야 소용없음
芒刺在背 망자새배 : 가시를 등에 지고 있음, 마음이 조마조마하고 편하지 않음
梅蘭菊竹 매란국죽 : 품성이 군자와 같다고 하는 매화, 난, 국화, 대나무
梅妻鶴子 매처학자 : 매화를 아내를 삼고 학을 자식으로 삼음, 유유자적한 풍류생활
麥秀之嘆 맥수지탄 : 보리만 무성하게 자란 것을 탄식함, 고국의

　　　　　　멸망을 한탄함
孟母斷機　맹모단기 : 맹자가 수학 도중에 돌아왔을 때 맹자의 어머니
　　　　　　가 베를 끊었음, 학업을 중도에서 그만둠을 훈계하는 말
孟母三遷　맹모삼천 : 맹자 어머니가 맹자를 위해 세 번 이사한 것을 일
　　　　　　컬음
面從腹背　면종복배 : 겉으로는 복종하는체하면서 속으로는 딴 마음을
　　　　　　먹음
滅私奉公　멸사봉공 : 사적인 것을 버리고 공적인 것을 위하여 힘써 일함
明鏡止水　명경지수 : 맑은 거울과 조용한 물, 고요하고 잔잔한 마음
明明白白　명명백백 : 아주 명확하여 의심할 여지가 없음
名實相符　명실상부 : 명목과 실상이 서로 부합함
明若觀火　명약관화 : 불을 보듯 분명하고 뻔함
命在頃刻　명재경각 : 목숨이 곳 끊어질 것 같은 위태로운 상황
明哲保身　명철보신 : 어지러운 세상에서 총명하고 사리에 밝아 이
　　　　　　치에 맞게 일을 처리하여 자신을 잘 보전함
毛遂自薦　모수자천 : 자기가 자기를 추천함, 모수라는 사람이 자기
　　　　　　를 추천하였다는 말에서 유래, 일의 앞뒤도 모르고 나서
　　　　　　는 사람
目不識丁　목불식정 : "丁"자를 보고도 그것이 고무래인 것을 알지
　　　　　　못함
目不忍見　목불인견 : 눈앞에 벌어진 상황을 차마 볼 수 없음
猫頂懸鈴　묘정현령 : 고양이 목에 방울달기, 실행하기 어려운 공론
武陵桃源　무릉도원 : 무릉 사람이 간 복사꽃이 핀 아름다운 별천지
無不通知　무불통지 : 무엇이든지 환히 통하여 모르는 것이 없음
無所不爲　무소불위 : 못 할 일이 없음
無所不至　무소부지 : 이르지 아니한 데가 없음
無所不能　무소불능 : 무엇이든 잘하지 아니하는 것이 없음
無用之用　무용지용 : 쓸모없는 것같이 보이는 것이 오히려 쓸모 있는

경우
無爲徒食 무위도식 : 하는 일이 없고 먹고 놀기만 하는 것
無爲而化 무위이화 : 성인의 덕이 크면 힘들이지 않아도 백성들이 스스로 따라옴
無知莫知 무지막지 : 매우 무지하고 우악스러움
文房四友 문방사우 : 서재에 꼭 있어야할 네 벗으로 종이, 붓, 먹, 벼루
勿頸之交 문경지교 : 목을 벨 수 있는 벗이라는 뜻으로, 생사를 같이 할 수 있는 매우 소중한 벗
聞一知十 문일지십 : 하나를 듣고 열 가지를 미루어 앎, 지극히 총명함
門前乞食 문전걸식 : 문 앞에서 음식을 구걸함, 이집 저집 돌아다니며 얻어먹음
門前成市 문전성시 : 찾아오는 사람이 많아 집문 앞이 시장을 이루다시피 함
門前沃畓 문전옥답 : 집 앞의 가까이에 있는 기름진 논
門前雀羅 문전작라 : 가난하고 천해지면 문앞에 새그물을 처놓을 정도로 방문객의 발길이 뚝 끊어짐
勿失好機 물실호기 : 좋은 기회를 놓치지 아니함
物我一體 물아일체 : 자연과 자아가 하나가 된 상태, 대상물에 완전히 몰입된 경지
美辭麗句 미사여구 : 좋은 말과 화려한 글귀
尾生之信 미생지신 : 미생 같이 우직하고 융통성이 없이 약속만을 굳게 지킴
美風良俗 미풍양속 : 아름답고 좋은 풍속

5. 바

博覽強記 박람강기 : 여러 가지 책을 널리 많이 읽고 기억을 잘함

薄利多賣 박리다매 : 상품의 이익을 적게 보고 많이 팔아 이윤을 올림
博而不精 박이부정 : 널리 알지만 정밀하지는 못함
拍掌大笑 박장대소 : 손벽을 치고 크게 웃음
博學多識 박학다식 : 학문이 넓고 지식이 많음
博學審問 박학심문 : 넓게 공부하고 깊게 질문함
盤根錯節 반근착절 : 구부러진 뿌리와 얼크러진 마디, 처리하기 매우 어려운 사건
半信半疑 반신반의 : 절반은 믿으면서도 절반은 의심함
半身不隨 반신불수 : 병이나 사고로 반신이 마비되는 일 또는 그런 사람
斑衣之戲 반의지희 : 부모를 기쁘게 해드리려고 색동 저고리를 입고 하는 놀이
反哺之孝 반포지효 : 까마귀 새끼가 자란뒤에 늙은 어미에게 먹이를 물어다 주는 효성, 자식이 자란 후에 어버이의 은혜를 갚는 효성
拔本塞源 발본색원 : 뿌리를 뽑고 샘물을 막음, 좋지 않은 일의 근본을 완전히 없앰
發憤忘食 발분망식 : 끼니까지 잊을 정도로 어떤 일에 열중함
拔山蓋世 발산개세 : 힘이 산을 뽑을 만큼 세고 기개는 세상을 덮을 만큼 웅대함
放聲大哭 방성대곡 : 복받치는 슬픔과 분노를 참지 못해 목을 놓아 움
傍若無人 방약무인 : 곁에 아무도 없는 듯이 아무 거리낌 없이 함부로 말하고 행동함
方底圓蓋 방저원개 : 바닥이 모난 그릇에 둥근 뚜껑, 일이 어긋나고 맞지 않음
背水之陣 배수지진 : 물을 등지고 치는 진, 목숨을 건 싸움
背恩忘德 배은망덕 : 남에게 입은 은덕을 잊고 배반함

百家爭鳴 백가쟁명 : 많은 학자 등이 자기의 학설이나 주장을 펴고 논쟁하며 토론 하는 일
百計無策 백계무책 : 온갖 계책을 다 써도 해결할 방법을 찾지 못 함
白骨難忘 백골난망 : 죽어서 백골이 되어도 잊을 수 없음
百年大計 백년대계 : 먼 훗날까지 걸친 큰 계획
百年河淸 백년하청 : 황하가 늘 흐려 맑을 때가 없음, 아무리 세월이 가도 일이 해결될 희망이 없음
白頭如新 백두여신 : 백발이 되기까지 오랫동안 사귀었지만 서로 간의 정이 두텁지 않음
伯樂一顧 백낙일고 : 현명한 사람도 자기를 알아주는 사람을 만나야 출세할 수 있음(백낙은 춘추시대의 유명한 말 감정가)
白龍魚服 백룡어복 : 흰 용이 물고기의 옷을 입었음, 신분이 높은 사람이 남 모르게 나다님
白面書生 백면서생 : 글만 읽고 세상일에는 전혀 경험이 없음
百發百中 백발백중 : 백번 쏘아 백번 맞힘, 쏘기만 하면 어김없이 명중함
白手乾達 백수건달 : 돈 한푼 없이 빈둥거리며 놀고 먹는 사람
伯牙絶絃 백아절현 : 절친한 벗의 죽음을 슬퍼함(백아는 춘추시대 거문고 명인)
白衣民族 백의민족 : 예로부터 흰옷을 즐겨 입는 우리 민족
百戰老將 백전노장 : 수많은 싸움을 치른 노련한 장수, 세상의 온갖 풍파를 다 겪은 사람
百戰百勝 백전백승 : 싸우는 때마다 모조리 이김
百折不屈 백절불굴 : 백 번 꺾여도 굴하지 않음
伯仲之勢 백중지세 : 맏형과 둘째의 사이처럼 서로 우열을 가리기 힘든 형세, 백중지간(伯仲之間)
百尺竿頭 백척간두 : 백자나 되는 높은 장대 끝, 몹시 어렵고 위태로운 지경

百八煩惱 백팔번뇌 : 불교에서 나온 말, 인간의 과거·현재·미래에
걸쳐있다는 108 가지 번뇌

百花齊放 백화제방 : 많은 꽃이 일제히 핌, 온갖 학문이나 사상이
함께 성함

百害無益 백해무익 : 해롭기만 하고 조금도 이로운 것이 없음

變法自疆 변법자강 : 낡은 법을 고쳐 스스로 나라를 강하게 함

輔車相依 보거상의 : 수레의 덧방나무(輔, 보)와 바퀴가 서로 의지함

報怨以德 보원이덕 : 원한을 덕으로 갚음

普遍主義 보편주의 : 개별적 사물은 보편적 일반성이 지배하므로
보편이 참된 실제라고 보는 입장

普遍妥當 보편타당 : 어떤 경우에도 두루 통용되고 적용됨

伏地不動 복지부동 : 땅에 엎드려 움직이지 않음, 해야 할 일을 하
지 않고 몸을 사림

封庫罷職 봉고파직 : 부정을 저지른 관리를 파면시키고 관고를 봉
하여 잠그는 일

富國强兵 부국강병 : 나라의 경제력을 넉넉하게 하고 군사력을 튼튼
하게 함

富貴在天 부귀재천 : 부귀는 하늘에 달려 있음

夫婦有別 부부유별 : 남편과 아내 사이에는 서로 침범 못하는 구별
이 있어야 함

夫爲婦綱 부위부강 : 남편은 아내의 근본(모범)이 되어야 함

父爲子綱 부위자강 : 부모는 자식의 근본(모범)이 되어야 함

父爲子隱 부위자은 : 아버지가 그 자식을 위해 나쁜 일이나 허물을
숨겨 주는 것

父子有親 부자유친 : 오륜의 하나, 아버지와 아들 사이에 친함이 있
어야 함

父傳子傳 부전자전 : 아버지가 아들에게 대대로 전함

不知其數 부지기수 : 헤아릴 수가 없을 만큼 많음

夫唱婦隨 부창부수 : 남편이 주장하고 아내가 따르는 것, 부부가 화합하는 도리

附和雷同 부화뇌동 : 우레 소리에 맞춰 함께 함, 뚜렷한 소신없이 남이 하는 대로 따라감

北窓三友 북창삼우 : 거문고, 술과 시를 일컬음

粉骨碎身 분골쇄신 : 뼈가 가루가 되고 몸이 부서짐, 있는 힘을 다해 노력함, 남을 위하여 수고를 아끼지 않음

焚書坑儒 분서갱유 : 진시왕이 정치 비판을 금하려고 책을 불사르고 학자들을 산채로 구덩이에 묻은 일

不可思議 불가사의 : 사람의 생각으로 미루어 헤아릴 수 없이 이상하고 야릇함

不可抗力 불가항력 : 사람의 힘으로는 어찌할 수 없는 힘이 나 사태

不敢毁傷 불감훼상 : 부모에게 받은 몸을 깨끗하고 온전하게 함

不俱戴天 불구대천 : 한 하늘 아래에서 같이 살 수 없는 원수

不老長生 불로장생 : 늙지 아니하고 오래 삼

不問可知 불문가지 : 묻지 아니하여도 알 수 있음

不問曲直 불문곡직 : 굽음과 곧음을 묻지 않음, 옳고 그름을 가리지 않음

不辨菽麥 불변숙맥 : 콩과 보리도 구분할지 못할 정도로 세상 물정에 어두운 것

不要不急 불요불급 : 필요하지도 않고 급하지도 않음

不遠千里 불원천리 : 천리를 멀다 여기지 아니함

不忍之心 불인지심 : 인정상 차마 하지 못하는 마음

不撤晝夜 불철주야 : 밤낮을 가리지 않음, 조금도 쉴 사이 없이 일에 힘씀

不肖小子 불초소자 : 어버이의 덕망을 닮지 못한 자식, 자식이 자기를 겸손하여 이르는 말

不恥下問 불치하문 : 아랫사람이나 자기보다 못한 사람에게 묻는

것을 부끄러워하지 않음

不偏不黨 불편부당 : 공평하여 어느 한쪽으로 치우치지 아니함

朋友有信 붕우유신 : 벗과 벗의 도리는 믿음에 있음

鵬程萬里 붕정만리 : 붕새가 날아가는 하늘길이 트임, 전도 양양한 장래

非夢似夢 비몽사몽 : 완전히 잠들지도 않고 깨어 있지도 않은 상태

悲憤慷慨 비분강개 : 의롭지 못하거나 잘못되어 가는 세태 등에 대하여 의분이 복 받침

非一非再 비일비재 : 같은 일이 한두 번이 아님

貧者一燈 빈자일등 : 가난한 사람이 바치는 하나의 등, 물질의 많고 적음보다 정성이 중요함

氷炭之間 빙탄지간 : 얼음과 숯불의 사이처럼 서로 화합할 수 없는 사이

6. 사

四顧無親 사고무친 : 사방을 돌아보아도 친척이 없음, 의지할 만한 사람이 도무지 없음

四苦八苦 사고팔고 : 인간의 온갖 고통과 괴로움

事君以忠 사군이충 : 충성으로 임금을 섬김

舍己從人 사기종인 : 자신의 잘못을 과감히 버리고 남을 따름

士氣衝天 사기충천 : 군사의 사기가 하늘을 찌를 듯함

士農工商 사농공상 : 예전에 백성을 가르던 네가지 계급으로 선비, 농부, 장인, 상인

事大交隣 사대교린 : 큰 나라는 섬기고 이웃 나라와는 관계를 좋게 하는 외교방법

四面楚歌 사면초가 : 사방에서 초나라 노래 소리가 남, 매우 외로운 처지에 놓여 있음

四面春風 사면춘풍 : 두루 봄바람, 누구에게나 좋게 대하는 일 또는 그런 사람

斯文亂賊 사문난적 : 유교사상에 어긋나는 언행을 하는 사람
四分五裂 사분오열 : 여러 갈래로 분열되어 질서가 없어짐
砂上樓閣 사상누각 : 모래위에 세운 누각, 기초가 약하여 오래가지 못하는 일
死生決斷 사생결단 : 죽고 사는 것을 거들 떠 보지 않고 끝장을 내려고 함
捨生取義 사생취의 : 목숨을 버리고 의를 쫓음
四書三經 사서삼경 : 유교의 대표적인 경전으로 논어, 맹자, 대학, 중용, 시경, 서경, 역경(주역)
事實無根 사실무근 : 근거가 없음, 터무니 없음
辭讓之心 사양지심 : 겸손히 남에게 사양하는 마음
四柱單子 사주단자 : 정혼 후 신랑 집에서 신랑의 사주를 적어 신부 집에 보내는 간지(干支)
四柱八字 사주팔자 : 사주는 태어난 연월일시, 팔자는 그에 따른 간지 여덟 글자
事親以孝 사친이효 : 어버이를 효도로 섬김
四通五達 사통오달 : 교통망, 통신망 따위가 사방으로 통함
事必歸正 사필귀정 : 모든 일은 반드시 바른 데로 돌아감
山紫水明 산자수명 : 산은 자줏빛으로 선명하고, 물은 맑음
山戰水戰 산전수전 : 산에서의 싸움과 물에서의 싸움, 세상 온갖 고난을 다 겪어 세상일에 경험이 많음
山川草木 산천초목 : 산천과 초목, 자연을 이름
山海珍味 산해진미 : 산과 바다의 진귀한 산물로 잘 차린 좋은 음식
殺生有擇 살생유택 : 살생을 할 때 가려서 해야 함
殺身成仁 살신성인 : 자기 몸을 희생하여 인을 이룸
三可宰相 삼가재상 : 세 사람의 말이 모두 옳음, 이러하든 저러하든 모두 옳다고 함

三綱五倫 삼강오륜 : 유교 도덕의 가장 기본이 되는 세가지 강령과 다섯가지 인륜
三顧草廬 삼고초려 : 세 번 이나 초당을 찾음, 지체 높은 사람이 비천한 사람을 여러 번 찾음
森羅萬象 삼라만상 : 우주에 있는 온갖 사물과 현상
三水甲山 삼수갑산 : 함경도 있는 지세가 험한 삼수와 갑산, 지세가 험하고 교통이 불편해 가기 어려운 곳
三旬九食 삼순구식 : 서른 날에 아홉 끼니밖에 못 먹음, 몹시 가난함
三位一體 삼위일체 : 세 가지가 하나의 목적을 위하여 통합되는 일
三人成虎 삼인성호 : 세 사람이면 호랑이도 만듬, 근거 없는 말도 여러 사람이 말하면 믿게 됨
三從之道 삼종지도 : 어려서는 아버지, 결혼해서는 남편, 남편이 죽으면 자식을 따름
三尺童子 삼척동자 : 키가 석자밖에 않되는 아이, 철부지 아이
三遷之敎 삼천지교 : 맹자의 어머니가 아들을 가르치기 위하여 세 번 이사를 함
三寒四溫 삼한사온 : 겨울 기온의 변화 현상으로 사흘 동안 춥고 나흘 동안 따뜻함
傷弓之鳥 상궁지조 : 한번 화살에 맞는 새는 구부러진 나무만 보아도 놀람
相扶相助 상부상조 : 서로 서로 도움
桑田碧海 상전벽해 : 뽕나무밭이 푸른 바다가 되었다는 뜻으로 세상이 몰라 볼 정도로 바뀐 것
霜風高節 상풍고절 : 곤경에 처하여도 굽히지 않는 서릿발 같은 높은 절개
上行下效 상행하효 : 윗사람이 하는 일을 아랫사람이 본받음
塞翁之馬 새옹지마 : 변방에 사는 노인의 말, 세상만사는 변화가 많아 어느 것이 화가 되고 어느 것이 복이 될지 예측하기

어려움

生面不知 생면부지 : 태어나서 만나 본 적이 없는 전혀 모르는 사람

生巫殺人 생무살인 : 선무당이 사람 잡음, 미숙한 사람이 일을 그르침

生不如死 생불여사 : 살아있음이 차라리 죽는 것만 못함, 몹시 어려운 형편에 있음

生而知之 생이지지 : 태어나면서부터 앎, 배우지 않아도 스스로 깨달음

先見之明 선견지명 : 닥쳐 올 일을 미리 아는 지혜

先公後私 선공후사 : 공사를 먼저하고 사사로운 일을 뒤로 미룸

善男善女 선남선녀 : 성품이 착한 남자와 여자

善因善果 선인선과 : 선업을 쌓으면 반드시 좋은 과보가 있음

雪膚花容 설부화용 : 눈같은 살결과 꽃 같은 얼굴, 미인을 이르는 말

雪上加霜 설상가상 : 눈 위에 또 서리가 내림, 어려운 일이 겹침

說往說來 설왕설래 : 서로 변론을 주고 받으며 옥신각신 함

纖纖玉手 섬섬옥수 : 가냘프고 고운 여자의 손

城下之盟 성하지맹 : 성 밑까지 들어온 적군과 맺는 맹약, 굴욕적인 맹약

洗踏足白 세답족백 : 상전의 빨래를 밟으면 종의 발꿈치가 희게 됨, 남을 위하여 한일이 자신에게도 이롭게 됨

世俗五戒 세속오계 : 세속에서 지켜야 할 다섯가지 계율, 사군이충(事君以忠), 사친이효(事親以孝), 교우이신(交友以信), 임전무퇴(臨戰無退), 살생유택(殺生有擇)

歲寒三友 세한삼우 : 추운 겨울철의 세 벗, 소나무·대나무·매화

歲寒松柏 세한송백 : 추위를 견딘 소나무와 잣나무, 군자는 역경에 처하여도 지조와 절개를 굳게 지킴

騷人墨客 소인묵객 : 시문과 서화에 종사하는 사람

小貪大失 소탐대실 : 작은 것을 탐하다가 큰 것을 잃음

束手無策 속수무책 : 손을 묶인 듯이 어찌 할 방책이 없어 꼼짝 못하게 됨, 뻔히 보면서 어찌할 바를 모르고 꼼짝 못함

速戰速決 속전속결 : 어떤 일을 빨리 진행하여 빨리 끝냄

送舊迎新 송구영신 : 올해를 보내고 새해를 맞음

松都三絶 송도삼절 : 조선시대에 서화담, 황진이, 박연폭포를 개성의 뛰어난 세 존재로 이르던 말

宋襄之仁 송양지인 : 송나라 양공(襄公)의 어짊, 쓸데없는 아량을 베풀어 실속이 없음

首丘初心 수구초심 : 여우가 죽을 때 자기가 살던 굴 쪽으로 머리를 둠, 고향을 그리는 마음

隨機應變 수기응변 : 그때그때에 따라 일을 적절히 처리함

水落石出 수락석출 : 물이 말라 바닥이 드러남, 어떤 일이 나중에 명백히 드러남

壽福康寧 수복강령 : 장수하고 행복하며 건강하고 평안함

手不釋卷 수불석권 : 손에서 책을 놓지 않음, 부지런히 학문에 힘씀

漱石枕流 수석침류 : 돌로 양치질하고 흐르는 물을 베개 삼음, 남에게 지기 싫어하는 마음이 강해 억지로 무리한 이유를 붙임

袖手傍觀 수수방관 : 팔짱을 끼고 보고만 있음, 어떤 일을 당하여 옆에서 보고만 있는 것을 말함

水魚之交 수어지교 : 물고기와 물처럼 아주 밀접한 관계

羞惡之心 수오지심 : 의롭지 못한 일에 대해 부끄러워하는 마음

修身齊家 수신제가 : 몸을 닦고 집안을 바로 잡음

守株待兎 수주대토 : 그루터기를 지키며 토끼를 기다림, 융통성 없이 구습에 젖어 시대의 변천을 모름

壽則多辱 수즉다욕 : 오래 살면 욕된 일이 많음

宿虎衝鼻 숙호형비 : 사는 호랑이의 코를 찌름, 공연히 건드려 화를 입힘

脣亡齒寒 순망치한 : 입술을 잃으면 이가 시림. 가까운 사이의 한쪽

이 망하면 다른 한쪽도 그 영향을 받아 온전하기 어려움
乘勝長驅 승승장구 : 싸움에서 이긴 기세를 타고 계속 적을 몰아침
是非之心 시비지심 : 옳고 그름을 가릴 줄 아는 마음
視死如生 시사여생 : 죽음을 삶과 같이 보아 두려워하지 않음
是是非非 시시비비 : 옳고 그름을 따지며 다툼
始終如一 시종여일 : 처음부터 끝까지 한결같이 변함없음
始終一貫 시종일관 : 처음부터 끝까지 한결같이 관철함
食梨淨齒 식리정치 : 배를 먹으면 이까지 희어짐, 한 가지 좋은 일 끝에 또 다른 좋은 일이 따르게 됨
食少事煩 식소사번 : 먹을 것은 적고 할 일은 많음, 수고는 많이 하나 얻는 것이 적음
識字憂患 식자우환 : 학식이 있는 것이 오히려 근심을 사게 됨
信賞必罰 신상필벌 : 공이 있는자는 반드시 상을 주고 죄가 있는 사람에게는 반드시 벌을 줌
身言書判 신언서판 : 인물을 선택하는 네 가지 조건으로 신수, 말씨, 글씨 판단력
新陳代謝 신진대사 : 묵은 것이 없어지고 대신 새 것이 생기는 일
身體髮膚 신체발부 : 몸과 머리털과 피부, 즉 몸 전체
神出鬼沒 신출귀몰 : 귀신처럼 자유자재로 나타나고, 숨기도 함
身土不二 신토불이 : 몸과 태어난 땅은 하나임, 자기가 사는 땅에서 산출한 농산물이라야 체질에 잘 맞음을 이르는 말
實事求是 실사구시 : 사실에 근거하여 진리를 탐구하는 일
心機一轉 심기일전 : 이제까지의 마음가짐에서 완전히 달라져 새로이 함
心腹之患 심복지환 : 쉽게 고치기 어려운 병 또는 우환
深思熟考 심사숙고 : 깊고 곰곰이 생각함
深山幽谷 심산유곡 : 깊숙하고 고요한 산과 골짜기
十年減壽 십년감수 : 수명이 십년이나 줄 정도로 위험한 고비를 넘김
十年知己 십년지기 : 오래전부터 사귀어 잘 아는 사람

十目所視 십목소시 : 여러 사람이 보고 있음, 세상 사람을 속일 수 없음

十伐之木 십벌지목 : 열번 찍어 베는 나무, 아무리 심지가 굳은 사람이라도 여러번 말을 하면 결국 마음을 돌려 따르게 됨

十常(中)八九 십상(중)팔구 : 열에 여덟이나 아홉 정도로 거의 대부분

十指不動 십지부동 : 열 손가락을 꼼짝 않음, 게을러서 아무 일도 않음

7. 아

阿鼻叫喚 아비규환 : 아비 지옥과 규환 지옥, 참혹한 지경에서 헤어나려고 비명을 지르는 상태

阿修羅場 아수라장 : 아수라왕이 제석천과 싸운 마당, 싸움이나 그 밖의 일로 큰 혼란에 빠진 상태

我田引水 아전인수 : 자기 논에 물대기, 자기에게 이롭도록 생각하거나 행동함

惡事千里 악사천리 : 나쁜 일에 대한 소문은 빠르고 넓게 퍼짐

惡戰苦鬪 악전고투 : 몹시 어렵게 싸우는 것

安居危思 안거위사 : 편안할 때 어려움이 닥칠 것에 대비함

安分知足 안분지족 : 편안한 마음으로 분수를 지키며 만족함

安貧樂道 안빈낙도 : 가난하면서도 편안한 마음으로 도를 즐김

安心立命 안심입명 : 천명을 깨닫고 생사와 이해를 초월하여 마음의 평안을 얻음

眼下無人 안하무인 : 눈 아래 사람이 없음, 남을 업신여김

暗中摸索 암중모색 : 확실한 방법을 모르는 체 이리저리 시도해 봄, 남이 보지 않는 가운데 무언가를 도모함

殃及池魚 앙급지어 : 재앙이 연못 속 고기에 미침, 성문에 난 불을 못의 물로 끄니 고기가 말라 죽음, 엉뚱하게 재난을 당함

哀乞伏乞 애걸복걸 : 슬프게 빌고 엎드려 빔, 갖가지 수단으로 하소연함

愛人如己 애인여기 : 남 사랑하기를 내 몸 사랑하는 것 같이함
愛之重之 애지중지 : 매우 사랑하고 소중히 여김
藥房甘草 약방감초 : 감초가 거의 모든 약처방에 들어감, 무슨 일
　　　　　에나 빠짐없이 끼임
弱肉强食 약육강식 : 약한 것이 강한 것에 먹힘
良禽擇木 양금택목 : 새도 가지를 가려 앉음, 현명한 선비는 좋은
　　　　　군주를 가려 섬김
羊頭狗肉 양두구육 : 양고기를 걸어 놓고 개고기를 팜,겉보기만 좋
　　　　　고 속은 변변치 못함
梁上君子 양상군자 : 들보위의 군자, 도둑을 말함
兩手兼將 양수겸장 : 장기에서 한수로 두말이 장을 부르는 경우,
　　　　　두 문제가 맞물려 옴짝 달싹 못함
兩是雙非 양시쌍비 : 양편의 주장이 다 이유가 있어 시비를 가리기
　　　　　어려움
良藥苦口 양약고구 : 좋은 약은 입에 쓰나 몸에 이로움
楊布之狗 양포지구 : 겉이 달라졌다고 해서 속까지 달라진 것으로
　　　　　판단하는 사람을 말함
養虎遺患 양호유환 : 범을 길러서 화근을 남김, 화근이 될 것을 길
　　　　　러서 나중에 화를 당함
魚東西肉 어동서육 : 제사음식을 차릴 때 생선은 동쪽에 고기는 서쪽
　　　　　에 놓음
漁父之利 어부지리 : 도요새가 조개를 먹는 사이 어부가 둘을 잡아
　　　　　감, 둘이 다투는 사이에 제삼자가 이익을 취함
語不成說 어불성설 : 말이 조금도 이치에 맞지 않음
魚魯不辨 어로불변 : 魚(어), 魯(노)자를 분간하지 못함, 아주 무식함
抑强扶弱 억강부약 : 강한 자를 누르고 약한 자를 도움
億兆蒼生 억조창생 : 수 많은 무성한 생물, 수많은 백성
焉敢生心 언감생심 : 어찌 감히 그런 마음을 먹을 수 있는가?

言文一致 언문일치 : 말할 때의 표현과 글로 나타낼 때의 표현과의 사이에 차이가 없음
言語道斷 언어도단 : 말할 길이 끊어짐, 어이가 없어 말할 수 없음
言中有骨 언중유골 : 예사로운 말 같으나 그 속에 단단한 속 뜻이 들어 있음
言行一致 언행일치 : 말과 행동이 서로 같음, 말한대로 실행함
嚴妻侍下 엄처시하 : 무서운 아내를 아래에서 모시고 있음, 아내에 쥐어 사는 남편
餘桃之罪 여도지죄 : 먹다 남은 복숭아를 먹인 죄, 같은 행동이라도 애증과 증오의 변화가 심함
如履薄氷 여리박빙 : 살 어름을 밟듯이 아슬아슬하고 위험함
餘無可論 여무가론 : 대강 이미 결정되어 나머지는 의논의 여지가 없음
與世推移 여세추이 : 세상의 변화에 따라 함께 변함
如出一口 여출일구 : 여러 사람들의 말이 다 같음, 이구동성(異口同聲)
易地思之 역지사지 : 처지를 바꾸어서 생각해 봄
年末年始 연말연시 : 한해의 마지막 때와 새해의 첫머리
緣木求魚 연목구어 : 나무에 올라가서 물고기를 구함, 도저히 불가능한 일을 굳이 하려함
鳶飛魚躍 연비어약 : 하늘에 솔개가 날고 물속에 고기가 뛰노는 것과 같은 천지조화의 오묘한 작용
連戰連勝 연전연승 : 싸울 때마다 계속하여 이김
炎凉世態 염량세태 : 뜨거웠다가 차가워 지는 세태, 세력이 있을 때는 아첨하여 따르고 세력이 없어지면 푸대접하는 세상의 인심
念不及他 염불급타 : 생각이 다른 곳에 미치지 못함
榮枯盛衰 영고성쇠 : 꽃피고 마르고 번성하고 쇠약함, 인생이나 사

물의 번성함과 쇠락함이 서로 바뀜
五車之書 오거지서 : 다섯 수레에 실을 만한 많은 장서
五穀百果 오곡백과 : 온갖 곡식과 과일
五里霧中 오리무중 : 오리나 되는 짙은 안개 속에서 길을 찾기 어려움, 어떤 일의 방향이나 갈피를 잡을 수 없음
寤寐不忘 오매불망 : 자나 깨나 잊지 못함
吾鼻三尺 오비삼척 : 내 코가 석자, 자기 사정이 급하여 남을 돌볼 겨를이 없음
烏飛梨落 오비이락 : 까마귀 날자 배 떨어짐, 아무 관계가 없는 일이 의심을 받거나 난처한 위치에 처함
傲霜孤節 오상고절 : 서릿발 속에서도 굽히지 않고 외로이 지키는 절개, 국화
五十步百步 오십보백보 : 전쟁에 패하여 오십보 도망가나 백보 도망가나 마찬가지임, 조금 낫고 못한 정도의 차이는 있으나 본질적으로는 차이가 없음
吳越同舟 오월동주 : 서로 적의를 품은 사람들이 한자리에 있게 된 경우나 서로 협력하여야 하는 상황
五臟六腑 오장육부 : 오장과 육부, 내장을 통털어 일컫는 말
烏合之卒 오합지졸 : 까마귀처럼 질서 없이 모인 무리
玉骨仙風 옥골선풍 : 옥과 같은 골격과 선인과 같은 풍채
屋上架屋 옥상가옥 : 지붕위에 또 지붕을 만듬, 물건이나 일을 부질없이 거듭함
玉石俱焚 옥석구분 : 옥과 돌이 함께 탐, 착한 사람이나 나쁜 사람이 함께 화를 입음
玉石混淆 옥석혼효 : 옥과 돌이 섞여 있음, 좋은 것과 나쁜 것이 한데 섞여 있음
屋下架屋 옥하가옥 : 지붕아래 또 지붕을 만듬, 선인들이 이루어 놓은 것에 발전한 바가 조금도 없음

溫故知新 온고지신 : 옛 것을 익히고 그것을 미루어서 새 것을 앎
蝸角之爭 와각지쟁 : 달팽이의 더듬이 위에서 하는 싸움, 사소한 일로 벌이는 다툼
臥薪嘗膽 와신상담 : 누에 섶에 누워 쓸개를 씹음, 원수를 갚으려고 온갖 괴로움을 참고 견딤
曰可曰否 왈가왈부 : 어떤 일에 대하여 옳거니, 옳지 않거니 말함
外柔內剛 외유내강 : 겉으로는 부드럽고 순하게 보이나 마음 속은 단단하고 굳셈
要領不得 요령부득 : 말이나 글 또는 일의 줄거리나 이치를 알 수가 없음
樂山樂水 요산요수 : 산과 물을 좋아함, 자연을 좋아함
窈窕淑女 요조숙녀 : 자태가 아름답고 얌전한 여자
搖之不動 요지부동 : 흔들어도 꼼짝 않음
欲巧反拙 욕교반졸 : 너무 잘하려고 기교를 지나치게 부리면 도리어 이루지 못함
欲速不達 욕속부달 : 일을 너무 빨리 하려고 서두르면 도리어 이루지 못함
欲言未吐 욕언미토 : 하고 싶은 말은 있어도 다하지 못하였음, 감정의 깊이가 있음
龍頭蛇尾 용두사미 : 용의 머리와 뱀의 꼬리, 시작만 좋고 나중은 좋지 않음
龍味鳳湯 용미봉탕 : 용고기로 맛을 내고 봉새로 끓인 탕, 맛이 썩 좋은 음식
容或無怪 용혹무괴 : 혹시 그럴 수도 있으므로 괴이할 것이 없음
愚公移山 우공이산 : 우공이 산을 옮김, 남이 보기엔 어리석은 일처럼 보이지만 한 가지 일을 끝까지 밀고 나가면 언젠가는 목적을 달성할 수 있음
牛刀割鷄 우도할계 : 소잡는 칼로 닭을 잡음, 작은 일에 어울리지

않게 큰 힘을 씀
雨順風調 우순풍조 : 비오고 바람부는 것이 농사에 순조롭게 알맞음
右往左往 우왕좌왕 : 오른쪽으로 갔다 왼쪽으로 갔다 하며 종잡지 못함
優柔不斷 우유부단 : 어물어물하기만 하고 딱 잘라 결단을 내리지 못함
牛耳讀經 우이독경 : 쇠귀에 경 읽기, 아무리 말해도 소용이 없음
羽化登仙 우화등선 : 사람이 신선이 되어 하늘로 올라감
雨後竹筍 우후죽순 : 비온 뒤에 여기저기서 나오는 죽순처럼 어떤 일이 일시에 많이 생김
雲泥之差 운니지차 : 구름과 진흙의 차이, 사정이 크게 다름
遠交近攻 원교근공 : 먼 나라와 친하고 가까운 나라를 쳐서 영토를 넓힘
元亨利貞 원형이정 : 주역 건괘의 네 가지로 사물의 근본이 되는 원리
遠禍召福 원화소복 : 화를 멀리 하고 복을 불러들임
月下氷人 월하빙인 : 부부의 인연을 맺어주는 중매 장이, 월하노인(月下老人)
危機一髮 위기일발 : 여유가 조금도 없이 몹시 절박한 순간
韋編三絶 위편삼절 : 독서에 힘씀, 공자가 주역을 즐겨 읽어 책을 묶은 가죽 끈이 세 번이나 끊어 졌다는 것에서 유래
有口無言 유구무언 : 입은 있으나 말이 없음, 변명할 말이 없거나 변명을 하지 못함
柔能制剛 유능제강 : 부드러운 것이 오히려 굳센 것을 이김
類萬不同 유만부동 : 비슷한 것이 많으나 서로 같지는 아니함, 분수에 맞지 않음
有名無實 유명무실 : 이름만 그럴듯하고 실속은 없음
流芳百世 유방백세 : 꽃다운 이름이 후세에 길이 전함

有備無患 유비무환 : 준비가 되어 있으면 근심거리가 없음
唯我獨尊 유아독존 : 오직 자기만이 홀로 존귀함, 이 세상에서 자기만이 잘났다고 뽐냄
有耶無耶 유야무야 : 있는지 없는지 흐지부지한 모양
流言蜚語 유언비어 : 전혀 근거가 없는 말이나 소문
類類相從 유유상종 : 서로 비슷한 사람들 끼리 어울림
悠悠自適 유유자적 : 속세를 떠나 아무 것에도 어울리지 않고 자유롭고 마음 편히 삼
遺臭萬年 유취만년 : 더러운 이름을 먼 후대에 까지 오래도록 남김
隱忍自重 은인자중 : 마음속으로 참아가며 행동을 신중히 함
陰德陽報 음덕양보 : 남이 모르게 덕행을 쌓는 사람은 뒤에 그 보답을 받게 됨
吟風弄月 음풍농월 : 맑은 바람을 쐬고 달을 바라 보며 시를 지음, 풍류를 즐김
泣斬馬謖 읍참마속 : 눈물을 머금고 마속의 목을 벰, 군율을 세우기 위해서는 사랑하고 아끼는 사람도 버림(마속은 삼국지에 나오는 사람의 이름)
應接不暇 응접불가 : 응접에 바빠 겨를이 없음, 일이 몹시 바쁨
異口同聲 이구동성 : 여러 사람의 말이 한결 같이 같음, 여출일구(如出一口), 이구동음(異口同音)
以卵擊石 이란격석 : 달걀로 돌을 침, 아주 약한 것으로 강한 것을 당해 내려는 어리석음
耳目之慾 이목지욕 : 듣고 싶고 보고 싶은 욕망, 듣고 봄으로서 생기는 물질에 대한 욕망
以文會友 이문회우 : 학문으로 친구를 사귐
以實直告 이실직고 : 사실 그대로 고함
以心傳心 이심전심 : 마음과 마음으로 뜻이 서로 통함
以熱治熱 이열치열 : 열로 열을 다스림, 더위는 더운 음식으로 물

리침

利用厚生 이용후생 : 기물의 사용을 편리하게 하고 백성의 생활을 윤택하게 함

二律背反 이율배반 : 서로 모순되어 양립할 수 없는 두 개의 명제

泥田鬪狗 이전투구 : 진흙 밭에서 싸우는 개, 저급한 싸움

理判事判 이판사판 : 이판승과 사판승을 합쳐서 부르는 말, 막다른 데 이르러 어찌할 수 없게된 지경

以暴易暴 이포역포 : 횡포로서 횡포함을 바꿈, 나쁜 사람을 바꾼다면서 또 다른 나쁜 사람을 들어 앉힘

離合集散 이합집산 : 헤어졌다가 모였다 하는 일

因果應報 인과응보 : 원인과 결과는 서로 물고 물림, 좋은 인연에는 좋은 과보가 있고, 악한 인연에는 악한 과보가 옴

引過自責 인과자책 : 자기의 잘못을 깨닫고 스스로 꾸짖음

人口膾炙 인구회자 : 널리 사람의 입에 오르내림

人面獸心 인면수심 : 사람의 얼굴을 하고 있으나 마음은 짐승과 같음, 마음이나 행동이 흉악하고 음탕함

人命在天 인명재천 : 사람의 목숨은 하늘에 달려 있음

人死留名 인사유명 : 사람은 죽어서 이름을 남김

仁者無敵 인자무적 : 어진 사람은 모든 사람을 사랑하므로 세상에 적이 없음

一刻如三秋 일각여삼추 : 짧은 시간도 삼년 같이 여겨짐, 애타게 기다리는 마음이 몹시 간절함

一刻千金 일각천금 : 극히 짧은 시간도 천금에 해당할 만큼 큰 가치가 있음

一擧兩得 일거양득 : 한 가지 일로 두 가지 이득을 얻음

一口二言 일구이언 : 한입으로 두말을 함, 말을 이랬다 저랬다 함

日暖風和 일난풍화 : 날씨가 따뜻하고 바람이 부드러움

一刀兩斷 일도양단 : 한칼로 쳐서 두 동강이를 냄, 머뭇거리지 않고 일이나 행동을 선뜻 결정함

一蓮托生 일련탁생 : 죽은 뒤에도 극락정토에서 같은 연꽃위에 왕생함, 어떤 일의 선악이나 결과에 대한 예견에 관계없이 끝까지 행동과 운명을 같이함

一脈相通 일맥상통 : 하나의 맥락으로 서로 통함

一網打盡 일망타진 : 한번 그물을 쳐서 고기를 다 잡음, 어떤 무리를 한꺼번에 다 잡음

一鳴驚人 일명경인 : 한번 시작하면 사람을 놀랄 정도의 대사업을 이룩함

一罰百戒 일벌백계 : 다른 사람들에게 경각심을 불러일으키기 위하여 본보기로 한 사람에게 엄한 처벌을 함

一絲不亂 일사불란 : 한 타래의 실이 전혀 엉클어지지 않음, 질서 정연하며 조금도 어지러움이 없음

一瀉千里 일사천리 : 강물이 빨리 흘러 천리를 감, 어떤 일이 거침없이 빨리 진행됨

一石二鳥 일석이조 : 하나의 돌로 두 마리의 새를 잡음

一笑一少 일소일소 : 한번 웃으면 그만큼 더 젊어짐

一心同體 일심동체 : 여러 사람이 굳게 뭉쳐 한 마음 한 몸 같음

一魚濁水 일어탁수 : 한 마리의 물고기가 물을 흐림, 한사람의 잘못으로 여러 사람이 해를 입게 됨

一言半句 일언반구 : 한 마디의 말과 한 구의 반, 아주 짧은 말이나 글귀

一葉知秋 일엽지추 : 나뭇잎 하나가 떨어짐을 보고 가을이 옴을 암, 조그마한 일을 가지고 장차 올 일을 미리 짐작함

一葉片舟 일엽편주 : 나뭇잎처럼 작은 배

一牛鳴地 일우명지 : 소 울음소리가 들릴 정도로 가까운 거리

一衣帶水 일의대수 : 한 가닥의 띠와 같은 좁은 냇물이나 바다

一以貫之 일이관지 : 하나의 이치로서 모든 것을 꿰뚫음

一日之長 일일지장 : 하루 먼저 태어나서 나이가 조금 위임

一字千金 일자천금 : 글자 하나의 값이 천금의 가치가 있음, 글씨나

문장이 아주 훌륭함
一長一短 일장일단 : 장점도 있고 단점도 있음
一場春夢 일장춘몽 : 한바탕의 봄꿈, 헛된 영화나 덧없는 일
一朝一夕 일조일석 : 하루 아침과 하루 저녁, 짧은 시일
一進一退 일진일퇴 : 한번 앞으로 나아갔다 한번 뒤로 물러 섬
一觸卽發 일촉즉발 : 한번 건드리면 터질듯한 아슬아슬한 긴장상태
一寸光陰 일촌광음 : 아주 짧은 시간
日就月將 일취월장 : 날마다 자라고 달마다 발전함
一致團結 일치단결 : 여럿이 마음을 합쳐 한 덩어리로 굳게 뭉침
一波萬波 일파만파 : 하나의 물결이 수많은 물결이 됨, 하나의 사건이 여러 가지로 확대되는 것
一敗塗地 일패도지 : 여지없이 패하여 다시 일어 날 수 없는 지경이 됨
一片丹心 일편단심 : 한 조각의 붉은 마음, 변치 않는 참된 마음
一筆揮之 일필휘지 : 단숨에 글씨나 그림을 힘차고 시원하게 쭉 쓰거나 그림
一攫千金 일확천금 : 단번에 천금을 얻음, 힘들이지 않고 단번에 재물을 얻음
一喜一悲 일희일비 : 한편 기쁘고 한편 슬픔, 기쁜 일과 슬픈 일이 번갈아 일어남
臨機應變 임기응변 : 그 때 그때 형편에 따라 일을 처리함
臨戰無退 임전무퇴 : 세속오계의 하나로 전쟁에 나가서 물러서지 아니함
立身揚名 입신양명 : 출세하여 이름을 널리 알림

8. 자

自家撞着 자가당착 : 같은 사람의 말이나 행동이 앞뒤가 서로 맞지 않고 모순됨
自强不息 자강불식 : 스스로 힘써 몸과 마음을 가다듬어 쉬지 아니함

自激之心 자격지심 : 자기가 한일에 대해서 스스로 미흡하다고 생각하는 것
自古以來 자고이래 : 예로부터 지금까지 동안
自給自足 자급자족 : 필요한 물자를 스스로 생산하여 충당함
自己滿足 자기만족 : 자기 자신이 자기 행위에 대하여 스스로 흡족하게 여김
自問自答 자문자답 : 스스로 묻고 답함
子孫萬代 자손만대 : 후손들이 계속해서 이어져 나감
自手成家 자수성가 : 물려받은 재산 없이 스스로의 힘으로 일가를 이룸
自繩自縛 자승자박 : 자기의 줄로 자기를 묶음, 자기가 자기를 곤란하게 함
自業自得 자업자득 : 자신이 저지른 일의 과보를 자기가 받음
自由自在 자유자재 : 자기 뜻대로 모든 것을 자기 마음대로 할 수 있음
自中之亂 자중지란 : 같은 편끼리 하는 싸움
自初至終 자초지종 : 처음부터 끝까지 이르는 동안 또는 그 과정
自暴自棄 자포자기 : 절망에 빠져 자기스스로 몸을 해치고 자기몸을 버림
自畵自讚 자화자찬 : 자기가 그린 그림을 스스로 칭찬함, 자기가 한일을 자기 스스로 자랑함
作心三日 작심삼일 : 한번 결심한 것이 사흘을 가지 않음
張三李四 장삼이사 : 평범한 사람들
長幼有序 장유유서 : 오륜(五倫)의 하나로 어른과 어린이 사이에는 차례와 질서가 있어야 함
才勝德薄 재승덕박 : 재주는 있으나 덕이 부족함
賊反荷杖 적반하장 : 도둑이 도리어 몽둥이를 듬, 잘못한 사람이 도리어 잘 한 사람을 나무람
積小成大 적소성대 : 작은 것이 많이 쌓이면 큰 것을 이룸

赤手成家 적수성가 : 가진 것 하나 없이 스스로의 힘으로 노력하여
　　　　　　가산을 이룸
適者生存 적자생존 : 생존경쟁에서 환경의 변화에 잘 적응 하는 것
　　　　　　만이 살아남고 그렇지 못한 것은 멸망함
適材適所 적재적소 : 알맞은 인재를 알맞은 자리에 씀
積塵成山 적진성산 : 티끌모아 태산 이라는 말로 아무리 작은 것도
　　　　　　쌓이면 큰 덩어리가 됨
積土成山 적토성산 : 흙이 쌓여 산이 된다는 말로 작은 것도 모이
　　　　　　면 커짐
電光石火 전광석화 : 전깃불이나 부싯돌의 불이 번쩍거리는 것과
　　　　　　같이 몹시 짧은 시간에 재빠른 움직임
前途洋洋 전도양양 : 앞길이 훤하게 열려 희망에 차 있음
前無後無 전무후무 : 전에도 없었고 후에도 없음
戰戰兢兢 전전긍긍 : 몹시 두려워서 벌벌 떨며 조심함
輾轉反側 전전반측 : 누워서 잠을 이루지 못하고 몸을 이리저리 뒤
　　　　　　척임
全知全能 전지전능 : 어떠한 사물이라도 잘 알고, 모든 일이라도
　　　　　　행할 수 있는 능력
轉禍爲福 전화위복 : 화가 바뀌어 오히려 복이 됨
絶世佳人 절세가인 : 세상에 비할 데 없이 매우 뛰어난 미인
絶長補短 절장보단 : 긴 것을 잘라 짧은 것을 보충, 장점으로 단점
　　　　　　이나 부족한 것을 보충
切磋琢磨 절차탁마 : 옥이나 돌 따위를 갈고 닦아서 빛을 냄, 부지
　　　　　　런히 학문과 덕행을 닦음
切齒腐心 절치부심 : 몹시 분하여 이를 갈면서 속을 썩임
漸入佳境 점입가경 : 가면 갈수록 경치가 아름다워짐, 일이 점점 더
　　　　　　재미있는 지경으로 돌아감
頂門一鍼 정문일침 : 정수리에 침을 놓음, 따끔한 충고나 교훈

井中之蛙 정중지와 : 우물 안의 개구리, 세상 물정을 너무 모름
諸子百家 제자백가 : 중국 춘추 전국시대의 여러학파를 통털어 이르는 말
糟糠之妻 조강지처 : 지게미와 쌀겨로 끼니를 이으며 함께 고생하던 아내
朝令暮改 조령모개 : 아침에 명령을 내렸다가 저녁에 바꿈, 법령의 개정이 너무 빈번함
朝命市利 조명시리 : 명예는 조정에서 이익은 시장에서 다투라는 뜻으로 무슨 일이든 알맞은 곳에서 해야 함
朝變夕改 조변석개 : 아침 저녁으로 뜯어 고침, 일관성 없이 자주 고침
朝三暮四 조삼모사 : 원숭이에게 먹이를 줄때 아침에 세 개, 저녁에 네 개 보다 아침에 네 개, 저녁에 세 개를 좋아함, 당장 눈앞에 나타나는 차별만을 알고 그 결과가 같음을 모름
鳥足之血 조족지혈 : 새발에 피, 아주 적은 분량
足脫不及 족탈불급 : 맨발로 뛰어도 미치지 못함, 능력이나 역량이 현저히 차이가 남
存亡之秋 존망지추 : 존속과 멸망 또는 생존과 사망이 결정되는 아주 절박한 경우나 시기
終南捷徑 종남첩경 : 종남산(終南山)이 벼슬에 오르는 지름길, 쉽게 벼슬하는 길
種豆得豆 종두득두 : 콩 심은데 콩 남, 원인에 따라 결과가 생김
宗廟社稷 종묘사직 : 역대 왕들의 신주를 모신 종묘와 토지 신과 곡식 신을 모신 사직으로 국가를 대신하는 말
縱橫無盡 종횡무진 : 전후 좌우로 움직여 끝이 없음, 자유자재로 행동하여 거침이 없음
坐不安席 좌불안석 : 앉아도 자리가 편안하지 않음, 마음에 초조 불안 근심 등이 있어 한자리에 오래 앉아 있지 못함

座右銘 좌우명 : 늘 옆 자리에 갖추어 두고 가르침으로 삼는 말이나 문구

坐井觀天 좌정관천 : 우물속에 앉아 하늘을 봄, 사람의 견문이 매우 좁음

左之右之 좌지우지 : 이리 저리 제 마음대로 다루거나 휘두름

左衝右突 좌충우돌 : 이리저리 닥치는 대로 마구 찌르고 부딪침

主客一體 주객일체 : 주인과 손님이 하나가 됨, 나와 나밖의 대상이 한 몸이 됨

主客顚倒 주객전도 : 주인과 손의 위치가 서로 뒤바뀜, 사물의 경중, 선후, 완급이 뒤바뀜

晝耕夜讀 주경야독 : 낮에는 일하고 밤에는 책을 읽음, 바쁜 틈을 타서 공부를 함

走馬加鞭 주마가편 : 달리는 말에 채찍질 함, 열심히 하는 사람을 더 부추겨 몰아침

走馬看山 주마간산 : 말을 타고 달리면서 산을 바라봄, 바빠서 자세히 살펴보지 않고 대강 보고 지나감

酒池肉林 주지육림 : 술은 못을 이루고 고기는 숲을 이룸, 호사스러운 술잔치

竹馬故(交)友 죽마고(교)우 : 대나무 말을 타고 놀던 옛 친구, 어릴 때부터 가까이 지내며 자란 친구

衆寡不敵 중과부적 : 적은 수효로 많은 수효를 대적하지 못함

衆口難防 중구난방 : 여러 사람의 말을 막기가 어려움, 막기 어려울 정도로 여럿이 마구 지껄임

中原逐鹿 중원축록 : 서로 경쟁하여 어떤 지위를 얻으려고 다툼

重言復言 중언부언 : 이미 한 말을 자꾸 되풀이 함

芝蘭之交 지란지교 : 지초와 난초 같은 향기로운 사귐이라는 뜻으로, 벗 사이의 고상한 교제

指鹿爲馬 지록위마 : 사슴을 가리켜 말이라고 함, 윗사람을 농락하

여 권세를 마음대로 함, 모순된 것을 끝까지 우겨 남을 속이는 것

支離滅裂 지리멸렬 : 서로 갈라져 흩어지고 찢기어 나누어짐, 어떤 일의 갈피를 잡을 수 없음

知命之年 지명지년 : 쉰 살의 나이를 이르는 말, 공자가 나이 50에 천명을 알았다는 데서 유례

至上命令 지상명령 : 절대로 복종해야 할 명령

至誠感天 지성감천 : 지극한 정성에 하늘이 감동함

池魚之殃 지어지앙 : 못의 물로 불을 끄니 물이 줄어 고기가 죽음, 엉뚱한 사람이 재앙을 입음

指天射魚 지천사어 : 하늘을 보고 물고기를 쏨, 되지 않을 일을 무리하게 함

知彼知己 지피지기 : 적의 사정과 나의 사정을 자세하게 앎

志學之歲 지학지세 : 학문에 뜻을 두는 나이, 열 다섯 살

知行一致 지행일치 : 아는 것과 행동하는 것이 어긋나지 않고 맞음

指呼之間 지호지간 : 손짓하여 부르면 대답할 수 있는 가까운 거리

盡忠報國 진충보국 : 충성을 다하여 나라에 은혜를 갚음

進退兩難 진퇴양난 : 나아갈 수도 물러설 수도 없는 궁지에 몰린 상황

進退維谷 진퇴유곡 : 앞뒤로 골짜기, 앞으로 나아가거나 뒤로 물러서지 못함

9. 차

此日彼日 차일피일 : 이날 저날 하고 자꾸 날을 미룸

創業守成 창업수성 : 나라를 세우는 일과 지켜 나가는 일, 일을 시작하기는 쉬우나 이룬 것을 지키기는 어려움

滄海一粟 창해일속 : 큰 바다에 뜬 한 알의 좁쌀, 아주 큰 물건 속에 있는 아주 작은 물건

斥和洋夷 척화양이 : 서양의 오랑캐와 화해함을 배척하는 쇄국정책
天高馬肥 천고마비 : 하늘은 높고 말은 살찜
千軍萬馬 천군만마 : 천명의 군사와 만 마리의 군마, 아주 많은 수의 군사와 군마
千慮一得 천려일득 : 천번을 생각하여 하나를 얻음, 어리석은 사람도 많은 생각 가운데 한 가지쯤 좋은 생각이 미칠 수 있음
千慮一失 천려일실 : 천번 생각에 한번 실수, 지혜로운 사람도 많은 생각가운데 간혹 실책이 있을 수 있음
天方地軸 천방지축 : 하늘 방향과 땅의 축이 어디인지 모름, 못난 사람이 종작없이 덤벙이는 일, 너무 급하여 허둥지둥 날 뜀
千變萬化 천변만화 : 천만 가지로 끝없이 변화함
天生緣分 천생연분 : 하늘에서 미리 정해준 연분
千辛萬苦 천신만고 : 천 가지 매운 것과 만 가지 쓴 것, 온갖 매서운 고통을 겪음
泉石膏肓 천석고황 : 샘과 돌이 고황(심장과 횡경막의 사이)에 들었음, 산수 자연을 몹시 사랑함
天壤之差 천양지차 : 하늘과 땅같이 엄청난 차
天壤之判 천양지판 : 하늘과 땅처럼 큰 차이, 사물이 서로 엄청나게 다름
天衣無縫 천의무봉 : 천사의 옷은 꿰맨 흔적이 없음, 문장이 훌륭하여 손댈 곳이 없음
天人共怒 천인공노 : 하늘과 사람이 함께 분노함, 도저히 용납할 수 없음
千載一遇 천재일우 : 천 년에 한 번 만남, 좀처럼 얻기 어려운 좋은 기회
天災地變 천재지변 : 지진, 홍수, 태풍 등 자연 현상으로 영향으로 인한 재앙
天眞爛漫 천진난만 : 말이나 행동이 조금도 꾸밈이 없이 아주 순진하

고 참됨

千差萬別 천차만별 : 여러 가지 사물이 모두 차이가 있고 구별이 있음

千篇一律 천편일률 : 많은 사물이 색다른 바가 없이 모두 비슷 비슷함

千態萬象 천태만상 : 천 가지 모습과 만 가지 형상, 세상의 만물은 똑같지 않고 각기 다른 모습을 하고 있음

徹頭徹尾 철두철미 : 처음부터 끝까지 빈틈이 없고 철저함

徹天之恨 철천지한 : 하늘을 뚫을 정도로 사무친 한

轍環天下 철환천하 : 수레를 타고 천하를 돌아다님, 여러나라를 두루 여행함

晴耕雨讀 청경우독 : 날이 개이면 밭을 갈고 비가 오면 책을 읽음, 부지런히 일하며 여가를 헛되이 보내지 않고 공부함

青山流水 청산유수 : 푸른 산과 흐르는 물, 막힘없이 거침없이 잘 하는 말

青雲之志 청운지지 : 높은 지위에 오르고자 하는 욕망

青天白日 청천백일 : 하늘이 맑게 갠 대낮, 혐의가 풀리어 무죄가 됨

青出於藍 청출어람 : 쪽에서 나온 푸른 물감이 쪽보다 더 푸름, 제자가 스승보다 나음

清風明月 청풍명월 : 맑은 바람과 밝은 달, 결백하고 온건한 성격

樵童汲婦 초동급부 : 땔나무를 하는 아이와 물을 긷는 여자, 평범하게 살아가는 일반 백성

草綠同色 초록동색 : 풀빛과 녹색은 같음, 서로 같은 성격의 무리끼리 어울림

草木皆兵 초목개병 : 적을 두려워한 나머지 온 산의 초목을 전부 적군으로 봄, 직의 힘을 두려워하여 하찮은 것에도 겁냄

焦眉之急 초미지급 : 눈섭이 타게 될 만큼 위급한 상태

初志一貫 초지일관 : 처음에 먹은 마음이 끝까지 변함이 없음

寸鐵殺人 촌철살인 : 한 치밖에 안 되는 칼로 사람을 죽임, 간단한 경구나 단어로 사람을 감동시키거나 남의 약점을 찌름

推己及人 추기급인 : 자기 마음을 미루어 보아 남에게도 그렇게 대하거나 행동함

春秋筆法 춘추필법 : 중국 경서 춘추의 기록 방법, 역사 사건에 대한 비판적이고 엄정한 필법

秋風落葉 추풍낙엽 : 가을 바람에 흩어져 떨어지는 낙엽, 어떤 형세나 세력같은 것이 한 순간에 실추함

春風秋雨 춘풍추우 : 봄 바람과 가을 비, 기나 긴 세월

春夏秋冬 춘하추동 : 봄, 여름, 가을, 겨울의 사계절

出將入相 출장입상 : 나아가서는 장수가 되고 들어와서는 재상이 됨, 문무를 겸비하여 장상의 벼슬을 모두 한 사람

忠言逆耳 충언역이 : 충직한 말은 귀에 거슬림

取捨選擇 취사선택 : 취할 것은 취하고 버릴 것은 버려서 골라잡음

醉生夢死 취생몽사 : 술에 취한 듯 살다가 꿈을 꾸듯이 죽음, 아무 의미 없이 이룬 일도 없이 한평생을 흐리멍덩하게 살아감

置之度外 치지도외 : 법도외의 것으로 상관하지 않음, 내버려 두고 문제 삼지 아니함

七步之才 칠보지재 : 일곱 걸음 걸을 동안에 시를 지을 만한 재주

七顚八起 칠전팔기 : 일곱 번 넘어지고 여덟 번째 일어남, 여러번의 실패에도 굴하지 않고 꾸준히 노력함

七縱七擒 칠종칠금 : 마음대로 잡았다 놓아주었다 함, 무슨 일을 제 맘대로 함

針小棒大 침소봉대 : 바늘만한 것을 몽둥이 만하다고 말함, 작은 일을 크게 과장하여 말함

10. 카

快刀亂麻 쾌도난마 : 헝클어진 삼을 잘드는 칼로 자름, 어지럽게 뒤 얽힌 사물 또는 말썽 거리를 단번에 명쾌하게 처리함

11. 타

他山之石 타산지석 : 다른 산에서 나는 돌도 숫돌로 쓰면 자기의 옥을 갈 수 있음, 다른 사람의 하찮은 말이나 행동도 자신의 지식과 인격을 수양하는데 도움이 됨

卓上空論 탁상공론 : 현실성 없는 허황한 이론이나 논의

貪官汚吏 탐관오리 : 백성의 재물을 탐내어 빼앗는 행실이 깨끗하지 못한 관리

泰山北斗 태산북두 : 태산과 북두칠성, 세상 사람들로부터 존중받는 뛰어난 인물

泰然自若 태연자약 : 마음에 어떤 충동을 받아도 움직임 없이 천연스러움

兎死狗烹 토사구팽 : 사냥가서 토끼를 잡으면 사냥개는 삶아 먹음, 요긴한 때는 소중히 여기다가도 쓸모가 없게 되면 천대하고 쉽게 버림

吐哺握發 토포악발 : 먹던 것을 뱉고 감고 있던 머리를 거머 쥠, 손님에 대한 극진한 대우를 함, 정무를 보살핌에 잠시도 편안함이 없음

12. 파

破瓜之年 파과지년 : 여자 나이 16세, 남자 나이 64세, 瓜자를 파자(破字)하면 八八이 되므로 더하면16, 곱하면 64가 됨(전의어 과기(瓜期) 참조)

波瀾萬丈 파란만장 : 물결이 만 길임, 사람의 생활이나 일의 진행에 기복과 변화가 매우 심함

破廉恥漢 파렴치한 : 부끄러움을 모르는 사람

破邪顯正 파사현정 : 그릇된 생각을 깨뜨리고 바른 도리를 드러냄

破顔大笑 파안대소 : 즐거운 표정으로 활짝 웃음

破竹之勢 파죽지세 : 대를 쪼개는 것과 같은 기세로 세력이 강하게

　　　　　　　　적을 쳐들어 가는 기세
八方美人 팔방미인 : 어느 모로 보나 아름다운 사람, 여러방면에
　　　　　　　　능통한 사람
八字所關 팔자소관 : 타고난 운수로 인하여 어쩔 수 없이 겪는 일
敗家亡身 패가망신 : 가산을 탕진하고 몸을 망침
弊袍破笠 폐포파립 : 해진 도포나 부서진 갓, 너절하고 구차한 차
　　　　　　　　림새
抱腹絶倒 포복절도 : 배를 안고 넘어짐, 몹시 우스워서 배를 안고
　　　　　　　　몸을 가누지 못할 만큼 웃음
暴惡無道 포악무도 : 법도 도리도 없이 매우 사납고 악함
飽食暖衣 포식난의 : 배불리 먹고 따뜻하게 입음, 의식이 넉넉함
布衣之交 포의지교 : 벼슬이 없을 때의 교제로 신분이나 지위를 떠
　　　　　　　　나 이익 따위를 바라지 않는 교제
暴虎馮河 포호빙하 : 맨손으로 범을 때려 잡고 걸어서 황허강을 건
　　　　　　　　넘, 용기는 있으나 무모함을 뜻함
表裏不同 표리부동 : 겉과 속이 다름, 마음이 음흉하고 불량함
風磨雨洗 풍마우세 : 비와 바람에 갈리고 씻김
風飛雹散 풍비박산 : 바람이 불어 우박이 이리 저리 흩어짐, 엉망
　　　　　　　　으로 깨어져 흩어져 버림, 풍지박산은 잘못된 말임
風樹之嘆 풍수지탄 : 나무가 고요하고자 하나 바람이 그치지 않음,
　　　　　　　　부모가 돌아 가신 뒤에 효도를 다하지 못한 것을 후회함
風前燈火 풍전등화 : 바람 앞의 등불, 매우 위태로운 상황
皮骨相接 피골상접 : 살가죽과 뼈가 맞 붙을 정도로 마름
彼此一般 피차일반 : 저편이나 이편이나 마판가지, 두편이 서로 같음
匹夫之勇 필부지용 : 평범한 사람의 용기, 깊은 생각없이 혈기만
　　　　　　　　믿고 함부로 부리는 용기
匹夫匹婦 필부필부 : 평범한 남자와 평범한 여자, 평범한 보통 사람

13. 하

何待歲月 하대세월 : 세월을 기다리기가 지루함
下石上臺 하석상대 : 아랫돌 빼서 윗돌 괴고 윗돌 빼서 아랫돌 굄, 임시변통으로 이리저리 둘러 맞춤
下愚不移 하우불이 : 아주 어리석고 못난 사람의 기질은 변하지 않음
下厚上薄 하후상박 : 아랫사람에게는 후하고 윗 사람에게는 박함
鶴首苦待 학수고대 : 학처럼 목을 길게 빼고 기다림, 몹시 기다림
漢江投石 한강투석 : 한강에 돌 던지기, 지나치게 미미하여 아무런 효과가 미치지 않음
汗牛充棟 한우충동 : 수레에 실으면 소가 땀을 흘리고 집안에 쌓으면 들보까지 쌓을 만큼의 많은 책
閑雲野鶴 한운야학 : 한가로운 구름아래 노니는 들의 학, 아무 매인데 없는 한가로운 생활로 유유 자적하는 경지
閑話休題 한화휴제 : 쓸데없는 이야기는 그만함, 어떤 내용을 써 나갈 때 한동안 다른 내용을 쓰다가 본래의 내용으로 돌아감
割半之痛 할반지통 : 몸의 반쪽을 베어내는 고통, 형제 자매가 죽었을 때의 슬픔
緘口無言 함구무언 : 입을 다물고 아무런 말이 없음
含憤蓄怨 함분축원 : 분한 마음을 품고 원한을 쌓음
含哺鼓腹 함포고복 : 음식을 먹고 배를 두드림, 먹을 것이 풍족하여 즐겁게 지냄
咸興差使 함흥차사 : 함흥에 간 차사가 돌아오지 않음, 심부름을 가서 돌아오지 않거나 아무 소식이 없음
合從連橫 합종연횡 : 전국시대에 행해졌던 외교 방식으로 합종책과 연횡책
恒茶飯事 항다반사 : 밥을 먹고 차를 마시는 일처럼 늘 있어서 이상하거나 신통할 것이 없는 일

駭怪罔測 해괴망측 : 평소에 접할 수 없는 놀랍고 기괴한 일
偕老同穴 해로동혈 : 살아서는 같이 늙고 죽어서는 한 무덤에 감, 생사를 같이 하는 부부
行動擧止 행동거지 : 몸을 움직이거나 멈춰서 하는 모든 짓
行雲流水 행운유수 : 떠가는 구름과 흐르는 물, 일의 처리가 자연스럽고 거침이 없음
向陽花木 향양화목 : 볕을 잘 받는 꽃나무, 크게 잘 될 사람
向隅之歎 향우지탄 : 그 자리에 모인 사람들이 다 즐거워 하나 자기만은 좋은 기회를 만나지 못한 것을 한탄함
虛氣平心 허기평심 : 기를 가라앉히고 마음을 편안하게 가짐
虛靈不昧 허령불매 : 잡된 생각이 없이 마음이 영묘하여 어둡지 아니함
虛禮虛飾 허례허식 : 정성이 없이 겉으로만 번드레하게 꾸밈 또는 그런 예절이나 법식
虛無孟浪 허무맹랑 : 터무니 없이 허황하고 실상이 없음
虛心坦懷 허심탄회 : 마음에 아무런 거리낌이 없이 솔직하고 편안함
虛張聲勢 허장성세 : 실속없이 큰소리 치거나 허세만 부림
虛虛實實 허허실실 : 허를 찌르고 실을 꾀하는 계책으로 싸우는 모양
軒軒丈夫 헌헌장부 : 이목구비가 반듯하고 풍채가 당당한 남자
賢母良妻 현모양처 : 어진 어머니 이면서 착한 아내
懸頭刺股 현두자고 : 상투를 매달고 넓적다리를 찌름, 졸음을 참으며 학업에 힘씀
賢問愚答 현문우답 : 현명한 물음에 대한 이리석은 답변
懸河口辯 현하구변 : 경사가 급하여 물이 거침없이 흐르듯 잘하는 말
螢雪之功 형설지공 : 가난을 이겨내며 반딧불과 눈빛으로 글을 읽어 가며 고생 속에서 공부하여 이룬 공
形影相同 형영상동 : 형체에 따라 그림자도 그대로 나타남, 마음먹은 바가 그대로 나타남
形影相弔 형영상조 : 자기의 몸과 그림자가 서로 불쌍히 여김, 의

지할 곳이 없어 몹시 외로움

狐假虎威 호가호위 : 여우가 호랑이의 힘을 빌어 뽐냄, 강한자의 위세를 빌어 약한자에게 군림함

糊口之策 호구지책 : 겨우 끼니를 이어 가기 위한 방책

呼父呼兄 호부호형 : 아버지를 아버지라 부르고 형을 형이라 부름, 부형을 부형답게 모심

好事多魔 호사다마 : 좋은 일에는 방해가 되는 일이 많음

虎死留皮 호사유피 : 호랑이가 죽으면 가죽을 남기듯 사람도 죽은 뒤 이름을 남김

虎視耽耽 호시탐탐 : 범이 먹이를 노림, 야심을 품고 남의 것을 빼앗기 위해 기회를 엿 봄

浩然之氣 호연지기 : 하늘과 땅사이에 가득찬 넓고 큰 원기, 공명정대하며 조금도 부끄러울 바가 없는 도덕적 용기

好衣好食 호의호식 : 잘 먹고 잘 입는 생활

胡蝶之夢 호접지몽 : 인생의 덧 없음, 중국의 장자가 꿈에 나비가 되어 즐겁게 놀았다는 데서 유래

惑世誣民 혹세무민 : 세상을 어지럽히고 백성을 속이는 것

魂飛魄散 혼비백산 : 넋이 날아가고 흩어짐, 몹시 놀라 어찌 할 바를 모름

昏定晨省 혼정신성 : 저녁에 잠자리를 보아드리고, 아침에 문안을 드림 자식이 조석으로 부모의 안부를 물어 살핌

紅爐點雪 홍로점설 : 빨갛게 다른 화로 불에 눈을 뿌리면 순식간에 녹음, 큰일을 함에 있어 작은 힘으로는 아무 도움이 되지 않음

畵龍點睛 화룡점정 : 용을 그리고서 눈동자를 그려 넣음, 가장 요긴한 곳에 손을 대서 사물을 완성시킴

花無十日紅 화무십일홍 : 열흘 붉은 꽃이 없음, 한번 성하면 반드시 쇠퇴함

畵蛇添足 화사첨족 : 뱀을 그리면서 발을 그려 넣음, 쓸데없는 일을 하는 것
花容月態 화용월태 : 꽃 다운 얼굴과 달 같은 자태, 아름다운 여인
花朝月夕 화조월석 : 꽃피는 아침과 달 뜨는 저녁, 경치가 좋은 시절
畵中之餠 화중지병 : 그림에 떡, 탐이 나도 어찌해 볼 수 없는 사물
畵虎類狗 화호유구 : 범을 그리려다 강아지를 그림, 소양이 없는 사람이 호걸인체 하다 망신 당함
後生可畏 후생가외 : 후진들이 선배들보다 젊고 기력이 좋아 학문을 닦음에 따라 큰 인물이 될 수 있으므로 가히 두려움
厚顔無恥 후안무치 : 얼굴이 두껍고 뻔뻔스러워 부끄러워할 줄 모름
會者定離 회자정리 : 만나는 자는 언제가는 헤어지게 됨
興亡盛衰 흥망성쇠 : 흥하고 망하고 성하고 쇠하는 일
興盡悲來 흥진비래 : 즐거운 일이 다하면 슬픈 일이 닥쳐옴
喜怒哀樂 희로애락 : 기쁨과 노여움과 슬픔과 즐거움, 사람의 온갖 감정

부록

2. 한문 문법 개요

Ⅰ. 한문의 품사

단어가 문장 중에서 어떠한 역할을 수행하는 가에 따라 분류한 것을 품사(品詞)라고 한다. 품사가 결합되어 구나 절을 이루고 구나 절이 모여 문장을 이룬다. 한문에서는 글자의 품사가 고정되지 않고 구문상에서 글자가 놓인 위치와 기능에 따라 품사가 정해진다. 즉 글자의 의미나 성분이 문법적 원리에 의해서 정해지는데 이것을 품사의 전성(轉成)이라고 한다. 한 문장에서 어떤 때는 명사이던 것이 동사나 형용사로도 쓰여서 그 기능이 주어, 서술어, 보어, 목적어, 수식어 등으로 변화되지만 그 글자의 형태는 같다.

1. 문장의 성분과 품사의 기능
(1) 주요성분
1) 주어
문장의 중심이 되는 행동사를 표시한다.
- **民不康** 민불강: 백성이 편안하지 않다.
- **君子不怨天** 군자불원천: 군자는 하늘을 원망하지 않는다.

2) 서술어
행동의 내용을 표시하며 술어라고도 한다.

- **政者正也** 정자정야: 정치는 바른 것이다.
- **薺景公問政於孔子** 제경공문정어공자: 제경공이 공자에게 정치에 대해 물었다.

(2) 보충 성분
1) 보어
서술어 뒤에 위치하여 주어, 목적어, 서술어 등을 보충해주는 성분이다.
- **靑取之於藍** 청취지어람: 푸른색은 쪽풀에서 그것을 취한다.
- **君臣有義** 군신유의: 임금과 신하 간에는 의리가 있어야 한다.

2) 목적어
서술어 뒤에 위치하여 대상을 나타내는 말로, 최근 학계에서는 목적어 대신 빈어라는 용어를 사용하기도 한다.
- **富潤屋** 부윤옥: 부유함은 집을 윤택하게 한다.

(3) 수식 성분
1) 관형어
주어나 목적어, 보어로 쓰이는 명사 앞에서 그 명사의 뜻을 꾸며준다.
- **樂天者保天下** 낙천자보천하: 하늘을 즐거워하는 자는 천하를 보전한다.(주어 수식)
- **伐千乘之國** 벌천승지국: 천승의 나라를 정벌하다.(목적어 수식)
- **及寡人之身** 급과인지신: 과인의 몸에 미치다.(보어 수식)
- **溢乎四海** 일호사해: 사해에 넘치다.(보어 수식)
- **人有五倫** 인유오륜: 인간에게는 다섯 가지 윤리가 있다.(보어

수식)
- **此匹夫之勇** 차필부지용: 이것은 필부의용기이다.(서술어 수식)

2) 부사어
구문 상 서술어로 된 성분을 꾸며 준다.
- **聖人復起必從吾言矣** 성인복기필종오언의: 성인께서 다시 나타나서도 반드시 내 말을 따를 것이다.

(4) 독립 성분
독립어로 문장 안에서 다른 성분과 독립하여 감동, 놀람, 부름, 응답 등을 나타낸다.

품사는 단어의 의미와 기능에 따라 실질적인 개념을 나타내는 실사(實辭)와 실질적인 개념이나 의미가 거의 없이 문법적인 작용만 하는 허사(虛辭)로 구분된다.

표 5.1 품사의 분류와 기능

구분	품사	기능
실사	명사	주어·서술어·보어·목적어·관행어, 부사어·독립어로 쓰임
	대명사	
	동사	서술어로 쓰임
	형용사	서술어·관형어, 부사어로 쓰임
	부사	부사어로 쓰임

허사	보조사	술어 앞에 위치하여 술어의 뜻을 완전하게 해줌	
	접속사	자(字)와 자, 구(句)와 구, 절(節)과 절을 연결	
	개사	전치사(前置詞)	명사 앞에 사용 됨
		후치사(後置詞)	명사 뒤에 사용 됨
	종결사	문장의 종결을 나타내며 문장 끝에 사용 됨	
독립사	감탄사	감탄을 나타냄	

2. 명 사(名詞)

명사는 사물이나 사람의 명칭을 나타내주는 품사이다. 명사는 주어, 서술어, 목적어, 보어, 관형어, 독립어의 역할을 한다.

(1) 명사의 종류
1) 보통명사
사물의 일반적인 이름을 나타낸다.
  ○ 人 사람 인, 江 강 강, 文 글월 문

2) 고유명사
사람의 이름이나 지명을 나타낸다.
  ○ 白頭山 백두산, 韓國 한국, 中國 중국, 漢江 한강

3) 추상명사
무형의 추상적인 관념을 나타낸다.
  ○ 仁 어질 인, 義 옳을 의, 道德 도덕, 智慧 지혜

4) 수량명사
숫자를 나타낸다. 수를 표시하는 수사로 기수, 서수, 분수, 약수 등이 있다.

- 三人 3인. 年四十 나이 마흔 살

5) 의존명사
수식어가 필요한 명사로 者와 所가 있다.
- **力不足者** 역부족자: 힘이 부족한 사람
- **異乎吾所聞** 이호오소문: 내가 들은 바와 다르다.
- **己所不欲 勿施於人** 기소불욕 물시어인: 자기가 바라지 않는 바를 남에게 시키지 말라.

(2) 명사의 사용
1) 주어
- **淸溪流** 청계류: 맑은 시내가 흐른다.

2) 서술어
- **通於天地者德也** 통어천지자덕야: 천지에 통하는 것은 덕이다.

3) 보어
- **蒙恬 爲秦將 北逐戎人** 몽염위진장 북축융인: 몽염이 진나라 장수가 되어 북쪽으로 융인을 몰아냈다.

4) 목적어
- **王好戰 請以戰喩** 왕호전 청이전유: 왕이 전쟁을 좋아하니 전쟁으로서 비유하기를 청합니다.

5) 관형어
- **林放問禮之本** 임방문예지본: 임방이 예의 근본을 물었다.

6) 독립어

○ **賜也 女以予爲多學 而識之者與** 사야 여이여위다학 이지지자여: 사야, 너는 나를 많이 배우고 그것을 기억하는 자라고 여기느냐?

3. 대명사(代名詞)

명사 대신 쓰이는 말로서 사람, 사물, 방향등을 나타내는 품사이다. 중국의 문법학자들은 대명사를 대사(代詞)라고 하는데 이는 대명사가 명사만을 대신하지 않기 때문이다. 대명사는 인칭대명사, 지시대명사, 의문대명사로 구분되며 문장 안에서 주어, 서술어, 목적어, 보어, 관형어로 사용된다.

(1) 인칭대명사

사람을 가리키는 대명사를 말하며 이에는 일인칭, 이인칭, 삼인칭이 있다. 인칭대명사는 주어로 사용될 때 생략되는 경우가 많다.

1) **일인칭: 吾, 我, 余, 予, 僕, 朕 등**
   ○ **我善養吾浩然之氣** 아선양오호연지기: 나는 나의 호연지기를 잘 기르노라.
   ○ **問余何事栖碧山** 문여하사서벽산: 어찌하여 벽산에 사느냐고 나에게 물었다.

2) **이인칭: 女, 汝, 而, 爾, 君, 子 등**
   ○ **爾忘其人乎** 이망기인호: 너는 그사람을 잊었는가?
   ○ **當爲汝說** 당위여설: 마땅히 너희들에게 말하겠다.
   ○ **勸君敬奉老人言** 권군경봉노인언: 그대에게 권하노니 노인의 말씀을 받들어 공경하라.

3) **삼인칭: 彼, 其, 夫 등**

- 知彼知己 지피지기: 그를 알고 나를 안다.
- 夫豈不知 부기부지: 저 사람은 어찌 알지 못하는가?

4) 부정칭: 或, 某, 人 등
- 或謂孔子曰子奚不爲政 혹위공자왈자해불위정: 어떤 이가 공자에게 말하기를 그대는 어찌하여 정치를 하지 않습니까?

(2) 지시대명사
사물을 그 이름 대신에 지시하는 대명사로 의미와 작용에 따라 근칭, 중칭, 원칭, 부정칭 등으로 구분된다.

1) 근칭: 是, 此, 玆, 斯 등
- 是乃王之急務 시내왕지급무: 이것이 바로 임금의 급한 일이다.
- 此是何處 차시하처: 여기가 어느 곳이냐?
- 是吾師也 시오사야: 이분이 내 스승이다.
- 人生斯世 非學問 無以爲人 인생사세 비학문 무이위인: 사람이 이 세상에 나서 학문이 아니면 사람다운 사람이 될 수 없다.

2) 중칭: 其, 厥 등
- 不知其人視其友 부지기인시기우: 그 사람을 알지 못하거든 그 친구를 보라
- 農夫餓死枕厥種子 농부아사침궐종자: 농부는 굶어 죽어도 그 씨앗을 베고 죽는다.

3) 원칭: 彼, 夫 등

- **彼何爲者** 피하위자: 저들은 무엇을 하는 사람인가?
- **賊夫人之子** 적부인지자: 도적은 저 사람의 아들이다.

(3) 의문대명사

의문대명사는 사물이나 사실에 대하여 의문이나 부정, 감탄을 나타내며 문장의 머리 또는 동사 앞에 온다.

1) 사람을 가리키는 것: 誰, 孰 등
- **是誰之過與** 시수지과여: 이것은 누구의 잘못인가?
- **孰爲汝多知乎** 숙위여다지오: 누가 너를 많이 안다고 하더냐?

2) 사물을 가리키는 것: 何, 孰, 奚 등
- **子夏云何** 자하운하: 자하는 무엇이라 이르던가?
- **是可忍 孰不可忍也** 시가인 숙불가인야: 이것을 참을 수 있다면 무엇을 참지 못하겠는가?
- **孔子何以知之** 공자하이지지: 공자는 무엇으로써 이것을 아십니까?

4. 동사(動詞)

동사는 사람이나 사물의 동작, 행위, 작용 등을 나타내는 품사이다.

(1) 자동사

동작과 변화가 상대에게 미치지 않고도 완전한 의미를 나타내는 동사로 보어의 유무에 따라 완전자동사, 불완전자동사로 나뉜다.

1) 완전자동사
- **蜂歌** 봉가: 벌이 노래한다.

- ○ **春來花開** 춘래화개: 봄이오니 꽃이 핀다.
- ○ **守眞志滿** 수진지만: 참을 지키면 의지가 충만해진다.

2) 불완전자동사
- ○ **千里之行 始於足下** 천리지행 시어족하: 천리 길을 가는 것이 발 아래에서 시작된다.
- ○ **其少年 爲偉人** 기소년 위위인: 그 소년이 위인이 되었다.
- ○ **父子有親** 부자유친: 아버지와 아들 간에는 친함이 있다.

(2) 타동사
주어의 동작이 상대방에게 미치는 동사로 영향을 받는 목적어를 필요로 한다. 보어의 유무에 따라 완전타동사와 불완전 타동사로 나뉜다.

1) 완전타동사
- ○ **兄讀書** 형독서: 형은 책을 읽는다.
- ○ **溫故知新** 온고지신: 옛 것을 익혀 새로운 것을 안다.
- ○ **君子愼言語** 군자신어언: 군자는 말을 삼간다.

2) 불완전타동사
- ○ **世人言金剛山秀麗** 세인금강산수려: 세상 사람들은 금강산을 아름답다고 한다.
- ○ **此之謂大丈夫** 차지위대장부: 이것을 대장부라 이른다.
- ○ **季康子 問政於孔子** 계강자 문정어공자: 계강자가 공자에게 정치를 물었다.

(3) 수여(授與)동사와 고시(告示) 동사

사물을 주거나 사실을 알려주는 대상을 가리키는 동사이다.

1) 수여동사: 與, 予, 敎, 遺, 獻, 賜 등
   - **與人善言 煖於布帛** 난어선언난어포백: 남에게 좋은 말은 베나 비단보다 따뜻하다.
   - **賜子千金 不如敎子一藝** 사자천금 불여교자일예: 자식에게 천금을 물려주는 것이 자식에게 한 가지 기예를 가르쳐주는 것만 못하다.

2) 고시동사: 謂, 告, 曰, 道 등
   - **人皆謂我毀明堂** 인개위아훼명당: 사람들은 모두 나에게 명당을 허물라고 한다.
   - **予告汝于難** 여고여우난: 나는 너에게 어려움을 말하겠다.

(4) 존재(存在)동사: 有, 無

사물이 있고 없음을 나타낸다.
   - **人皆有 不忍人之心** 인개유 불인인지심: 사람들은 모두 남에게 차마하지 못하는 마음이 있다.
   - **人無百歲人枉作千年計** 인무백세인 왕작천년계: 사람은 백살을 사는 사람이 없지만 부질없이 천년계획을 세운다.

(5) 연계(聯繫)동사: 是, 非, 爲, 曰, 乃, 卽 등

주어와 보어사이에서 연결하는 역할을 하며 동작성은 없다.
   - **來說是非者 便是是非人** 내설시비자 편시시비인: 와서 시비를 말하는 자가 곧 시비하는 사람이다.
   - **勤爲無價之寶 愼是護身之符** 근위무가지보 신시호신지부:

부지런함은 값을 매길수 없는 보배요, 신중함은 몸을 보호하는 부적이다.

5. 형용사(形容詞)
사물의 성질, 상태, 형상 등을 나타내는 품사로 명사를 수식하는 수식어나 서술어의 역할을 하며, 연계 동사의 보어가 된다.

(1) 수식어
- **淸風徐來** 청풍서래: 맑은 바람이 서서히 불어온다.
- **少年觀明月** 소년관명월: 소년은 밝은 달을 바라본다.

(2) 서술어
- **天高水淸** 천고수청: 하늘은 높고 물은 맑다.
- **沙明岸白** 사명안백: 모래가 맑고 해안이 희다.

(3) 보어
- **民爲貴社稷次之君爲輕** 민위귀사직차지군위경: 백성이 귀하고 사직이 다음이며 임금은 가벼운 것이다.

(4) 특수 형용사: 難, 易, 多, 少 등
다른 형용사와 같이 사용되기도 하지만 서술어로 쓰이는 경우 보어를 취하며 보이는 주어처럼 해석한다.
- **君子知至學之難易** 군자지지학지난이: 군자는 배움에 이르는 것이 어렵고 쉬움을 안다.
- **爲君難爲臣不易** 위군난위신불이: 임금 노릇하기는 어렵고 신하 노릇하기도 쉽지 않다.
- **諸侯多謀伐寡人者** 제후다모벌과인자: 제후가 과인을 치기

를 도모하는 자가 많다.
- ○ **時又少行三年喪者** 시우소행삼년상자: 때에 또한 삼년상을 행하는 사람이 적었다.

6. 부사(副詞)

부사는 동사, 형용사 또는 다른 부사를 수식하는 부사어 역할을 한다.

(1) 의문·반어: 何, 安, 焉, 胡, 豈, 寧, 況 등
- ○ **何以附耳相語** 하이부이상어: 왜 귀에 대고 말하는가?
- ○ **安得虎子** 안득호자: 어찌 범의 새끼를 얻을 수 있겠는가?
- ○ **此理豈有乎** 비리기유호: 이러한 이치가 어찌 있으리오?

(2) 시제: 已, 旣, 以, 終, 今, 正, 方, 將, 且, 등
- ○ **我旣於人無惡** 아기어인무악: 내가 이미(먼저) 악하게 아니 한다.
- ○ **汝今諦聽** 여금체청: 너희는 이제 자세히 들으라.
- ○ **將乘船入中國** 장승선입중국: 장차 배를 타고 중국에 들어가련다.
- ○ **不知老之將至** 부지노지장지: 장차 늙음에 이르는 것을 알지 못하다

(3) 정도: 甚, 最, 至 등
- ○ **遇客甚謹爲酒甚美** 우객심근위주심미: 손님을 매우 공경스럽게 접대하고 술맛은 매우 좋다.
- ○ **水至淸則魚無** 수지청즉어무: 물이 지극히 맑으면 고기가 없다.

(4) 한정: 但, 只, 直, 惟, 唯 등
- **直不百步耳 是亦走也**: 직불백보이 시역주야: 다만 백보가 아닐뿐 이또한 달아난 것이다.
- **只在爲學 立志如何耳**: 지재위학 입지여하이: 다만 학문을 하는데에 뜻을 세움이 어떤가에 있을 뿐이다.

(5) 가정: 苟, 雖, 若 등
- **若要人重我 無過我重人** 약요인중아 무과아중인: 만약 나를 중하게 여겨 주기를 바란다면, 내가 남을 중히 여기는 것보다 더함이 없느니라.
- **泰山雖高 是亦山** 태산수고 시역산: 태산이 비록 높다 하지만 이 또한 산이다.
- **苟有過 人必知之** 구유과 인필지지: 만약 허물이 있으면 남이 반드시 그것을 알게 된다.

(6) 강조: 亦, 猶, 況 등
- **死馬且買之 況生者乎** 사마차매지 황생자호: 죽은 말도 또한 사는데 하물며 산말에 있어서랴.

(7) 발어: 凡, 夫, 蓋 등
- **夫 一人致死 當百人** 부 일인치사 당백인: 대저 한사람이 죽음으로서 백사람을 당해낸다.

7. 보조사(補助詞)

동사나 형용사 앞에서 동사나 형용사를 도와 뜻을 완전히 서술하는 보조역할을 한다.

(1) 가능: 可, 可以, 能, 足, 得 등

- ○ **瞬息可成** 순식가성: 순식간에 이룰 수 있다.
- ○ **我能食之** 아능식지: 나는 그것을 먹을 수 있다.
- ○ **未必子孫能盡守** 미필자손능진수: 반드시 자손이 능히 모두 지키지는 못할 것이다.

(2) 당위: 當, 宜, 須 등
- ○ **孝當竭力** 효당갈력: 효는 마땅히 힘을 다해야 한다.
- ○ **男兒須讀五車書** 남아수독오거서: 남자는 모름지기 다섯 수레의 책을 읽어야 한다.

(3) 소원: 願, 欲 등
- ○ **我欲育英才** 아욕육영재: 나는 영재를 기르고 싶다.
- ○ **臣願奉璧往** 신원봉벽주: 제가 구슬을 받들고서 가고 싶습니다.

(4) 부정: 不, 弗, 非, 未
- ○ **不遠遊遊必有方** 불원유유필유방: 멀리 나가서 놀지 말며 놀 때에는 반드시 가는 곳을 알려라.
- ○ **小善爲无益而弗爲也** 소선위무익이불위야: 작은 선행은 이익이 적다고 해서 행하지 아니 하다.
- ○ **福雖未至禍自遠矣** 복수미지화자원의: 복은 비록 이르지 아니하나 화는 저절로 멀어진다.

(5) 금지: 勿, 莫
- ○ **勿以善小而不爲** 물이선소이불위: 착한 것이 적다고 아니 하지 말라.
- ○ **男年長大莫習樂酒** 남년장대막습낙주: 남자 나이가 장대 하거든 풍악과 술을 익히게 하지 말라.

(6) 사역: 使, 令, 敎 등
- **先生每夜使讀書** 선생매야사독서: 선생은 밤마다 글을 읽게 한다.
- **敎急來** 교급래: 급히 오게 한다.

(7) 피동: 被, 見, 爲 등
- **善泳者爲水所溺** 선영자위수소익: 수영을 잘하는 사람이 물에 빠지게 된다.
- **信而見疑忠而被謗能無怨乎** 신이견의충이피방능무원호: 신의가 있었으나 의심을 받았고 충직하였으나 비방을 당하였으니 원망이 없을 수 있겠는가?

8. 접속사(接續詞)

접속사는 단어와 단어, 구와 구, 문장과 문장을 연결하여 여러 가지 관계를 표시하는 역할을 하며 단독으로 사용되지 못한다.

(1) 병렬: 與, 及, 而, 且 등
- **唯我與爾有是夫** 유아여이유시부: 오직 나와 네가 이것이 있다.
- **敏於事而愼語** 민어사이신어: 일에는 민첩하고 말에는 신중하라.
- **邦有道 貧且賤焉 恥也** 방유도 빈차천언 치지: 나라에 도가 있는데 가난하고 천하면 수치이다.

(2) 순접: 而, 以 등
- **溫古而知新** 온고이지신: 옛 것을 익혀서 새 것을 안다.
- **發奮忘食樂以忘憂** 발분망식낙이망우: 발분하면 끼니도 잊고 즐거워서 근심을 잊는다.

(3) 인과: 故, 是故 등

- 虎以爲然 故逐餘之行 호이위연 고수여지행: 범은(여우 말이)옳다고 여겼으므로 마침내 그와 함께 갔다.
- 遠近歸之故王天下 원근귀지고왕천하: 멀고 가까운 곳이 그에게 귀의 하였으므로 천하를 다스리게 되었다.

(4) 가정: 則, 卽 등
- 使子路反見之 至則行矣 사자로반견지 지즉행의: 자로로 하여금 돌아가 그를 만나 보도록 하였는데 이른 즉 가버렸다.
- 質勝文則野 文勝質則史 질승문즉야 문승질즉사: 바탕이 문채보다 나으면 야비하고 문채가 바탕보다 나으면 미끈하다.
- 賤卽買 貴卽賣 천즉매 귀즉매: 싸면 즉시 사고 비싸면 즉시 판다.

(5) 역접: 然, 而 등
- 良藥苦於口 而利於病 양약고어구 이이어병: 양약은 입에는 쓰지만 병에는 좋다.
- 然而不王者 未之有也 연이불왕자 미지유야: 이와 같이 하고도 왕 노릇 하지 못하는 자는 있지 아니하다.
- 然而不勝者是天時不如地利也 연이불승자시천시불여지리야: 이와 같으나 이기지 못하는 것은 천시가 지리만 못하기 때문이다.

(6) 양보: 雖 등
- 相如雖駑 獨畏廉將軍哉 상여수노 독외염장군재: 상여가 비록 노둔하지만 어찌 염장군을 두려워 하겠는가?

9. 개사(介詞)

(1) 전치사

전치사는 명사나 대명사 또는 명사구 앞에서 시간, 장소, 원인, 방법 등을 구체적으로 표시하여 주거나 명사와 명사 사이에 놓여 이들의 소유나 수식 관계를 맺어주는 기능을 한다.

1) 장소, 시간, 비교, 대상: 於, 于, 乎, 自 등
- **子路宿於石門** 자로숙어석문: 자로는 석문에서 밤을 지냈다.
- **子於是日哭則不歌** 자어시일곡측불가: 공자는 이날 곡을 하고 부터는 노래를 부르지 않았다.
- **苛政猛於虎也** 가정맹어호야: 가혹한 정치는 범보다 무섭다.
- **當仁不讓於師** 당인불양어사: 인에 대하여는 스승에게도 사양하지마라.
- **三歲之習至于八十** 삼세지습지우팔십: 세살 버릇이 여든까지 간다.

2) 원인, 동기, 방법: 以, 爲, 由, 因 등
- **以五十步笑百步** 이오십보소백보: 오십보로서 백보를 웃다.
- **一言以蔽之曰思無邪** 일언이폐지사무사: 한마디말로서 포괄하여 이르면 "생각에 사악함이 없다"이다.

3) 시발, 유래: 自, 從, 由 등
- **自吾有回門人日以親** 자오유회문인일이친: 나에게 안회가 있은 이후부터 문인들이 날마다 나를 가까이 하는구나!
- **國家之敗由官邪也** 국가지패유관사야: 국가의 쇠약은 관리의 사악함에서 비롯된다.
- **生從何處來** 생종하처래: 태어남은 어느 곳으로부터 오는 것인가?

(2) 후치사

체언 뒤에 놓여서 그 소속을 나타내거나 뜻을 결정하여 주는 역할을 하는 개사로 유일하게 之가 있다.

- **鳥之將死共鳴也哀 人之將死其言也善**(주격) 조지장사공명지애 인지장사기언야선: 새가 장차 죽으려 할 때는 그 울 애처롭고 사람이 장차 죽으려 할 때는 그 말이 착하다.
- **道聽而塗說 德之棄也**(목적격) 도청이도설 덕지기야: 길에서 듣고 길에서 말하면 덕을 버리는 것이다.
- **是誰之過與**(관형격) 시수지과여: 이것은 누구의 과실인가?

10. 종결사(終結詞)

문장의 끝에 위치하여 단정, 한정, 의문, 감탄 등을 나타낸다.

(1) 단정: 也, 矣, 焉 등

- **信者人之大寶也** 신자인지대보야: 믿음이라는 것은 사람의 큰 보배이다.
- **此必妄人也而矣** 차필망인야이의: 이 사람은 반드시 망령된 사람이다.

(2) 한정: 耳, 已, 耳已, 而已, 而已矣 등

- **特與嬰兒戲耳** 특여영아희이: 다만 어린이에게 농담한 것 일 뿐이다.
- **旣可得而知已** 기가득이지이: 이미 얻어서 알뿐이다.

(3) 의문·반어: 乎, 耶(邪), 與, 也, 哉 등

- **學而時習之 不亦說乎**(반어) 학이시습지 불역열호: 배우고 때때로 그것을 익히면 또한 기쁘지 아니한가?

- 彼何人者也邪 피하인자야사: 저들은 어떤 사람입니까?

(4) 감탄: 哉, 乎, 兮, 與, 夫 등
- 管仲之器 小哉 관중지기 소재: 관중의 그릇이 작도다!
- 善哉 선재: 훌륭하도다!
- 民離散而相失兮 민이산이상실혜: 백성들이 뿔뿔히 흩어저 서로 잃는구나!

11. 감탄사(感歎詞)

감탄사는 감정의 발로나 의지의 발동에 의하여 내는 소리로 감동, 놀람, 응답 등을 나타낸다.

(1) 말하는 사람의 감정을 나타냄: 嗚呼, 於呼(於乎), 噫 등
- 嗚呼 國恥民辱乃至於此(탄식) 오호 국치민욕내지어차: 아아! 나라의 수치요 백성의 욕됨이 이 지경에 이르렀구나!
- 於乎 小子未知臧否(탄식) 어호 소자미지장부: 아아! 젊은 이들은 선과 악을 알지 못하는 구나!
- 噫 天喪予 天喪予(비통) 희 천상여 천상여: 아! 하늘이 나를 버리는 도다. 하늘이 나를 버리는 도다!

(2) 상대방의 부름과 물음에 대답: 唯, 諾, 敬諾 등
- 願先生勿泄也 田光俛首而笑曰 諾 원선생물설야 전광면수이소왈 낙: 원컨대 "선생은 누설하지 마시오"라고 하니 전광이 머리를 숙이고 웃으면서 말하기를 "예"라고 하였다.

Ⅱ. 문장의 형식과 구조

문장이란 하나의 완결된 의미를 표현하기 위하여 의미적 관계를 이루는 요소들이 결합된 것으로 생각이나 감정을 표현하는 단위이다. 이러한 문장에서 단어들의 관계를 구문(構文)이라고 한다.

1. 구문의 형식

한문의 구문은 주어(主語), 서술어(敍述語), 보어(補語), 목적어(目的語)로 구성되는 관계를 표시하며 기본이 되는 단어만으로 구성되는 기본구조와, 관형어나 부사어가 첨가된 확장구조로 나눌 수 있다. 기본 구조는 다음과 같다.

(1) 〈주어+서술어〉
(2) 〈주어+서술어+보어〉
(3) 〈주어+서술어+목적어〉
(4) 〈주어+서술어+간접목적어+직접목적어〉
(5) 〈주어+서술어+목적어+보어〉

확장 구조에서는 주어, 목적어, 보어에는 관형어가 결합되고 서술어에는 부사어가 결합되어 경우에 따라서는 관형어가 결합된다.

이러한 관계의 도해를 그림으로도 표시할 수 있는데 이 책에서는 흔히 쓰이는 방법으로 주어와 서술어는 "‖" 서술어와 보어는 "＼" 서술어와 목적어는 "│"로 표시하였다.

(1) 〈주어+서술어〉 구조

1) 기본 구조

① 서술어가 동사인 경우

○ **犬‖走 梅花‖發** 견주 매화발: 개가 달려가니 매화꽃이 피어난다.

○ 月‖落 烏‖啼 월락 오제: 달은 지고 까마귀는 운다.

② 서술어가 형용사인 경우
○ 山‖高 水‖深 산고 수심: 산은 높고 물은 깊다.
○ 天‖高 馬‖肥 천고 마비: 하늘은 높고 말은 살찐다.

③ 서술어가 명사인 경우
○ 管叔‖兄也 관숙 형야: 관숙은 형이다.
○ 筍卿‖趙人 순경 조인: 순경은 조나라 사람이다.

2) 확장 구조
○ 靑山‖高 綠水‖深 청산고 녹수심: 푸른 산은 높고 푸른 물은 깊다.
○ 夫子之道‖忠恕而已矣 부자지도 충서이이의: 선생님의 도는 충과 서일뿐이다.
○ 骨肉‖相殘 골육 상잔: 골육 간에 서로 해친다.
○ 仁‖人心也 인인 심야: 인은 사람의 마음이다.
○ 淸風‖徐來 청풍 서래: 맑은 바람이 천천히 불어온다.

(2) 〈주어+서술어+보어〉 구조
1) 기본 구조
○ 少年‖易\老 소년 이노: 소년은 늙기 쉽다.
○ 父子‖有\親 부자 유친: 아버지와 아들 간에는 친함이 있어야 한다.

2) 확장 구조
○ 和氣‖滿\堂 화기 만당: 화기가 집에 가득하다.
○ 三歲之習‖至\于八十 삼세지습 지우팔십: 세 살 버릇이 여든까지 간다.
○ 日‖落\於西山 일락 어서산: 해가 서산으로 지다.
○ 第子‖不必不如\師 제자 불필불여사: 제자가 반드시 스승

만 못한 것은 아니다.
- ○ **古之人∥有\行之者** 고지인 유행지자: 옛날 사람중에 그것을 행한 자가 있다.
- ○ **積善之家∥必有\慶** 적선지가 필유경: 선을 쌓은 집은 반드시 경사가 있다..

(3) 〈주어+서술어+목적어〉 구조
1) 기본 구조
- ○ **吾∥從∣周** 오종주: 나는 주나라를 따르겠다.
- ○ **周公∥相∣武王** 주공상무왕: 주공이 무왕을 돕다.

2) 확장 구조
- ○ **有禮者∥敬∣人** 유례자 경인: 예의가 있는 사람은 남을 공경한다.
- ○ **耳∥不聞∣人之非** 이 불문인지죄: 귀로는 남의 잘못을 듣지 않는다.
- ○ **君子∥以文會∣友** 군자 이문회우: 군자는 문으로서 벗을 모은다.
- ○ **放鳥∥懷∣舊林** 방소 회구림: 철새는 옛 숲을 그리워 한다.
- ○ **鄕人∥皆好∣之** 향인 개호지: 마을 사람들이 모두 그를 좋아한다.
- ○ **君子∥必誠∣其意** 군자 필성기의: 군자는 반드시 그 뜻을 정성스럽게 한다.
- ○ **欲修其身者∥先正∣其心** 욕수기신자 선정기심: 그 몸을 닦는 자는 먼저 그 마음을 바르게 한다.

(4) 〈주어+서술어+간접목적어+직접목적어〉 구조

1) 기본 구조
- 狙公∥與∣狙∣芧 저공 여저서: 저공이 원숭이에게 도토리를 주었다.
- 后稷∥教∣民∣稼穡 후직 교민가색: 후직이 사람들에게 농사짓는 법을 가르쳤다.

2) 확장 구조
- 王∥賜∣其人∣絹五匹 왕 사기인초오필: 왕이 그 사람에게 생사 비단 다섯 필을 하사했다.
- 金先生∥與∣我∣善言 김선생 여아선언: 김선생님이 나에게 좋은 말씀을 해주셨다.

(5) 〈주어+서술어+목적어+보어〉 구조

1) 기본 구조
- 孔子∥問∣禮＼於老子 공자 문예어노자: 공자가 노자에게 예에 대해 물었다
- 世人∥謂∣汝＼天才 세인 위여천재: 세상 사람들이 당신을 천재라고 부른다.
- 子路∥使∣門人＼爲臣 자로 사문인위신: 자로가 문인들로 하여금 신하로 삼았다.

2) 확장 구조
- 王∥移∣其民＼於河東 왕 이기민어하동: 왕이 그 백성을 하동으로 옮겼다.
- 賢夫∥令∣夫＼貴 현부영부귀: 어진 부인은 남편을 귀하게 한다.
- 男兒∥須讀∣五車書＼於一生 남아수독오거서어일생: 사나이는 모름지기 일생 동안 다섯 수레의 책을 읽어야 한다.

2. 문장의 구조
(1) 단문(單文)
단문은 앞에서 설명한 문장 형식으로 구성된 하나의 문장을 말한다.
- 知者樂水 지자 요수: 지혜로운 사람은 물을 좋아한다.
- 氷寒於水 빙한 어수: 얼음은 물보다 차갑다.
- 王移其民於河東 왕이기민어하동: 왕이 그 백성을 하동으로 보냈다.

(2) 복문(複文)
두개이상의 단문으로 이루어진 문장, 즉 주어와 서술어의 관계가 두 번 이상 이루어진 문장을 말하며 접속사가 있는 경우도 있고 없는 경우도 있다. 복문은 병렬문, 주종문, 포유 문, 혼합문으로 구분된다.

1) 병렬문(竝列文)
두개 이상의 단문이 대등한 절로 이루어진 문장을 말한다. 결구형식이 일치하기 때문에 접속어를 사용하지 않을 수도 있다.
- 春來花發 춘래 화발: 봄이 오고 꽃이 핀다.
- 樹欲靜而 風不止 수욕정 이풍부지: 나무가 고요하고자 해도 바람이 그치지 않는다.

2) 주종문(主從文)
두개 이상의 절이 주절과 종절의 관계로 이루어진 문장으로 일반적으로 인과 관계가 존재한다.
- 君子有德 容貌如愚 군자유덕 용모여우: 군자가 덕이 있으면 용모가 어리석은 사람 같다.
- 忍一時之忿 免百日之憂 인일시지분 면백일지우: 한때의 분노를 참으년 백일의 근심을 면할 수 있다.
- 春若不耕 秋無所望 춘약불경 추무소망: 봄에 밭을 갈지 않

으면 가을에 얼음을 바랄 수 있는 것이 없다.

3) 포유문(抱有文)
하나의 단문이 문장의 성분 노릇을 하는 복문이다.
- **先帝知臣謹愼** 선제지신근신: 선제께서는 신이 부지런하고 삼가 함을 아셨습니다.
- **百姓之謂我愛也 宜乎** 백성지위아애야 의호: 백성이 나를 인색하다고 함은 당연하다.

4) 혼합문(混合文)
여러 가지 형태의 문장이 혼합된 경우이다.

Ⅲ. 한문의 문형

한문의 문형(門型)이란 말하는 사람과 듣는 사람 사이에서 이루어지는 언어 사실로서 어떠한 의향을 가지고 말하느냐 하는 화술이나 문장의 성질상의 형식을 말한다. 문형은 말하는 형식을 기본으로 하여 이루어진 관습화된 것이다.

1. 평서문(平敍文)

어떤 사건이나 사실을 그대로 풀어 긍정적으로 평범하게 서술한 문장이다. 문장 끝에 종결사 也, 者~也, 矣, 耳(爾,已), 爾, 焉등이 붙는 경우가 많으나 종결사가 붙지 않는 경우도 있다.

(1) 판단: 명사+也

- **夫孝 德之本也** 부효 덕지본야: 무릇 효는 덕의 근본이다.
- **比則寡人之罪也** 비 즉과인지죄야: 이것이 곧 과인의 죄이다.
- **口舌者 禍患之門滅身之斧也** 구설자 화환지문멸신지부야: 입과 혀는 재난의 문이요 몸을 없애는 도끼이다.

(2) 서술: 주어+동사

- **朝門道 夕死可矣** 조문도 석사가의: 아침에 도를 들으면 저녁에 죽어도 좋을 것이다.
- **三人行 必有師焉** 삼인행 필유사언: 세 사람이 가면 그것에 반드시 내 스승이 있다.
- **君子必愼其獨也** 군자필신기독야: 군자는 반드시 그 홀로를 삼간다.

(3) 묘사: 주어+형용사

- ○ **天下之 不苗助長者 寡矣** 천하지 불묘조장자 과의: 천하에 벼 이삭이 자라도록 돕지 않는 자가 적다.
- ○ **天下之無道也 久矣** 천하지무도야 구의: 천하에 도가 없음이 오래되었다.

2. 부정문(否定文)

어떤 사건이나 사실 또는 동작을 부정적으로 진술한 하는 문장 형식으로 평서문의 술어 앞에 부정 보조사 不, 弗, 未, 無, 莫, 匪 등이 쓰인다.

(1) 단순부정: 不, 弗, 未, 非, 匪, 無

- ○ **馬不進也** 마불진야: 말이 나아가지 아니했다.
- ○ **吾未見 好德如好色者也** 오미견 호덕여호색자야: 나는 아직 여색을 좋아하는 것처럼 덕을 좋아하는 사람은 보지 못했다.
- ○ **子曰 食無求飽 居無求安** 자왈 식무구포 거무구안: 공자께서 말씀하셨다. 먹음에 배부름을 구하지 아니하고 거처 함에 편안함을 구하지 아니한다.
- ○ **獲罪於天 無所禱也** 획죄어천 무소도야: 하늘에 죄를 지으면 빌 곳이 없다.

(2) 이중부정: 不可不, 不可以不, 不得不, 無不, 莫非, 莫不 등

- ○ **擇師 不可不愼也** 택사불가불신야: 스승을 택함에 신중하지 않을 수 없다.
- ○ **學者 不可以不看詩** 학자 불가이불간시: 배우는 자는 시를 보지 않을 수 없다.
- ○ **待客不得不豊 治家不得不儉** 대객부득불풍 치가부득불검: 손님을 대할 때는 풍요롭게 하지 않을 수 없으며 가

정을 다스림에는 검소하지 않을 수 없다.
- **君正莫不正** 군정막부정: 임금이 바르면 아무도 바르지 아니함이 없다.

(3) 부분부정: 不常, 不必, 未必, 不盡, 未盡, 不俱 등
- **仁者必有勇 勇者不必有仁** 인자필유용 용자불필유인: 어진자는 반드시 용기가 있지만 용기있는 자는 반드시 어짐이 있는 것은 아니다.
- **豪家未必常富貴 貧家未必長寂寞** 호가미필상부귀 빈가미필 장적막: 호화로운 집이 언제나 부귀한 것이 아니요, 가난한 집이 반드시 오래 적막한 것이 아니다.

(4) 조건부정: 조건절(부정) + 결과절(부정), ~하지 아니하면 ~ 하지 아니한다
- **不經一事 不長一智** 불경일사불장일지: 한가지 일을 겪지 않으면 한가지 지혜가 자라지 않는다.
- **不登高山 不知天之高也** 불등고산 부지천지고야: 높은 산에 오르지 않으면 하늘의 높음을 알지 못한다.

3. 의문문(疑問文)
무엇을 묻는 뜻을 나타내는 문장으로 문장 처음이나 가운데에 의문사를 사용한다.

(1) 의문사를 사용한 경우: 何, 豈, 安, 奚, 況, 誰, 孰, 焉 등
- **漢陽中誰最富** 한양중 수최부: 한양에서 누가 제일 부유하냐?
- **弟子孰爲好學** 제자숙위호학: 제자중에 누가 학문을 좋아하는가?

- 何哉爾所謂達者 하재이소위달자: 무엇인가? 네가 소위달이란 것은?
- 敢問夫子惡乎長 감문부자오호장: 감히 묻건대 선생께서는 어느 곳에 뛰어 나신가?

(2) 의문 종결사만 사용한 경우: 乎, 耶, 與 등
- 爲人謀而不忠乎 위인모이불충호: 남을 위하여 일을 도모함에 충성스럽지 아니했는가?
- 王之所大欲 可得聞與 왕지소대욕 가득문여: 왕이 크게 바라는 바에 대해 들을 수 있겠는지요?

(3) 의문사와 의문 종결사를 함께 사용하는 경우
- 孰謂鄹人之子知禮乎 숙위추인지자지예호: 누가 추땅 사람의 아들이 예를 안다고 말했는가?
- 是誰之過與 시수지과여: 이것은 누구의 허물인가?

4. 반어문(反語文)

의문문과 비슷하면서 그렇지 않다는 느낌을 강하게 나타내는 문장으로 의문문과 형식이 같아 문맥으로 구분하는 경우가 많다. 반어문에서는 부정의 형식으로 긍정을 강조하고 긍정의 형식으로 부정을 강조한다.

(1) 의문 대명사가 사용됨: 誰, 孰
- 誰知鳥之雌雄 수지조지자웅: 누가 새의 암수를 알겠는가?
- 人非生而知之者 孰能無惑 인비생이지지자 숙능무혹: 사람은 나면서 아는 자가 아닌데 누가 의혹이 없을 수 있겠는가?

(2) 의문 형용사가 사용됨: 何
- 君子居之 何陋之有 군자거지 하누지유: 군자가 거주한다면 무슨 누추함이 있겠는가?

(3) 의문 부사가 사용됨: 豈, 何, 奚, 胡, 安, 焉, 惡 등
- 未能事人 焉能事鬼 미능사인 언능사귀: 아직 사람을 섬길 수 없는데 어찌 귀신을 섬길 수 있겠는가?
- 田園將蕪 胡不歸 전원장무 호불귀: 전원이 장차 황폐해 지려하니 어찌 돌아가지 않으리!
- 惡能治國家 오능치국가: 어찌 나라를 다스릴 수 있겠는가?

(4) 의문 종결사가 사용됨: 乎, 乎哉
- 國焉能無亡乎 국언능무망호: 나라가 어찌 망할 때가 없을 수 있겠는가?
- 吾何慊乎哉 오하혐호재: 내가 어찌 앙심을 먹겠는가?

(5) 부정 보조사와 의문 종결사가 함께 사용됨: 不亦~乎, 何~之有
- 學而時習之 不亦悅乎 학이시습지 불역열호: 배우고 때에 맞추어 그것을 익히면 또 즐겁지 아니 하겠느냐?
- 宋何罪之有 송하죄지유: 송에 어찌 죄가 있겠는가?

5. 금지문(禁止文)
부정적 명령문을 말하며 금지 보조사 勿, 無, 不, 毋, 莫, 罔, 休 등을 동사 앞에 사용된다.
- 主忠信 無友不如己者 過則勿憚改 주충신 무우불여기자 과 즉 물탄개: 충과 신을 으뜸으로 삼고 자기만 못한 사람을 벗하지 말며 허물을 짓거든 고치는 것을 꺼리지 말라.

- 疑人莫用 用人勿疑 의인막용 용인불의: 의심나는 사람은 쓰지 말고 쓴 사람은 의심하지 말라.
- 善事須貪 惡事莫樂 선사수탐 악사막락: 선한 일은 반드시 탐내고 악한 일은 즐기지 말라.
- 罔談彼短 靡恃己長 망담피단 미시기장: 다른 사람의 단점을 말하지 말고 자기의 장점을 믿지 말라.
- 不患無位 患所以立 불환무위 환소이립: 지위가 없음을 걱정하지 말고 지위에 서게 될 것을 걱정하라.

6. 한정문(限定文)

어떤 사물이나 행위의 범위 정도 분량 등을 한정하는 뜻을 나타내는 문장이다.

(1) 한정 부사가 사용됨: 但, 只, 祗, 唯, 惟, 直, 特, 獨 등

- 學者所患 惟有立志不誠 학자소환 유유입지불성: 학자가 근심할 것은 오직 세운 뜻이 성실하지 못함에 있다.
- 但將弟子問處 便作己問 단장제자문처 편작기문: 다만 제자들이 물은 곳을 가지고 곧 자기의 물음으로 만든다.
- 非獨染絲然也 國亦有染 비독염사연야국역유염: 다만 물들여 짐은 실만이 그러한 것이 아니라 나라 또한 물들여 짐이 있다.

(2) 한정 종결사가 사용됨: 耳, 已, 而, 而耳, 而耳矣, 而已 등

- 父母許與汝同居 故來耳 부모허여여동거고래이: 부모님이 그대와 살기를 허락하였기 때문에 왔을 뿐이다.
- 兄弟之情 友愛而已 형제지정우애이이: 형제의 정은 우애일 뿐이다.

- 夫子之道 忠恕而已矣 부자지도 충서이이의: 부자의 도는 충과 서일 뿐이다.

(3) 한정 부사와 종결사가 함께 사용됨: 但, 只, 唯, 直 등
- 豈不願如此 但無錢耳 기불원여차 단무전이: 어찌 이와같은 것을 원치 않겠는가? 다만 돈이 없을 따름이다.
- 只在爲學 立志如何耳 지재위학 입지여하이: 학문을 함은 다만 뜻을 세움이 어떠한 가에 있을 따름이다.
- 天下之所可畏者 唯民而已 천하지소 가외자유민이이: 천하가 오직 두려워하는 바는 오직 백성일 뿐이다.
- 寡人直與客 論耳 과인직여객논이: 과인이 다만 객과 논했을 뿐이다.

7. 가정문(假定文)
어떤 조건을 사실인 것처럼 전제하고 그것에 따른 가능한 결과나 예측되는 결과를 유도해 내는 문장이다.

(1) 가정의 부사가 사용됨: 雖, 從, 如, 若, 苟, 設使, 假令 등
- 如不可求 從吾所好 여불가구 종오소호: 만일 구할 수 없는 것이라면 내가 좋아하는 바를 따르겠다.
- 富貴如將智力求 仲尼年少合封候 부귀여장지력구 중니년소 합봉후: 부귀가 만약 지력으로 구해진다면 중니는 나이가 적어서 제후에 봉해 짐이 마땅할 것이다.
- 若人作不善 得顯名者 人雖不害 天必戮之 약인작불선득현명자 인수불 해천필육지: 만약사람이 불선을 하고 드러난 이름을 얻는다면 사람이 비록해치지 않더라도 하늘이 반드시 그를 죽일 것이다.
- 苟志於仁矣 無惡也 구지어인의 무악야: 진실로 인에 뜻을

두게 된다면 악이 없어질 것이다.

(2) 접속사 則이 사용됨
- 子如不言 則小子 何術焉 자여불언 즉소자 하술언: 공자께서 만약 말씀하지 않으시면 저희들이 무엇을 정하겠습니까?
- 若紙不生毛 則必責其不讀 약지불생모 즉필책기불독: 만약 종이에 보풀이 일어나지 않으면 반드시 읽지 않은 것을 꾸짖었다.
- 苟利社稷 則不顧其身 구리사직 즉불고기신: 진실로 나라를 이롭게 한다면 그 몸을 돌아보지 않는다.

(3) 어조사 者가 사용됨
- 孔子曰 士志於道而恥惡衣惡食者 未足與議也 공자왈 사지어도이치악의악식자 미족여의야: 공자께서 말씀하셨다. 선비가 도에 뜻을 두고도 나쁜 옷 나쁜 음식을 수치스럽게 여긴다면 더불어 의논할 수 없다.
- 入則無法家拂士 出則無敵國外患者 國恒亡 입즉무법가필사 출즉무적국외환자 국항망: 국내에 법을 지키는 신하와 군자를 보필하는 현자가 없고 밖으로 적국과 외환이 없다면 이와 같은 나라는 항상 망한다.

(4) 문맥상 가정문
- 非其君不事 非其民不使 비기군불사 비기민불사: 그 임군(섬길 만한 임군)이 아니면 섬기지 않고 그 백성(부릴만한 백성)이 아니면 부리지 않는다.
- 自非聖人 外寧必有內憂 자비성인 외영필유내우: 성인이 아니라면 겉은 편안하더라도 반드시 안으로는 걱정이 있을 것이다
- 上下交征利 而國危矣 상하교정리 이국위의: 위 아래가 서

로 이익을 취하면 나라가 위험하게 될 것이다

8. 비교문(比較文)

둘 또는 둘 이상의 사물을 견주어 서로간의 유사점이나 차이점을 비교하는 문장이다.

(1) 대등 비교(~와 같다): 如, 若, 猶
- 君子之交淡如水 군자지교 담여수: 군자의 사귐은 맑기가 물과 같다.
- 學問如逆水行舟 학문여역수행주: 학문을 하는 것은 물을 거슬러 배를 타고 가는 것과 같다.

(2) 우열 비교: 於, 于, 乎, 不如, 不若 등
- 苛政猛於虎也 가정맹어호야: 가혹한 정치는 호랑이 보다 무섭다.
- 季氏富于周公 계씨부우주공: 계씨가 주공보다 더 부유하다
- 不敬莫大乎是 불경막대호시: 불경스러움으로 그 어느 것도 이것 보다 큰 것은 없다.
- 黃金滿贏 不如敎子一經 황금만영 불여교자일경: 황금이 바구니에 가득 하더라도 자식에게 한권의 경전을 가르치는 것만 같지 못하다.

(3) 선택형 비교: 與其~寧~, 寧~不(勿, 莫, 無) ~ 등
- 禮與其奢也寧儉 喪與其易也寧戚 예여기치야영검 상여기이야영척: 예는 사치하기 보다는 차라리 검소한 것이 낫고 상은 허식적이기 보다는 차라리 슬퍼하는 것이 낫다.
- 寧爲鷄口 勿爲牛後 영위계구물위우후: 차라리 닭의 부리가

될지언정 소꼬리는 되지 마라.

(4) 최상급 선택: 莫 ~ 於 ~ , 莫如 ~ , 莫若 ~
- **夫學莫先如立志** 부학막선여입지: 무릇 학문은 뜻을 세우는 것보다 앞 서는 것이 없다.
- **至樂莫如讀書** 지락막여독서: 지극한 즐거움은 독서만한 것이 없다.
- **知臣莫若君** 지신막약군: 신하를 아는 것은 임금만한 이가 없다.

9. 피동문(被動文)
말하는 사람이 어떤 동작을 남으로 부터 당하게 되는 문장 형식이다

(1) 피동 보조사가 사용됨: 被, 見, 爲
- **我若被人罵 佯聾不分說** 아약피인매 양롱불분설: 내가 남에게 욕을 먹 더라도 거짓으로 귀머거리인 체해 따져 말하지말라.
- **是以見放** 시이견방: 이런 까닭으로 추방을 당했다.
- **卒爲天下笑** 졸위천하소: 마침내 세상의 웃음거리가 되었다.

(2) 전치사가 사용됨: 於, 于, 乎
- **無備則制於人** 무비즉제어인: 준비가 없으면 남에게 당한다.
- **不順乎親 不信乎朋友矣** 불순호친 불신호붕우의: 어버이에게 기뻐하게 되어 지지 않으면 친구에게도 믿어지지 않을 것이다.

(3) 고정된 형태로 사용됨: 爲~所, 見~於(于)
- **大丈夫當容人 無爲人所容** 대장부당용인 무위인소용: 대

장부는 마땅히 남을 용서할지 언정 남에게 용서 당하는 바가 되지 말라.
- 吾嘗三仕三見逐於君 오상삼사삼견축어군: 내가 일찍이 세 번 벼슬했으나 세번 임금에게 쫓겨났다.

10. 사역문(使役文)

다른 사람에게 동작을 하게 하는 문장으로 "~로 하여금 ~ 하게 하다"로 풀이 된다.

(1) 사역 보조사가 사용됨: 使, 令, 敎
- 天帝使我長百獸 천제사아장백수: 하느님이 나로 하여금 온갖 짐승들의 백수가 되게 하였다.
- 賢婦令夫貴佞婦令夫賤 현부영부귀녕부영부천: 현명한 부인은 지아비를 귀하게 하고 마음이 곧지 못하고 남에게 아첨을 잘하는 부인은 남편을 천하게 만든다.

(2) 사역 동사가 사용됨: 遣, 命, 召, 勸 등
- 遣婢買肉而來 견비매육이래: 하녀를 보내어 고기를 사오게 하다.
- 世宗召儒者讀史 세종소유자독사: 세종임금이 선비들을 불러 사기를 읽게 하였다.

(3) 문맥상 사역문
- 動天地 感鬼神 동천지 감귀신: 천지를 진동시키고 귀신을 감동시킨다.
- 死孔明走生仲達 사공명주생중달: 죽은 제갈공명이 살아있는 사마중달을 달아나게 하였다.

11. 억양문(抑揚文)

표현하고자 하는 뜻의 어조를 높힘으로서 뜻을 강조하는 문장 형식으로 況, 況~乎 등이 사용된다.

- **況陽春 召我以煙景** 황양춘 소아이원경: 하물며 따뜻한 봄이 밤 안개낀 경치로서 나를 부르네.
- **死馬且賈之 況生者乎** 사마차고지 황생자호: 죽은 말도 사는데 하물며 산 것임에랴!

12. 감탄문(感歎文)

말하는 사람의 여러 가지 감정을 드러내는 문장이다.

(1) 감탄사를 사용: 噫, 嘻, 惡, 嘻噁, 嗚呼, 嗟呼, 於戱 등

- **嗚呼 國恥民辱 乃至於此** 오호 국치민욕 내지어차: 아아! 나라의 수치와 백성의 욕됨이 여기에 이르렀다.
- **顔淵死 子曰 噫 天喪子 天喪子** 안연사 자왈 희 천상자 천상자: 안연이 죽자 공자가 말하였다. 아! 하늘이 나를 망쳤도다. 하늘이 나를 망쳤도다.

(2) 감탄 종결사를 사용하는 경우: 乎, 夫, 哉, 與 등

- **中庸之爲德也 其至矣乎** 중용지위덕야 기지의호: 중용의 덕이 지극하구나!
- **善哉 問也** 선재 문야: 훌륭하도다! 물음.

13. 그 외의 문형

청유문(請誘文), 도치문(倒置文) 등이 있다.

참고 문헌

1. 권경상(2009). 정선 명심보감 강의. 형민사
2. 김동구(2008). 명심보감. 명문사
3. 김원중(2020). 대학 중용. 휴머니스트 출판그룹
4. 김원중(2021). 맹자. 휴머니스트 출판그룹
5. 류종목(2010). 논어의 문법적 이해. 문학과 지성사
6. 김원중(2021). 맹자. 휴머니스트 출판그룹.
7. 成百요(1990). 論語 集註. 傳統文化硏究會
8. 成百요(1991). 大學 中庸 集註. 傳統文化硏究會
9. 成百요(2003). 孟子集註. 傳統文化硏究
10. 成百曉(2009). 明心寶鑑譯註. 傳統文化硏究會
11. 張基槿(1973). 大學中庸. 明文堂
12. 張基槿(1973). 論語. 明文堂
13. 車柱環(1970). 孟子(上下). 明文堂
14. 한원식(2022). 삶의 지혜 한문 공부. 해드림 출판사
15. 한원식(2024). 삶의 지혜 한문 공부 2. 해드림 출판사